Jens Robert Schöndube

Nachverhandlungen in langfristigen Anreizbeziehungen

GABLER EDITION WISSENSCHAFT

Management, Organisation und ökonomische Analyse, Band 7

Herausgegeben von Professor Dr. Peter-J. Jost
WHU – Otto Beisheim School of Management, Vallendar

In den vergangenen zwei Jahrzehnten hat sich ein neuer mikroökonomischer Ansatz entwickelt, der nicht wie die traditionelle neoklassische Analyse auf den Marktbereich beschränkt ist, sondern der grundsätzlich für die Analyse sozialer Interaktionssituationen geeignet ist. Informationsökonomie, Spieltheorie, experimentelle Studien, Neue Institutionenökonomie und Ökonomische Psychologie sind wichtige Bausteine dieses ökonomischen Ansatzes.

Ziel der Schriftenreihe ist die Anwendung und Weiterentwicklung dieses Ansatzes auf betriebswirtschaftliche Fragestellungen. Gegenstand der Untersuchungen sind die unterschiedlichsten unternehmensinternen Probleme aus den Bereichen Finanzierung, Organisation und Strategisches Management. Die Reihe soll so zu einer mikroökonomischen Fundierung des Faches beitragen.

Jens Robert Schöndube

Nachverhandlungen in langfristigen Anreizbeziehungen

Mit einem Geleitwort von Prof. Dr. Alfred Luhmer

Deutscher Universitäts-Verlag

Bibliografische Information Der Deutschen Nationalbibliothek
Die Deutsche Nationalbibliothek verzeichnet diese Publikation in der Deutschen Nationalbibliografie; detaillierte bibliografische Daten sind im Internet über <http://dnb.d-nb.de> abrufbar.

Zugleich: an der Fakultät für Wirtschaftswissenschaft der Otto-von-Guericke-Universität Magdeburg unter dem Titel „Nachverhandlungen und Informationsgehalt in langfristigen Anreizbeziehungen" vorgelegte und angenommene Inauguraldissertation.

Datum der Disputation: 01. März 2006.

1. Auflage Oktober 2006

Lektorat: Brigitte Siegel / Stefanie Loyal

Der Deutsche Universitäts-Verlag ist ein Unternehmen von Springer Science+Business Media.
www.duv.de

Umschlaggestaltung: Regine Zimmer, Dipl.-Designerin, Frankfurt/Main
Druck und Buchbinder: Rosch-Buch, Scheßlitz
Gedruckt auf säurefreiem und chlorfrei gebleichtem Papier
Printed in Germany

ISBN-10 3-8350-0476-X
ISBN-13 978-3-8350-0476-4

Geleitwort

Ein großer Teil der wirtschaftlichen Transaktionen sind nicht Spotmarkttransaktionen, sondern durch längerfristige Vertragsbeziehungen geregelt. Damit bestimmt nicht mehr ein Paar einmaliger Entscheidungen das Verhalten der Vertragspartner, sondern ein Paar strategisch interdependenter Entscheidungsprozesse. Das Standardmodell der Vertragstheorie modelliert dagegen Verträge als strategisch interdependente Einmalentscheidungen der Partner, indem sie unterstellt, dass sich die Parteien bei längerfristigen Verträgen für die Vertragsdauer an ein einmal gewähltes Verhalten binden. Dies ist wenig realistisch. Realistischer erscheint die Annahme, dass die Entscheidung über das Vertragsangebot nur eine Stufe in einem dynamischen Entscheidungsprozess ist. Jede Teilentscheidung in diesem Prozess beeinflusst die Ausgangssituation der folgenden Stufen, spätere Entscheidungen werden auf der Grundlage neuer Information getroffen, speziell auch Informationen über das vergangene Verhalten des jeweiligen Partners. Zum Beispiel kann eine Partei nachträglich aufgrund neuer Information eine Änderung des ursprünglichen Vertrages vorschlagen, die nicht nur ihn selbst, sondern auch den Partner besser stellt. Damit ist direkt zwar eine Verbesserung des Gesamtergebnisses verbunden, indirekt aber kann die Möglichkeit solcher Nachverhandlungen die Anreizwirkung des ursprünglichen Vertrages vereiteln, wenn der Partner Nachverhandlungen rational erwartet. *Jens Robert Schöndube* untersucht in dem vorliegenden Buch die strategischen Rückwirkungen antizipierter Nachverhandlungen auf die Entscheidungen der Akteure. Er konzentriert seine Analyse auf Agencybeziehungen, d.h. Verträge, in denen die eine Partei gegen Entgelt für die andere eine Leistung erbringt.

Nachverhandlungen werden nur dann auftreten und eine strategische Rückwirkung haben, wenn sie vorteilhaft sind. Das ist nicht der Fall, wenn der ursprüngliche Vertrag für alle möglichen Informationssituationen, in denen sich die beiden Parteien zukünftig befinden können, dieselben Regelungen vorsieht, wie ein erst nach Eintritt der jeweiligen Informationssituation abzuschließender Vertrag, d.h. wenn der ursprüngliche ein „vollständiger" Vertrag sein kann. Dies ist nur möglich, wenn die zukünftige gemeinsame Information verifizierbar ist und somit von vornherein zum Vertragsgegenstand gemacht werden kann. Nicht verifizierbare Information hingegen kann zwar auch ex post nicht Vertragsgegenstand werden, wohl aber die Bereitschaft zu Änderungen der Abmachungen bewirken.

Obwohl ein vollständiger Vertrag Nachverhandlungen überflüssig macht, bringt er die Problematik fehlender langfristiger Bindungsfähigkeit des Auftraggebers, also der Möglichkeit, Nachverhandlungen anzubieten, nicht zum Verschwinden. Soll der langfristige Vertrag nachverhandlungssicher sein, obwohl Nachverhandlungen möglich sind, dann muss er zusätzlichen Restriktionen genügen, also die Alternativenmenge einengen, was im Allgemeinen den erreichbaren Gesamterfolg reduziert. Entsprechend kann Nachverhandlungssicherheit durch Maßnahmen erkauft werden, durch die der Prinzipal seine zukünftige Handlungsfreiheit einschränkt. Derartige scheinbar paradoxe Maßnahmen können lohnend werden, wenn sie sich günstig auf die Anreize des Vertrages auswirken. Als Beispiel für eine Situation, in der dies der Fall ist, führt *Schöndube* schon in der Einleitung den wohlbekannten Sperrklinkeneffekt an: ein Auftragnehmer wird seine Leistung mäßigen, wenn er befürchten muss, durch Spitzenleistungen eine Anspannung der Anforderungen in der Zukunft auszulösen. Es wirkt sich daher günstig aus, wenn der Auftraggeber diese Handlungsmöglichkeit ausschließen kann.

In dem Fall, dass kein vollständiger Vertrag auf die gemeinsamen Informationen konditioniert werden kann, lassen sich bei mangelnder langfristiger Bindungsfähigkeit Nachverhandlungen nicht ausschließen. Dann stellt sich die Frage nach der Rolle des ursprünglichen Vertrags. Da beide Partner bei Nachverhandlungen auf seiner Durchführung bestehen können, bestimmt er die Verhandlungspositionen bei der Nachverhandlung. Der Auftraggeber wird folglich versuchen, ihn so zu gestalten, dass er die positiven Auswirkungen einer Nachverhandlung (Anpassung der Verhaltenssteuerung an die neue Informationssituation) und die negativen (Aushöhlung von Anreizwirkungen in der ersten Vertragsphase) optimal gegeneinander abwägt.

Damit ergibt sich der Aufbau des Hauptteils der Arbeit auf natürliche Weise: er gliedert sich in zwei große Kapitel, deren erstes die Auswirkungen der Vermeidung von Nachverhandlungen durch vollständige Verträge behandelt und deren zweites sich dann mit der Auswirkung auf Verträge befasst, bei denen gemeinsam beobachtbare Informationen mangels Verifizierbarkeit nicht zum Vertragsgegenstand gemacht werden können. Vorgeschaltet ist diesen beiden Kapiteln (dem dritten und vierten) ein kurzes Grundlagenkapitel, das Effizienzwirkungen von Selbstbindungsmöglichkeiten untersucht, also analysiert, wieso eine Einschränkung der Alternativenmenge des Prinzipals zu einer Verbesserung des Ergebnisses führen kann.

Schöndube hat mit dieser Arbeit eine tief gehende Studie des Wertes von Information unter Bedingungen strategischer Interaktion in einem dynamischen Kontext vorgelegt. Sie zeichnet sich durch eine außergewöhnliche – auch sprachliche – Präzision, originelle Beiträge zur wissenschaftlichen Diskussion auf internationalem Niveau und die Integration der Ergebnisse in die neuere Theorie aus. Er belässt es nicht beim formalen Auswerten von Modellen, sondern verwendet viel Sorgfalt auf die Ableitung und Plausibilisierung theoretischer Einsichten, um sie dann in den Zusammenhang der existierenden Theorie zu stellen. Mehr als seine souveräne Beherrschung des analytischen Instrumentariums imponiert der Tiefgang der strategischen Analyse. Geschickt gewählte Zahlenbeispiele helfen ihm dabei, herauszuarbeiten worauf es ankommt.

Ich wünsche diesem wichtigen Werk eine günstige Aufnahme in der wissenschaftlichen Gemeinschaft. Wegen des großen Gewichts, das er der plausiblen Erläuterung zugesteht, dürfte das Buch jedoch auch für jene Berater von Interesse sein, die ihre Aufgabe darin sehen, an der Schnittstelle zwischen Theorie und Praxis zu wirken.

Alfred Luhmer

Vorwort

Diese Arbeit entstand während meiner Tätigkeit am Lehrstuhl für Unternehmensrechnung und Controlling der Otto-von-Guericke-Universität Magdeburg und wurde im Februar 2006 von der Fakultät für Wirtschaftswissenschaft als Dissertation angenommen und anschließend verteidigt.

Herrn Professor Dr. Alfred Luhmer danke ich herzlich für seinen Rat und seine Unterstützung bei der Verwirklichung dieses Dissertationsprojekts. Die angenehme Atmospähre an seinem Lehrstuhl, der mir von ihm gestatte Freiraum, eigenen Forschungsinteressen nachzugehen sowie die Möglichkeit, Fachkonferenzen und Workshops zu besuchen, waren ideale Voraussetzungen zur Umsetzung meines Promotionsvorhabens.

Der Zweitgutachterin Frau Professor Dr. Anne Chwolka danke ich für wertvolle Anmerkungen zum Manuskript.

Meiner Freundin Frau Dr. Barbara Pirchegger danke ich für ihre fachliche Kritik und für ihre freudig positive Unterstützung im Lebensalltag.

Mein Dank für hilfreiche Diskussionen gilt meinen ehemaligen Kollegen Herrn Professor Dr. Jörg Budde, Herrn Professor Dr. Robert F. Göx und Herrn Dr. Christian Lukas.

Meiner Mutter Frau Elke Schöndube danke ich für die Hilfe beim Korrekturlesen und für ihre herzlichen Ermunterungen. Schließlich danke ich dem Herausgeber Herrn Professor Dr. Peter-J. Jost für die Aufnahme der Arbeit in diese Schriftenreihe.

Jens Robert Schöndube

Inhaltsverzeichnis

Abbildungsverzeichnis

Tabellenverzeichnis

Kapitel 1

Einleitung

1.1 Motivation und Zielsetzung

Unternehmen sind mit ihren Transaktionen in ein Geflecht von Beziehungen eingebunden, die in der Regel langfristig angelegt sind. Es bestehen langfristige Vereinbarungen mit Abnehmern/Zulieferern, mehrperiodige Arbeitsverträge mit Arbeitnehmern, aber auch langzeitige Konkurrenzsituationen zu anderen Unternehmen. Die in die langfristigen Beziehungen eingebundenen Verantwortlichen haben bei ihren Entscheidungen dynamische Interdependenzen zu berücksichtigen. Heutige Entscheidungen beeinflussen den Handlungsspielraum künftiger Perioden und die Antizipation späterer Entscheidungen und Ereignisse hat Rückwirkungen auf die Handlungen der aktuellen Periode.[1] Dabei ist es für die Entscheidungsträger möglicherweise vorteilhaft, sich frühzeitig auf bestimmte Handlungen festzulegen bzw. ihren künftigen Aktionsradius im Vorhinein zu beschränken (Selbstbindungskraft bzw. commitment), um dadurch Einfluss auf die Entscheidungen anderer zu nehmen. *Sull* (2003) betont: „The best managers know when to make commitments- and when to break them".

Die Koordination des langfristigen Entscheidungsprozesses der Unternehmung ist Kernaufgabe des Controllings. Ein wesentlicher Bestandteil hierbei ist, Anreizsysteme für Zwecke der Verhaltenssteuerung zu implementieren. Die Interessen des Managements sind nicht notwendigerweise konform mit der Zielsetzung der Unternehmenszentrale. Da zudem die „richtigen" Managemententscheidungen in der Regel nicht vertraglich vorgeschrieben werden können[2], besteht die Gefahr, dass die Manager Entscheidungen treffen, die den eigenen Nutzen zu Lasten des Erfolges der Unternehmung maximieren. Um dieses zu

1 Siehe *Küpper* (2001), S. 36.

2 Dieses kann z.B. daran liegen, dass die Entscheidungen des Managers nicht verifiziert werden können oder aber, dass die optimalen Entscheidungen der Zentrale gar nicht bekannt sind, weil ihr im Gegensatz zum Manager wichtige Details des Entscheidungsproblems fehlen; der Manager ist einfach „dichter dran".

verhindern, müssen die Entscheidungen der Manager über ein Anreizsystem an die Zielsetzung des Unternehmens angepasst werden. Dabei spielt Selbstbindung eine zentrale Rolle. Ein prominentes Beispiel hierfür ist das Problem des sog. Ratchet-Effekts:[3] Wenn in einem mehrperiodigen Arbeitsverhältnis der Arbeitgeber am Ende jeder Periode das Anreizsystem an den beobachteten Periodenerfolg anpassen kann, hat der Manager einen Anreiz zur Leistungszurückhaltung, um die Messlatte für künftige Leistungen nicht zu hoch zu legen. In diesem Fall würde der Arbeitgeber davon profitieren, wenn er sich ex ante auf ein langfristiges Anreizsystem verpflichten könnte.[4]

Diese Arbeit untersucht die Auswirkungen von Nachverhandlungen in langfristigen Anreizbeziehungen. Die theoretische Basis für diese Untersuchung ist die Principal-Agent-Theorie, die Auftragsbeziehungen (z. B. zwischen Anteilseignern und Management, oder aber zwischen Management und Mitarbeitern) als Spiel zwischen Individuen auf Basis von Entlohnungsverträgen modelliert. In vielen agencytheoretischen Untersuchungen[5] wird angenommen, dass sich die Akteure auf einen langfristigen Vertrag verpflichten können, der ex post weder gebrochen noch nachverhandelt werden kann (perfekte Selbstbindungskraft).[6] Diese Annahme ist aber unter praktischen Gesichtspunkten kaum gerechtfertigt. So können z.T. aufgrund gesetzlicher Regelungen nur kurzfristige Verträge abgeschlossen werden, auch wenn die geplante Dauer der Beziehung längerfristig angelegt ist (z.B. schreibt §84 des Aktiengesetzes vor, dass die Verträge des Vorstandes maximal auf fünf Jahre befristet sind). Auch der Ausschluss von Nachverhandlungen ist sehr restriktiv, denn wenn sich die Parteien nach Vertragsabschluss einigen, den ursprünglichen Vertrag durch einen revidierten Vertrag zu ersetzen, wer sollte sie daran hindern? Selbst wenn die Parteien ex ante (schriftlich, durch Vertrag) vereinbart haben sollten, den Ausgangsvertrag nicht nachzuverhandeln, wird kein Gericht darauf bestehen, den ursprünglichen Vertrag durchzusetzen, sofern die Parteien ex post freiwillig eine Änderung des Vertrages vornehmen wollen.[7]

Rationale Entscheider antizipieren potentielle Nachverhandlungen und richten ihre Entscheidungen entsprechend aus. Die Rückwirkungen von antizipierten Nachverhandlungen auf die Aktionen der Vertragspartner stehen im Mittelpunkt der nachfolgenden Untersuchung. Ein Hauptaugenmerk liegt dabei auf der Frage, ob Nachverhandlungen aus der ex ante Perspektive vorteilhaft sind oder ob sich die Parteien wünschten, sie könnten Nachver-

3 Siehe *Weitzman* (1976) und *Freixas/Guesnerie/Tirole* (1985).

4 Siehe *Freixas/Guesnerie/Tirole* (1985).

5 Zum Beispiel das klassische einperiodige Modell von *Holmström* (1979) oder das zweiperiodige Problem von *Lambert* (1983).

6 Siehe *Salanie* (1997), S. 145 ff., zu einer Abgrenzung unterschiedlicher Formen von Selbstbindungskraft in Anreizbeziehungen.

7 Dies folgt aus dem Prinzip der Vertragsfreiheit: „Was die Vertragspartner einvernehmlich durch Vertrag für sich geregelt haben, ist rechtsverbindlich, weil und soweit die Rechtsordnung Vertragsfreiheit anerkennt.“ (*Schäfer/Ott* (2000), S. 389).

handlungen ausschließen. Unter der Annahme vollständiger Verträge sind Nachverhandlungen ex ante niemals vorteilhaft, weil jede antizipierte nachträgliche Vertragsanpassung bereits durch den Ausgangsvertrag vorweggenommen werden kann. Berücksichtigt man aber, dass die Akteure Informationen beobachten, die von Dritten nicht verifiziert werden können, sind Nachverhandlungen möglicherweise vorteilhaft, weil jetzt durch die Nachverhandlung (implizit) nicht verifizierbare Informationen in den Vertrag aufgenommen werden können.

Maßgeblich für die (ex ante) Beurteilung von Nachverhandlungen sind der Informationsgehalt der Leistungsmaße für den Manager, die Verteilung der Information zwischen den Vertragspartnern und die Frage, ob Informationen verifizierbar sind oder nicht. Dabei können schon kleine Unterschiede große Auswirkungen haben: *Fudenberg/Tirole* (1990) und *Hermalin/Katz* (1991) erweitern das klassische einperiodige Agency-Modell[8], indem sie dem Prinzipal eine Nachverhandlungsmöglichkeit nach geleisteter Arbeit des Managers, aber vor Realisation des Produktionsergebnisses einräumen. Der Arbeitseinsatz des Managers ist nicht verifizierbar. Der Unterschied zwischen beiden Modellansätzen besteht allein darin, dass bei *Fudenberg/Tirole* der Arbeitseinsatz private Information des Agenten ist, bei *Hermalin/Katz* hingegen der Prinzipal den Einsatz beobachten kann. Während sich der Prinzipal im ersten Fall durch die Nachverhandlungsmöglichkeit schlechter stellt als im full commitment-Gleichgewicht, wird bei beobachtbarem, aber nicht verifizierbarem Einsatz durch Nachverhandlungen die first-best-Lösung[9] erzielt.

Für unterschiedliche Annahmen über die Verifizierbarkeit von Informationen und über die Informationsverteilung zwischen den Vertragsparteien liefert die vorliegende Arbeit Bedingungen für die Effizienz von Nachverhandlungen aus der ex ante Perspektive. Darauf aufbauend werden spezielle Fragen der Performancemessung untersucht. Diese betreffen unter anderem den Wert von Manipulationsmöglichkeiten des Managers, den Vergleich von Informationssystemen und spezifische multi-task-Probleme. Schließlich sind die Bedingungen, unter denen bei Nachverhandlungen das full commitment-Gleichgewicht erreicht wird, auch modelltheoretisch von Interesse: Sind diese erfüllt, kann man Nachverhandlungen bei der modellhaften Beschreibung eines Anreizproblems ohne Beschränkung der Allgemeinheit ignorieren.

1.2 Aufbau der Arbeit

Zwei Kernelemente bilden die Basis für die Analyse von mehrperiodigen Agency-Problemen mit beschränkter Selbstbindung: Die grundlegenden trade-offs einperiodiger, statischer

8 Siehe *Holmström* (1979) und *Grossman/Hart* (1983).
9 Sofern sie implementierbar ist, siehe dazu auch Abschnitt 4.2.2.

Agency-Probleme einerseits und die Erkenntnisse über den strategischen Wert von Selbstbindungskraft bei betrieblichen Entscheidungen andererseits. Beide Aspekte werden in Kapitel 2 isoliert voneinander kurz dargestellt.

Kapitel 3 untersucht Nachverhandlungen in langfristigen Anreizbeziehungen unter der Annahme vollständiger Verträge. Dies bedeutet, dass alle von Prinzipal und Agent gemeinsam beobachtbaren Größen verifizierbar sind. Betrachtet wird eine zweiperiodige Beziehung mit Nachverhandlung nach der ersten Periode. Nach der Spezifikation des Grundmodells wird zunächst das renegotiation-proof-Prinzip etabliert. Dieses Prinzip besagt, dass man sich bei der Bestimmung der Gleichgewichtslösung auf die Menge der nachverhandlungssicheren Verträge konzentrieren kann. Nachverhandlungssicherheit ist ex ante als Restriktion zu berücksichtigen, da die Menge der ex ante implementierbaren Verträge beschränkt wird. Dieses Ergebnis ist zunächst darauf zurückzuführen, dass ex post keine Informationen bekannt werden, auf die der Ausgangsvertrag nicht schon hätte bedingt werden können, so dass es aus der ex ante Perspektive keine Notwendigkeit gibt, den ursprünglichen Vertrag nachzuverhandeln. Im Gegensatz zum Abschluss des Ausgangsvertrages findet die Nachverhandlung aber unter asymmetrischer Information über die bisherige Leistung des Agenten statt, was aus der ex ante Sicht niemals vorteilhaft sein kann. Die Arbeit untersucht, unter welchen Bedingungen die Nachverhandlungsmöglichkeit ex ante effizient ist, also keine Wohlfahrtseinbußen gegenüber dem Benchmark-Gleichgewicht bei perfekter Selbstbindungskraft verursacht. Diese Frage hängt entscheidend vom Informationsgehalt der Leistungsmaße des Anreizvertrages über den Arbeitseinsatz des Managers ab. Aufbauend auf diese Erkenntnisse wird untersucht, ob der Prinzipal unproduktive Aktivitäten (z.B. bilanzpolitische Maßnahmen) des Agenten gestatten bzw. fördern sollte, um sich dadurch implizit auf eine vergleichsweise geringe Anreizentlohnung zu verpflichten. Anschließend wird ein Cash-flow-Informationssystem mit einem System auf Basis von Periodenerfolgsgrößen hinsichtlich der induzierbaren Anreize miteinander verglichen. Welches System vorzuziehen ist, hängt sowohl von dem Zeitpunkt der ausgewiesenen Information als auch von der Präzision der Messung der Information in dem jeweiligen System ab.
Fehlende Selbstbindung in Bezug auf ein langfristiges Anreizsystem kann auch darin bestehen, dass nur kurzfristige (z.B. einperiodige) Verträge abgeschlossen werden können. Der vorletzte Abschnitt des dritten Kapitels vergleicht langfristige Verträge mit Nachverhandlungsmöglichkeit und kurzfristige Verträge bei der Steuerung des langfristigen Anreizproblems. Im letzten Abschnitt von Kapitel 3 werden die Auswirkungen von Nachverhandlungen (bzw. kurzfristigen Verträgen) untersucht, wenn der Agent nach einer Glättung seines Konsums über die Zeit strebt.

In Kapitel 4 wird berücksichtigt, dass es unternehmensinterne Information gibt, die von Prinzipal und Agent beobachtet wird, die aber nicht verifizierbar ist. Im Gegensatz zu

Kapitel 3 findet das renegotiation-proof-Prinzip nun im Allgemeinen keine Anwendung mehr.

Im ersten Abschnitt des Kapitels wird angenommen, dass der Prinzipal den Arbeitseinsatz des Agenten perfekt beobachten, aber (weiterhin) nicht direkt auf diesen kontrahieren kann. In diesem Fall können Nachverhandlungen ex ante (gegenüber der Lösung bei perfekter Selbstbindung) nicht schaden, weil sie aufgrund der Beobachtbarkeit des Arbeitseinsatzes keine negativen Rückwirkungen auf die Arbeitsanreize verursachen. Aufbauend auf dieses Ergebnis werden spezielle Fragen der Performancemessung im Zusammenhang mit dem Informationsgehalt von Leistungsmaßen analysiert. Anschließend wird angenommen, dass der Prinzipal nur noch einen Teil der Aktionen des Agenten bzw. nur noch ein unpräzises Signal über die Aktionen beobachten kann. In Abhängigkeit vom Informationsgehalt der verifizierbaren und der nicht verifizierbaren Signale können Nachverhandlungen ex ante vorteilhaft oder nachteilig sein.

Im letzten Abschnitt des vierten Kapitels wird unterstellt, dass die tatsächliche Produktivität des Managers für zukünftige Perioden erst nach Abschluss des Ausgangsvertrages bekannt wird. Nachverhandlungen ermöglichen dann eine flexible Anpassung des ursprünglichen Vertrages an die tatsächliche Produktivität, haben aber gleichzeitig negative Rückwirkungen auf die Anreize vor der Nachverhandlung. Untersucht werden die Bestimmungsgrößen dieses trade-offs.

Kapitel 5 fasst die wesentlichen Ergebnisse der Arbeit zusammen.

Kapitel 2

Grundlagen: Strategische Selbstbindung und statische Agency-Beziehungen

2.1 Vorbemerkungen

Die vorliegende Arbeit analysiert langfristige Anreizbeziehungen mit beschränkter Selbstbindungskraft in der Form, dass die Akteure sich ex ante nicht verpflichten können, den ursprünglichen Anreizvertrag nicht nachzuverhandeln. Theoretische Basis dieser Untersuchung sind zum einen die fundamentalen Erkenntnisse aus der Analyse statischer, einperiodiger Agency-Probleme und zum anderen die -insbesondere in der spieltheoretischen Literatur untersuchte- Bedeutung strategischer Selbstbindung. Ziel dieses Kapitels ist es, zunächst den Wert von Selbstbindungskraft bei betrieblichen Entscheidungsproblemen zu verdeutlichen und anschließend die grundlegenden trade-offs statischer Agency-Probleme darzustellen, sofern sie für die nachfolgende Analyse interessant sind. Dabei ist nicht beabsichtigt, einen umfassenden Literaturüberblick zu präsentieren, sondern vielmehr, die wesentlichen Aspekte kurz zu beschreiben und in die Terminologie einzuführen. Auf eine formale Darstellung von Annahmen und Ergebnissen wird an dieser Stelle verzichtet und stattdessen auf die nächsten Kapitel verwiesen.

2.2 Der Wert von Selbstbindung bei betrieblichen Entscheidungen

Eine vorausschauende langfristige Unternehmenssteuerung erfordert, die Auswirkungen heutiger Entscheidungen auf den Handlungsspielraum in späteren Perioden zu berücksichtigen. So schließt die Entscheidung für ein Investitionsprojekt in der aktuellen Periode bei begrenztem Budget weitere Projekte in der Zukunft aus. Ebenso determinieren Entscheidungen über Kapazitäten oder Personaleinsatz, die kurzfristig nicht angepasst werden können, die Ausgangsbedingungen für Projekte in künftigen Perioden. Als formales Konzept zur Analyse solch dynamischer Interdependenzen im Rahmen von Ein-Personen-Entscheidungsproblemen bietet sich die dynamische Optimierung[1] an. Diese zerlegt das Gesamtproblem zunächst in Stufen (z.B. Perioden), wobei jede Stufe über den Zustand (Entscheidungen, Umweltzustände) informiert wird, den die Vorperioden hinterlassen haben. Auf Basis des Bellmannschen Optimalitätsprinzips wird dann ein optimaler flexibler Plan ermittelt, der für jede Stufe eine optimale, zustandsabhängige Entscheidungsregel bereithält.

In reinen Entscheidungsproblemen, für die durch dynamische Zerlegung eine optimale Entscheidungsregel ermittelt werden kann, kann Selbstbindungskraft, also die Fähigkeit, sich ex ante auf eine bestimmte (flexible) Entscheidung zu verpflichten, keinen Wert haben.[2] Ob sich der Entscheider ex ante auf einen flexiblen Plan festlegt, oder aber ohne diese Festlegung exakt diejenigen zustandsabhängigen Aktionen dieses Plans ausführt, ergibt keinen Unterschied. In beiden Fällen wird in jedem Zustand exakt die gleiche Entscheidung getroffen, so dass auch die resultierenden payoffs identisch sind.[3]

Voraussetzung für einen Wert von Selbstbindung bei der Unternehmenssteuerung ist folglich, dass durch die Verpflichtung auf eine bestimmte Entscheidung das Verhalten anderer Individuen beeinflusst werden kann. Schon der chinesische Poet *Tu Mu* (803-852) wird in einer Kommentierung von *Sun Tzus* Werk *The Art of War* wie folgt zitiert: „When your army has crossed the border, you should burn your boats and bridges, in order to make it clear to everybody that you have no hankering after home“.[4] Die Idee ist also, durch Einschränkung der eigenen Handlungsmöglichkeiten, die Handlungen der Gegenspieler zum eigenen Vorteil zu beeinflussen.[5] Eine notwendige Bedingung für einen strategischen Effekt von Selbstbindung ist demnach, dass sich das betrachtete ökonomische Entscheidungsproblem als Spiel (im spieltheoretischen Sinn) zwischen Entscheidungsträgern modellieren lässt.

Die grundlegende Einsicht, dass strategische Selbstbindung vorteilhaft sein kann, wurde maßgeblich von *Schelling* (1960) geprägt, der überwiegend anhand von Beispielen argu-

1 Für einen Überblick vgl. *Hillier/Lieberman* (2001), Ch. 11 und *Bamberg/Coenenberg* (2002), Kapitel 9.
2 Siehe auch *Fudenberg/Tirole* (1991), S. 74 ff.
3 Dabei wird im Einklang mit dem klassischen Entscheidungsmodell vorausgesetzt, dass ex ante die Menge der möglichen Entscheidungsalternativen und die Menge der denkbaren Umweltzustände vollständig bekannt sind.
4 *Tzu/Giles* (1910), Ch. 11, paragraph 3, S. 115.
5 Vgl. *Fudenberg/Tirole* (1991).

mentiert[6]: So möchte ein potentieller Hauskäufer, dem ein bestimmtes Objekt $ 20.000 wert ist, den Verkäufer überzeugen, dass er maximal $ 16.000 zu zahlen bereit ist. Wenn der Käufer nun mit einem Dritten eine verifizierbare und durchsetzbare Wette abschließen kann, dass er maximal $ 16.000 bietet und andernfalls dem Dritten $ 5.000 „Strafe" zahlt, verschiebt sich die Verhandlungssituation eindeutig zu seinen Gunsten: Verhandlungsangebote des Verkäufers, die über $ 16.000 liegen, sind aufgrund der (Wett-)Bindung des Käufers zwecklos.

Im betrieblichen Kontext finden strategische Interaktionen sowohl innerhalb des Unternehmens als auch zwischen Unternehmen und Dritten statt. Im ersten Fall sind insbesondere hierarchische Beziehungen (z.B. zwischen Aufsichtsrat und Vorstand oder zwischen Personalchef und Trainee) relevant, die auf Basis des Principal-Agent-Paradigmas analysiert werden können. Selbstbindungskraft in Bezug auf den Entlohnungsvertrag bezieht sich dabei zum einen auf die Frage, über welchen Zeitraum Verträge geschlossen werden können und zum anderen auf die Möglichkeit, Verträge nachverhandeln zu können. Unter perfekter Selbstbindung (full commitment) wird verstanden, dass Prinzipal und Agent einen den gesamten Zeitraum der Beziehung umfassenden Vertrag schließen können, der ex post von keiner Partei gebrochen oder nachverhandelt werden kann.[7] Der Wert von vertraglicher Selbstbindung in langfristigen Anreizbeziehungen bildet den Untersuchungsgegenstand der nächsten Kapitel und wird an dieser Stelle nicht weiter vertieft.

Strategische Verbindungen zwischen Unternehmen und (externen) Dritten betreffen z.B. Zulieferer/Abnehmer–Beziehungen, vor allem aber auch Konkurrenzsituationen auf Märkten. Ein häufig betrachteter Fall ist der des Cournot-Duopols, in dem zwei Unternehmen auf dem Absatzmarkt konkurrieren und simultan ihre Mengen wählen. Jeder Duopolist maximiert für eine gegebene Menge des Konkurrenten seinen Gewinn über seine eigene Mengenentscheidung. Als Resultat dieser Optimierung erhält man die optimale Menge eines jeden Duopolisten als Funktion der Konkurrenzmenge (Reaktionsfunktion). Durch den Schnittpunkt der beiden Reaktionsfunktionen ergeben sich die gleichgewichtigen Mengenentscheidungen, das Cournot-Gleichgewicht. Geht man abweichend von den Cournot-Annahmen davon aus, dass die Mengenentscheidungen nicht simultan, sondern sequentiell erfolgen, spricht man von einem Stackelberg-Spiel. Angenommen, Unternehmen 1 wählt seinen Output vor Unternehmen 2, dann ist die optimal bedingte Mengenentscheidung des zweiten Unternehmens die Reaktionsfunktion aus dem Cournot-Spiel. Da Unternehmen 2 die Menge von Unternehmen 1 beobachtet, bevor es die eigene Menge festlegt, kann Unternehmen 1 durch seine Mengenentscheidung die Menge des Konkurrenten steuern. Dieses führt (unter der Annahme fallender Reaktionsfunktionen) dazu, dass der Stackelberg-Führer im Gleichgewicht einen höheren payoff erzielt als im Cournot-Gleichgewicht (und

---

6 Siehe zu dem folgenden Beispiel *Schelling* (1960), S. 24-25.

7 Siehe *Salanie* (1997), S. 145.

der Konkurrent einen niedrigeren payoff).[8] Durch das Vorziehen der eigenen Entscheidung kann der Stackelberg-Führer sich hier auf eine Absatzmenge verpflichten, die bei simultaner Entscheidung nicht glaubhaft wäre.

Der Effekt strategischer Selbstbindung bei ökonomischen Interaktionen, die auf Basis eines Stackelberg-Spiels analysiert werden können, beruht auf der sequentiellen Abfolge der Entscheidungen und der Beobachtbarkeit der Handlungen des Stackelberg-Führers durch den Stackelberg-Folger.[9] Unterstellt man abweichend davon, dass der Stackelberg-Folger nur ein imperfektes Signal über die Entscheidung des Stackelberg-Führers erhält, verschwindet der „first-mover advantage“ vollständig und im Gleichgewicht wird die Cournot-Lösung erreicht.[10] Die Informationsstruktur ist also kritisch für die Beurteilung des Werts von Selbstbindungskraft.

Eine weitere Möglichkeit zur Selbstbindung stellen Verträge mit Dritten dar.[11] Dieses wurde schon anhand von *Schellings* (1960) Hauskauf-Beispiel deutlich, in dem sich der Käufer durch die Wette mit einem Dritten binden konnte, nicht mehr als $ 16.000 zu zahlen. Bei *Fershtman/Judd* (1987) können unternehmensinterne Anreizverträge Bindungswirkung in Bezug auf nachgelagerte strategische Interaktionen mit Dritten entfalten: Durch Delegation der Absatzentscheidung an ihre Manager können sich zwei Duopolisten auf Wettbewerbsstrategien verpflichten, die bei einer Angebotsentscheidung durch die Unternehmenszentralen selbst nicht glaubhaft wären. Die Steuerung der Angebotsentscheidung der Manager erfolgt dabei über den Entlohnungsvertrag, den jede Unternehmenszentrale mit ihrem Manager abschließt. Entscheidend für dieses Resultat ist aber neben der Tatsache, dass die Entlohnungsverträge wechselseitig beobachtbar sein müssen, die Annahme, dass (ganz im Gegensatz zum vorliegenden Beitrag) Nachverhandlungen bezüglich des Entlohnungsvertrages ausgeschlossen werden.[12] Bindungsfähigkeit hinsichtlich des Wettbewerbsverhaltens setzt hier also gleichzeitig perfekte Selbstbindungskraft in Bezug auf den Entlohnungsvertrag mit dem Agenten voraus, wofür es, wie in der Einleitung geschildert, im Allgemeinen keine Rechtfertigung gibt. Ob die Berücksichtigung von Nachverhandlungen die Bindungswirkung von Anreizverträgen abschwächt oder nicht, hängt dabei entscheidend vom Informationstand (vollständige/unvollständige Information) der Vertragspartner zum Zeitpunkt der Nachverhandlung ab.[13]

In den vorangegangenen Beispielen konnte ein commitment nicht per se erreicht werden, sondern die Verpflichtung auf eine bestimmte künftige Entscheidung musste durch spezifische Handlungen unterstützt werden, z.B. durch das Vorziehen von Entscheidungen oder

8 Siehe *Fudenberg/Tirole* (1991).
9 Vgl. *Bagwell* (1995) und *Neus/Nippel* (1996).
10 Siehe *Bagwell* (1995).
11 Siehe z.B. *Holmström* (1982), *Fershtman/Judd* (1987) und *Melumad/Mookherjee* (1989).
12 Siehe *Katz* (1991).
13 Siehe *Katz* (1991).

durch Übertragung von Entscheidungsrechten an Manager. Ebenso kann in der nachfolgenden Untersuchung die Nachverhandlungsmöglichkeit nicht direkt ausgeschlossen werden. Es gibt aber möglicherweise Maßnahmen, die zumindest implizit ein commitment auf die Einhaltung des Ausgangsvertrages beinhalten. Um den Wert von Selbstbindung beurteilen zu können, müssen den bis jetzt diskutierten Vorteilen auch die möglichen Nachteile gegenübergestellt werden. Überwiegen die Vorteile die Nachteile, ist Selbstbindungskraft wertvoll, im umgekehrten Fall hat Selbstbindung keinen Wert.[14] Im klassischen Stackelberg-Gleichgewicht sind (unter den üblichen Regularitätsannahmen) mit der Rolle des first-movers keine Kosten verbunden, bei *Dewit/Leahy* (2004) aber gibt es einen trade-off zwischen first-mover advantage und Flexibilität. In einem zweiperiodigen Duopolspiel mit stochastischer Nachfrage wird die Nachfrageunsicherheit erst in der zweiten Periode aufgelöst. Durch eine frühe Investitionsentscheidung eines Unternehmens kann ceteris paribus ein first-mover Effekt ausgelöst werden, auf der anderen Seite vergibt man damit aber die Chance auf die tatsächliche Nachfrage zu reagieren (was in diesem Fall die Kosten der Bindung darstellt).

Die möglichen Vor- und Nachteile von Selbstbindungskraft in langfristigen Anreizbeziehungen können nun auf Basis der obigen Überlegungen vorläufig wie folgt zusammengefasst werden: Die Vertragspartner könnten von der Nachverhandlungsmöglichkeit profitieren, weil der Vertrag nachträglich an veränderte Umweltbedingungen angepasst werden kann. Die potentiellen Nachteile der Nachverhandlungsmöglichkeit (also die Vorteile eines commitments auf einen langfristig bindenden Vertrag) bestehen darin, dass aufgrund antizipierter Vertragsanpassungen negative Rückwirkungen auf die Arbeitsleistung in frühen Vertragsphasen (wie beim Ratchet-Effekt) zu befürchten sind. Ob und inwieweit diese potentiellen Vor- und Nachteile tatsächlich auftreten, hängt analog zu den oben diskutierten Beispielen maßgeblich von der Informationsstruktur der Beziehung ab: Welcher Akteur verfügt über welche Information im Nachverhandlungszeitpunkt und welche der von den Vertragsparteien gemeinsam beobachtbaren Informationen sind verifizierbar.

2.3 Statische Anreizbeziehungen: Die grundlegenden trade-offs

Ausgangspunkt des Principal-Agent-Paradigmas ist die Annahme, dass der Prinzipal (Auftraggeber, Unternehmenszentrale) einen Agenten (Manager, Auftragnehmer) zur Mitwirkung am Produktionsprozess engagiert. Der Agent kann durch seinen Arbeitseinsatz

14 Commitment ist die Fähigkeit, sich (durch spezifische Aktionen) ex ante auf bestimmte zukünftige Handlungen festlegen zu können. Da man von dieser Fähigkeit keinen Gebrauch machen muss, kann der Wert von commitment nicht negativ sein.

die Wahrscheinlichkeitsverteilung des Produktionsergebnisses π beeinflussen. Arbeitseinsatz verursacht beim Agenten Disnutzen, und da die Anstrengungen des Agenten unbeobachtbar und deshalb nicht kontrahierbar sind, müssen die gewünschten Arbeitsleistungen über eine ergebnisabhängige Entlohnung motiviert werden. Die Zielsetzung des Prinzipals besteht in der Maximierung seines erwarteten Nettoerfolgs (erwartetes Bruttoergebnis des Produktionsprozesses abzüglich erwarteter Entlohnung an den Manager). Das klassische, einperiodige moral hazard Problem vom Typ hidden action[15], wie es von *Holmström* (1979) analysiert wurde, lässt sich als Stackelberg-Spiel in extensiver Form wie folgt formulieren: Zu Beginn der Periode schlägt der Prinzipal dem Agenten einen Entlohnungsvertrag $S(\pi)$ vor, der für jede mögliche Realisation des Produktionsergebnisses eine Zahlung zwischen Prinzipal und Agent festschreibt. Lehnt der Agent ab, kommt keine Beziehung zustande. Stimmt er zu und tritt der Vertrag damit in Kraft, entscheidet der Agent anschließend über seinen Arbeitseinsatz und am Ende der Periode wird das Produktionsergebnis π beobachtet und der Agent gemäß $S(\pi)$ entlohnt. Nachverhandlungen bzw. Vertragsbruch sind per Annahme ausgeschlossen (full commitment).

Obwohl der Ablauf der Aktionen sequentiell ist, wird das beschriebene Spiel auch als statisches Agency-Problem oder one-shot-Spiel bezeichnet.[16] Dynamische Probleme hingegen zeichnen sich entweder durch begrenzte Selbstbindungskraft oder/und durch langfristige Beziehungen aus. In der weiteren Analyse bezieht sich der Begriff „dynamisch" aber fast ausschließlich auf die beschränkte Selbstbindungskraft, da (von einigen Ausnahmen abgesehen) die Länge der Beziehung isoliert gesehen keine dynamischen Effekte[17] begründet.

Den Gleichgewichtsvertrag $S^*(\pi)$ des Spiels erhält man über ein Optimierungsproblem unter Nebenbedingungen: Der Prinzipal maximiert seinen erwarteten Nettoerfolg unter Berücksichtigung von Teilnahme- und Anreizbedingung. Die Teilnahmebedingung sichert, dass der Agent im Gleichgewicht mindestens denjenigen Erwartungsnutzen erreicht, welchen er bei der besten alternativen Beschäftigung erzielen könnte; den sogenannten Reservationsnutzen. Mit der Anreizbedingung antizipiert der Prinzipal, dass der Agent für einen gegebenen Vertrag seine Anstrengungen so wählt, dass sein Erwartungsnutzen maximal wird. Im Gleichgewicht sichert die Anreizbedingung, dass der Agent genau die Aktion wählt, die der Prinzipal wünscht.

Als theoretischen Benchmark für die Gleichgewichtslösung des oben beschriebenen Spiels ermittelt man die sog. *first-best-Lösung.* Formal erhält man diese, indem man das oben

15 Der Begriff moral hazard bezieht sich auf Situationen, in denen bei Vertragsabschluss symmetrische Information vorliegt, nach Vertragsabschluss aber die Informationsverteilung aufgrund unbeobachtbarer Aktionen (hidden actions) oder privat beobachteter Information (hidden information) asymmetrisch ist. Vgl. auch *Rasmusen* (2001), S. 161 ff.

16 Siehe *Chiappori et al.* (1994).

17 D.h. allein aus der Mehrperiodigkeit des Problems resultieren (von Ausnahmen abgesehen) keine interessanten Interdependenzen zwischen Entscheidungen früherer und späterer Perioden, so dass eine dynamische Zerlegung über den klassischen Ansatz hinaus nicht notwendig ist.

geschilderte Optimierungsproblem unter Vernachlässigung der Anreizbedingung löst, also das Anreizproblem ignoriert und annimmt, der Arbeitseinsatz wäre direkt kontrahierbar. Die (oben bereits angesprochene) Lösung des Problems unter zusätzlicher Berücksichtigung der Anreizbedingung wird als ***second-best-Lösung*** bezeichnet und die Differenz zwischen dem erwarteten Nettoerfolg des Prinzipals in der first-best-Lösung und dem erwarteten Nettoerfolg im second-best-Fall nennt man Agency-Kosten[18]. Die Agency-Kosten sind ein Maß für die Wohlfahrtseinbußen des Prinzipals aufgrund der hidden action-Problematik, dass der Agent ohne Erfolgsbeteiligung keine Anstrengungen leistet. Notwendige Bedingungen dafür, dass Agency-Kosten im Grundmodell auftreten, sind ein zufallsabhängiges Ergebnis π und ein risikoaverser Agent. Der Prinzipal ist entweder risikoavers oder risikoneutral. Da die Annahme eines risikoneutralen Prinzipals die Argumentation erleichtert, soll sie nachfolgend gelten. Risikoaversion des Agenten bedeutet, dass jede sichere Fixentlohnung $\overline{S}$ ceteris paribus für den Agenten zu einem höheren payoff führt als jede unsichere Entlohnung $\widetilde{S}$ mit Erwartungswert $\overline{S}$, d.h. dem Agenten muss für die Übernahme des mit π verbundenen Risikos eine Risikoprämie gewährt werden. Unter first-best-Annahmen ist keine Risikoprämie zu berücksichtigen, da keine ergebnisabhängigen Anreize notwendig sind. In der second-best-Welt gibt es aber einen trade-off zwischen Risiko und Anreiz. Optimale Risikoallokation erfordert, dem Agenten eine Fixentlohnung zu geben, Arbeitsanreize können aber nur durch eine Erfolgsbeteiligung erreicht werden. Der optimale ***Risiko-Anreiz-trade-off*** wird durch den gleichgewichtigen Anreizvertrag $S^*(\pi)$ gelöst. Von trivialen Anreizproblemen abgesehen[19], wird der Agent im Gleichgewicht explizit am Produktionsergebnis beteiligt[20], so dass Agency-Kosten entstehen. Gleichzeitig wird im Vergleich zur first-best-Lösung weniger Arbeitseinsatz induziert. Zwar könnte auch durch einen second-best Vertrag der Arbeitseinsatz der first-best-Lösung (die „first-best-Aktion") induziert werden, nur ist dies unter Berücksichtigung der zu zahlenden Risikoprämie zu teuer. Ist der Agent risikoneutral, sind im Grundmodell die Agency-Kosten null. In diesem Fall ist keine Risikoprämie zu zahlen und die optimalen (first-best) Anreize können dadurch gesetzt werden, dass man den Agenten zum Residualanspruchsberechtigten (residual claimant) macht, also den Produktionsprozess an den Agenten verpachtet.[21]

Bis jetzt wurde davon ausgegangen, dass der Entlohnungsvertrag ausschließlich auf das Produktionsergebnis π kontrahiert werden kann. Angenommen nun, dass neben π noch ein weiteres Maß, z.B. y, als Bemessungsgrundlage für den Anreizvertrag zur Verfügung steht.[22] Ist dieses Signal wertvoll bei der Steuerung des Risiko-Anreiz-trade-offs, d.h. kann

18 Da der Agent im Gleichgewicht stets seinen Reservationsnutzen erhält, kann man die Gesamtwohlfahrt der Beziehung durch den erwarteten Nutzen des Prinzipals im Gleichgewicht messen.

19 Ein triviales Anreizproblem besteht dann, wenn es für den Prinzipal optimal ist, keinen bzw. den mit dem geringsten Arbeitsleid verbundenen Einsatz zu implementieren.

20 Dies bedeutet, dass S^* eine nicht-triviale Funktion in π ist.

21 Vgl. *Mas-Colell/Whinston/Green* (1995), S. 482.

22 y wird wie π am Ende der Periode beobachtet.

sich der Prinzipal dadurch besserstellen, dass er den Vertrag auf π und y anstatt nur auf π konditionieren kann? Da das zusätzliche Signal y bei der Vertragsgestaltung stets ignoriert werden kann, ist sein Wert niemals negativ. *Holmström* (1979) zeigt, dass die Frage, ob das zusätzliche Signal wertvoll ist oder nicht, von dessen Informationsgehalt (*informativeness*) abhängt: Jedes Signal, das informativ über den Arbeitseinsatz des Agenten ist, sollte Bestandteil des optimalen Vertrages sein; nicht informative Signale hingegen sind nicht in den Vertrag aufzunehmen. y ist in diesem Sinne informativ über den Einsatz des Agenten, wenn die bedingte Wahrscheinlichkeitsverteilung von y, gegeben π, vom Arbeitseinsatz des Agenten abhängt. Die Idee ist, dass der Prinzipal dann durch die Beobachtung y zusätzliche (nicht in π enthaltende) Informationen über den Arbeitseinsatz des Agenten erhält. Wie insbesondere in der Arbeit von *Antle/Demski* (1988) deutlich wird, impliziert Informationsgehalt eines Signals nicht notwendigerweise auch, dass der Agent dieses Signal durch seinen Arbeitseinsatz direkt beeinflussen[23] kann. Auch wenn die a priori Verteilung von y überhaupt nicht vom Arbeitseinsatz abhängt, ist dieses Maß dennoch informativ, sofern die auf π bedingte Verteilung von y eine nicht-triviale Funktion des Arbeitseinsatzes ist. Im Rahmen der weiteren Analyse lassen sich aus dem Informationsgehalt von Signalen Aussagen über die Vorteilhaftigkeit von Nachverhandlungen ableiten.

Der Entscheidung über den optimalen Entlohnungsvertrag für den Agenten ist die Frage über das geeignete Informationssystem vorgeschaltet.[24] Ein Informationssystem umfasst dabei diejenigen Informationen, auf die der Entlohnungsvertrag konditioniert werden kann.[25] Dabei unterscheiden sich Informationssysteme nicht nur in der unterschiedlichen Aufbereitung der gleichen Rohdaten, sondern auch über die erhobenen Rohdaten selbst.[26] Als Basis eines Informationssystems kommen neben Marktwerten insbesondere die Daten des internen und externen Rechnungswesens in Betracht. Für Vertragszwecke ist dabei zu berücksichtigen, dass explizite Entlohnungsverträge ausschließlich auf *verifizierbare* Informationen konditioniert werden können, also auf Informationen, die im Streitfall von Dritten überprüft werden können; ein auf nicht verifizierbare Größen bedingter Vertrag ist nicht anreizkompatibel.[27] Wenn nun aber die Rohdaten selbst nicht verifizierbar sind, sondern z.B. nur ein Aggregat dieser Daten (beispielsweise der publizierte Jahresabschluss), dann kommt dem Aufbereitungs- bzw. Aggregationsprozess eine entscheidende Rolle zu. Bei der Analyse von Nachverhandlungen in langfristigen Anreizbeziehungen sind Informationssysteme vor allem im Hinblick auf den Zeitpunkt des Ausweises ihrer Informationen von Bedeutung.

Im klassischen Modell sind Agency-Kosten ausschließlich auf das Risiko-Anreiz-Problem

23 Indem für unterschiedliche Einsatzniveaus des Agenten unterschiedliche a priori Verteilungen für y resultieren.
24 Siehe *Kim* (1995).
25 Siehe *Kim* (1995).
26 Siehe *Budde* (2000), S. 41.
27 Vgl. auch *Macho-Stadler/Pérez-Castrillo* (2001), S. 5-6.

zurückzuführen. In der jüngeren Literatur hat sich aber eine Thematik mit dem Titel *multi-task-Problem* etabliert, bei der es im Wesentlichen darum geht, zu überprüfen, ob über die vorhandenen Performancemaße tatsächlich auch die optimalen (d.h. die first-best) Aktionen im Sinne der Unternehmenszentrale induziert werden können.[28] Um diese Frage theoretisch analysieren zu können, wurde das Grundmodell um zwei Annahmen erweitert: Das Ergebnis π ist nicht kontrahierbar und der Agent muss seinen Arbeitseinsatz auf mehrere Aufgaben[29] (tasks) aufteilen.[30] Aufgrund der Nichtkontrahierbarkeit von π, können die first-best-Anreize jetzt nicht mehr über eine Verpachtungslösung induziert werden. Stattdessen steht für Zwecke der Anreizentlohnung ein Vektor von Performancemaßen $\mathbf{y}$ zur Verfügung. Wenn es nun weniger Performancemaße als tasks gibt, ist nicht gewährleistet, dass über den Entlohnungsvertrag die first-best-Anreize implementiert werden können. Damit gibt es auch ohne Risikoteilungsproblem einen interessanten trade-off, nämlich die Abwägung des Entlohnungsvertrages zwischen den einzelnen Aufgaben des Agenten.

28 Vgl. stellvertretend *Baker* (2000).

29 Alternativ wird auch angenommen, dass der Agent seinen Einsatz auf Basis eines nach Vertragsabschluss nur vom ihm privat beobachteten Umweltzustandes wählen muss, vgl. *Baker* (1992), *Kopel* (1998) und *Bushman/Indjejikian/Penno* (1999). Dieser Fall ist auch als multi-task-Problem zu interpretieren, weil der Prinzipal aus der ex ante Perspektive die Aktion des Agenten über unterschiedliche Umweltzustände allozieren muss.

30 Siehe *Holmström/Milgrom* (1991) und *Feltham/Xie* (1994).

Kapitel 3

Grundmodell: Nachverhandlungen bei vollständigen Verträgen

3.1 Vorbemerkungen

In diesem Kapitel werden Verträge zwischen Prinzipal und Agent betrachtet, die bis auf die unbeobachtbaren Handlungen (*hidden actions*) des Managers auf alle Eventualitäten bedingt werden können. Inbesondere können alle von Prinzipal und Agent gemeinsam beobachtbaren Größen auch von Dritten verifiziert und damit als Bemessungsgrundlage des Entlohnungsvertrages verwendet werden. Solche Verträge werden in der Literatur häufig als vollständige Verträge (*complete contracts)* bezeichnet.[1] Der Unterschied zwischen vollständigen und perfekt zustandsabhängigen Verträgen (*state contingent claims*) im Sinne von Arrow/Debreu[2] besteht allein darin, dass auf die das Agency-Problem begründende Variable, die private Information des Agenten, nicht kontrahiert werden kann.

3.2 Grundlegende Modellannahmen

In diesem Kapitel (wie auch im weiteren Verlauf der Arbeit) wird eine zweiperiodige[3] Beziehung zwischen Agent und Prinzipal betrachtet. Die Periode t beginnt im Zeitpunkt $t-1$ und endet im Zeitpunkt t. Der Agent wählt in jeder Periode $t = 1, 2$ ein (möglicherweise vektorwertiges) Aktivitätsniveau e_t aus der Menge der möglichen Aktivitäten E_t.

1 Siehe unter anderen *Hart/Holmström* (1987), *Dewatripont/Maskin* (1990), *Salanie* (1997) *Tirole* (1999) und *Jost* (2001).

2 Vgl. dazu ausführlich *Mas-Collel/Whinston/Green* (1995), Kapitel 19.

3 Langfristige, mehrperiodige Verbindungen werden in der Literatur häufig vereinfachend durch zweiperiodige Beziehungen abgebildet, siehe z.B. *Lambert* (1983), *Rogerson* (1985) oder *Dutta/Reichelstein* (2003). Die Betrachtung zweier Perioden ist nachfolgend hinreichend, um die grundlegenden Effekte von Nachverhandlungen in langfristigen Anreizbeziehungen zu verdeutlichen.

Der Arbeitseinsatz des Agenten ist private Information und nicht verifizierbar. Als Leistungsmaß zum Zwecke der Anreizentlohnung steht am Ende von Periode t das (ebenfalls möglicherweise vektorwertige) Performancemaß y_t zur Verfügung. Die Performancemaße hängen sowohl vom Arbeitseinsatz des Agenten als auch von einem Zufallseinfluss ab, so dass y_t als Zufallsvariable modelliert wird, die Werte aus der Menge Y_t annehmen kann. Die gemeinsame a priori Verteilung der Performancemaße, abgebildet durch die mit den Einsatzniveaus parametrisierte Dichte $f(y_1, y_2; e_1, e_2)$, ist common knowledge, wobei davon ausgegangen wird, dass der Träger der Verteilung durch den Arbeitseinsatz des Agenten nicht beeinflusst werden kann.[4] Dabei ist es möglich, dass die Aktion der ersten Periode das Performancemaß der zweiten Periode beeinflusst[5], also grundsätzlich $\int_{Y_1} f(y_1, y_2; e_1, e_2)\, dy_1 = f_2(y_2; e_1, e_2)$ gilt. Der Bruttoüberschuss des risikoneutralen Prinzipals (vor Entlohnung des Agenten) aus der zweiperiodigen Beziehung sei π mit a priori Dichte $g(\pi; e_1, e_2)$. Es wird angenommen, dass π erst nach Ablauf der zweiperiodigen Beziehung realisiert wird und als Performancemaß für Zwecke der Anreizentlohnung grundsätzlich nicht zur Verfügung steht.[6] Man kann π z.B. als Unternehmenswert interpretieren, der nicht nur von den im Betrachtungszeitraum erzielten Einzahlungsüberschüssen abhängt, sondern auch Erfolgspotenziale künftiger Perioden berücksichtigt, die innerhalb des Betrachtungszeitraumes (womöglich) nicht adäquat durch finanzielle Erfolgsgrößen abgebildet werden können.

Ein langfristiger Entlohnungsvertrag $V = (S_1(y_1), S_2(y_1, y_2))$ spezifiziert für jede Periode t die Entlohnung S_t des Agenten, wobei S_t auf alle bis zum Ende der Periode t realisierten Performancemaße konditioniert werden kann.

Die Präferenzen des Agenten werden durch eine von Neumann/Morgenstern-Nutzenfunktion abgebildet

$$U(S_1, S_2, e_1, e_2). \tag{3.1}$$

Es wird grundsätzlich angenommen, dass der Agent risiko[7]-und anstrengungsscheu ist.[8] Dabei werden zwei Typen von Nutzenfunktionen betrachtet: Additiv (sowohl in Entloh-

---

4 Siehe dazu ausführlich *Budde* (2000), S. 18-19.

5 Vgl. zu Untersuchungen mit langfristig wirksamem Arbeitseinsatz (strategic effort) auch *Ma* (1991), *Wagenhofer/Riegler* (1999), *Sliwka* (2002) und *Dutta/Reichelstein* (2003).

6 Die Möglichkeit eines kontrahierbaren Outputs kann dabei für eine gegebene Spezifikation des Modells als Spezialfall abgebildet werden.

7 Die Annahme, dass der Prinzipal risikoneutral ist und der Agent risikoscheu, wird in der Literatur damit begründet, dass der Prinzipal (als Aggregat der Anteilseigner) in der Lage ist, sein Portfolio perfekt zu diversifizieren, während dieses dem Agenten nicht möglich ist, weil sein Vermögen hauptsächlich aus seinem im Unternehmen investierten Humankapital resultiert, siehe *Richter/Furubotn* (1999), S. 208.

8 Bei der Analyse einiger Problemstellungen ist der Agent abweichend von dieser Annahme risikoneutral und anstrengungsscheu.

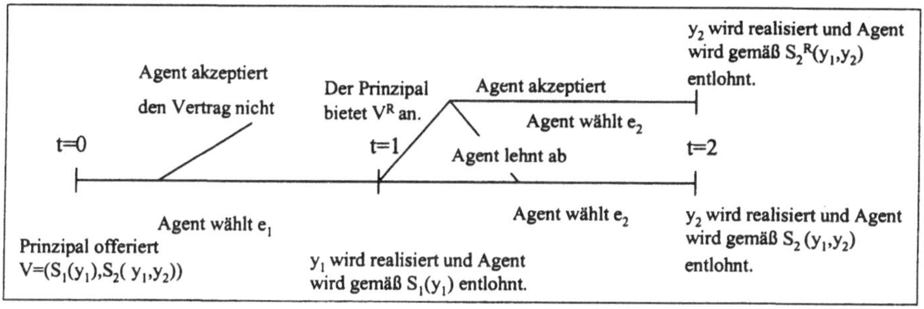

Abbildung 3.1: Zeitablauf im Spiel mit Nachverhandlungsmöglichkeit

nung und Disnutzen als auch intertemporal) separierbare Funktionen der folgenden Form

$$\begin{aligned} U(\cdot) &= (u_1(S_1) - C_1(e_1)) + (u_2(S_2) - C_2(e_2)), \\ u_t' &> 0, u_t'' < 0, C_t' > 0 \text{ und } C_t'' \geq 0 \end{aligned}$$

und eine multiplikativ separierbare exponentielle Nutzenfunktion

$$\begin{aligned} U(\cdot) &= -\exp(-r[S_1+S_2-C_1(e_1)-C_2(e_2)]) \\ &= -\exp(-r[S_1-C_1(e_1)])\exp(-r[S_2-C_2(e_2)]) \\ r &> 0, C_t' > 0 \text{ und } C_t'' \geq 0. \end{aligned}$$

C_t bezeichnet den mit der Arbeitsleistung in Periode t verbundenen Disnutzen. Ein wesentlicher Unterschied zwischen additiv separierbaren Präferenzen und der exponentiellen Nutzenfunktion ist, dass im ersten Fall intertemporale Kosumpräferenzen des Agenten sowie Vermögenseffekte zu berücksichtigen sind, während der Agent bei multiplikativ separierbarer exponentieller Funktion indifferent bezüglich des Zeitpunkts der Zahlungen ist und seine Entscheidungen unabhängig von seinem Ausgangsvermögen sind. Sofern im Folgenden die Nutzenfunktion des Agenten nicht weiter spezifiziert wird, wird implizit stets angenommen, dass diese sowohl Risikoscheu als auch konvexen Disnutzen zum Ausdruck bringt. Des Weiteren wird unterstellt, dass die Präferenzen der Akteure sowie die Wahrscheinlichkeitsverteilungen $f(\cdot)$ und $g(\cdot)$ *common knowledge* sind.

Konkret werden folgende Annahmen bezüglich Vertragsumfeld und Bindungsfähigkeit der Akteure getroffen (siehe auch Abb. 3.1):

- Beide Parteien können sich verpflichten, über beide Perioden zusammenzuarbeiten, d.h. der Prinzipal kann den Agenten nicht vorzeitig entlassen und der Agent wird nicht vorzeitig kündigen. Der Prinzipal kann sich jedoch nicht verpflichten, den zu Beginn der Beziehung vereinbarten langfristigen Ausgangsvertrag nicht nachzuverhandeln.

- Im Zeitpunkt $t = 0$ bietet der Prinzipal dem Agenten einen langfristigen Ausgangsvertrag $V = (S_1(y_1), S_2(y_1, y_2))$ an, der für jede Periode eine Entlohnungsfunktion S_t festlegt. Es sei wie üblich davon ausgegangen, dass es sich für den Prinzipal im Gleichgewicht lohnt, einen Vertrag zu offerieren, den der Agent auch annimmt. Nach Vertragsabschluss wählt der Agent dann seine Aktivität für die erste Periode.
- Am Ende der ersten Periode wird die Realisation des Performancemaßes y_1 beobachtet und der Agent für die erste Periode gemäß $S_1(y_1)$ kompensiert. Unmittelbar anschließend hat der Prinzipal nun die Möglichkeit, dem Agenten einen revidierten Vertrag V^R anzubieten. Da die Entlohung für die erste Periode bereits ausgezahlt worden ist, kann der Prinzipal im Rahmen dieses Vertrages nur noch die Entlohnungsfunktion für die zweite Periode modifizieren. Wir bezeichnen die revidierte Entlohnungsfunktion mit $S_2^R(y_1, y_2)$ und den revidierten Vertrag entsprechend mit $V^R = \left(S_1(y_1), S_2^R(y_1, y_2)\right)$.
- Wenn der Agent V^R akzeptiert, dann tritt dieser an Stelle von V, lehnt er ab, bleibt der Ausgangsvertrag V in Kraft. Anschließend wählt der Agent seine Aktion in der zweiten Periode und am Ende von Periode 2 wird y_2 beobachtet und der Agent nach Maßgabe des endgültigen Vertrages für die zweite Periode abschließend entlohnt.

Für die Aktionswahl in der zweiten Periode sowie für die Entscheidung über die Annahme oder Ablehnung eines revidierten Vertrages in $t = 1$ ist der auf die Information (y_1, e_1) der ersten Periode bedingte erwartete Nutzen die relevante Zielgröße des Agenten. Dieser ist definiert als[9]

$$EU_1(S_1, S_2, e_1, e_2, y_1) \equiv \int_{Y_2} U(S_1, S_2, e_1, e_2)\, f_2(y_2; e_2 | y_1, e_1)\, dy_2.$$

Für den Fall intertemporal separierbarer Nutzenfunktionen der Form $U(\cdot) = U_1(S_1, e_1) + U_2(S_2, e_2)$ oder $U(\cdot) = -\exp(-r[S_1 - C_1(e_1)])\exp(-r[S_2 - C_2(e_2)])$ ist $EU_1(\cdot)$ gegeben durch

$$\begin{aligned} &K_a + \int_{Y_2} U_2(S_2, e_2)\, f_2(y_2; e_2|y_1, e_1)\, dy_2 \quad \text{bei additiver Separierbarkeit} \\ &K_m \cdot \int_{Y_2} -\exp(-r[S_2 - C_2(e_2)])\, f_2(y_2; e_2|y_1, e_1)\, dy_2 \quad \text{bei multiplikativer Separierbarkeit,} \end{aligned} \tag{3.2}$$

wobei $K_a = U_1(S_1(y_1), e_1)$ und $K_m = \exp(-r[S_1(y_1) - C_1(e_1)])$ zum Zeitpunkt $t = 1$ Konstanten sind. Da Erwartungsnutzenfunktionen stets eindeutig bis auf steigende affin-

9 Oben wurde grundsätzlich angenommen, dass e_1 auch das Performancemaß der zweiten Periode beeinflusst, so dass die Randverteilung von y_2 mit der Aktion e_1 parametrisiert wurde: $f_2(y_2; e_2, e_1)$. Gegeben der Agent hat in Periode 1 die Aktion e_1 geleistet und am Ende dieser Periode wurde y_1 beobachtet, ist die bedingte Verteilung von y_2 gegeben durch $f_2(y_2; e_2, e_1|y_1, e_1)$, wobei im Folgenden e_1 nur an der Stelle der Bedingung aufgeführt wird: $f_2(y_2; e_2|y_1, e_1)$.

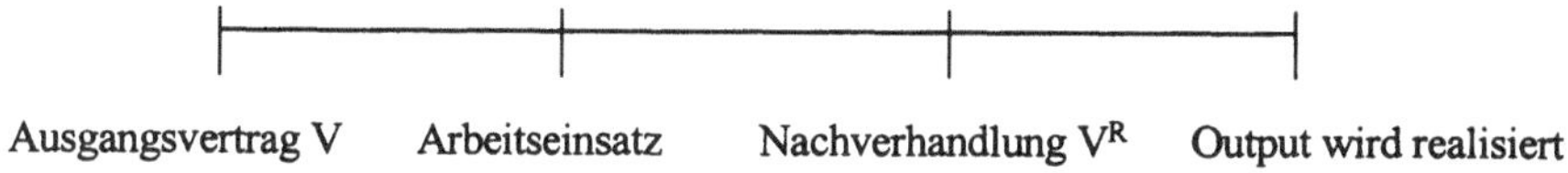

Abbildung 3.2: Zeitstrahl in Fudenberg/Tirole (1990)

lineare Transformation bestimmt sind[10], kann der auf die Information in $t = 1$ bedingte Erwartungsnutzen $EU_1(\cdot)$ allein durch die Integralterme in (3.2) dargestellt werden.

Der ex ante erwartete Nutzen des Agenten, bedingt auf den Informationsstand in $t = 0$, ist definiert als

$$EU_0 = \int_{Y_1} \int_{Y_2} U(S_1, S_2, e_1, e_2) f(y_1, y_2; e_1, e_2) \, dy_2 dy_1.$$

Da die Analyse von Nachverhandlungen in einem zweiperiodigen Agency-Modell grundsätzlich ein dynamisches Spiel mit imperfekter Information (sofern der Prinzipal im Nachverhandlungszeitpunkt die Aktionen der ersten Periode des Agenten nicht kennt) darstellt, wird als übergeordnetes Lösungskonzept für die gesamte Arbeit das *perfekt bayesianische Gleichgewicht*[11] verwendet. Dabei beschränken wir uns im Gegensatz zu *Fudenberg/Tirole* (1990) auf die Implementierung von Gleichgewichten in reinen Strategien.

Fudenberg/Tirole (1990) betrachten ein einperiodiges Agency-Modell mit Nachverhandlungsmöglichkeit des Prinzipals. Die Zeitstruktur des Spiels ist in Abbildung 3.2 wiedergegeben: Zu Beginn der Periode vereinbaren die Parteien den Vertrag V. Anschließend leistet der Agent seinen Arbeitseinsatz. Nach der Aktionswahl des Agenten, aber vor Realisation des Periodenergebnisses kann der Prinzipal dem Agenten ein neues Vertragsangebot unterbreiten. Am Ende der Periode wird der Output realisiert und der Agent entlohnt. Konzentriert man sich bei der Analyse dieses Spiels ausschließlich auf reine Strategien des Agenten, gelten folgende Überlegungen: Im Gleichgewicht kennt der Prinzipal die Aktion des Agenten. Zum Zeitpunkt der Nachverhandlung hat der Agent seine Arbeit bereits geleistet, so dass der revidierte Vertrag nur noch die Aufgabe hat, für (ex post) optimale Risikoteilung zu sorgen. Da der Agent risikoavers ist und der Prinzipal risikoneutral, besteht der sequentiell optimale Vertrag aus einer Fixzahlung, die so bemessen ist, dass der Agent für die gegebene Gleichgewichtsaktion im Nachverhandlungszeitpunkt exakt den durch den Ausgangsvertrag induzierten payoff erhält. Da der Agent aber nun antizipiert, dass der endgültige Vertrag aus einer Fixzahlung bestehen wird, hat er ex ante keinen Anreiz mehr zu arbeiten. Damit wird im einzigen Gleichgewicht in reinen Strategien kein Arbeitseinsatz des Agenten (bzw. der mit den geringsten Kosten verbundene Einsatz) implementiert.

10 Siehe *Mas-Colell/Whinston/Green* (1995), S. 173.
11 Vgl. *Fudenberg/Tirole* (1991, Ch. 8).

Ein Gleichgewicht des Spiels, in dem der Agent ein höheres Einsatzniveau leistet, muss dann notwendigerweise auf gemischten Strategien beruhen. Bei einer gemischten Strategie des Agenten kennt der Prinzipal im Gleichgewicht nur die entsprechende Wahrscheinlichkeitsverteilung über die Aktionen, die tatsächliche geleistete Aktion wird ihm hingegen nicht bekannt. Da der Prinzipal den „Typ" des Agenten im Nachverhandlungszeitpunkt nicht kennt, kann er diesen ex post nicht mehr vollständig versichern. Er kann dem Agenten aber jetzt ein Menü von Verträgen anbieten, das für jede mögliche Aktion des Agenten eine Entlohnung spezifiziert. Der Agent wählt aus diesem Menü durch Bekanntgabe seiner tatsächlichen Aktion (aufgrund der Gültigkeit des Revelationsprinzips) dann einen Vertrag aus. Da jetzt der endgültige Vertrag aufgrund seiner Menüstruktur für verschiedene Aktionen unterschiedliche Entlohnungen vorsieht, können im Gleichgewicht im Gegensatz zum Fall reiner Strategien Arbeitsanreize motiviert werden.[12] Dennoch bleibt das bei der Analyse reiner Strategien besonders deutlich zum Ausdruck kommende Grundproblem von Nachverhandlungen auch bei gemischten Strategien bestehen: Nachverhandlungen schränken aus der ex ante Sicht die Menge der implementierbaren Verträge ein. Dieses Kernresultat wird im übernächsten Abschnitt für das zuvor beschriebene zweiperiodige Nachverhandlungsspiel formalisiert.

Im Modell der vorliegenden Arbeit finden Nachverhandlungen am Ende der ersten Periode statt, nachdem der Agent seinen Arbeitseinsatz in der ersten Periode geleistet hat und nachdem die Performancemaße der ersten Periode beobachtet worden sind. Damit verschwindet das *Fudenberg/Tirole*-Problem, dass im Gleichgewicht bei reinen Strategien jegliche Arbeitsanreize (in der ersten Periode) zerstört werden. Die Annahme, dass Nachverhandlungen nur am Ende der ersten Periode stattfinden können, obwohl doch eigentlich zu jeder Zeit während der Beziehung nachverhandelt werden könnte, ist dabei nicht willkürlich gewählt. Zwar könnte man analog zu *Fudenberg/Tirole* in jeder Periode zusätzlich noch nach geleistetem Einsatz e_t und vor Realisation des Leistungsmaßes y_t eine Nachverhandlungsmöglichkeit berücksichtigen, dieses ist aber nur dann sinnvoll, wenn zwischen der erbrachten Leistung des Managers und der Realisation des Performancemaßes eine größere Zeitspanne liegt, was für den Großteil der Arbeitsverhältnisse nicht der Fall sein dürfte.[13] Zudem verlangen Nachverhandlungen, die nach geleistetem Einsatz, aber vor der Performancemaß-Realisation stattfinden, formal die Generierung eines zusätzlichen Signals[14], durch das der Prinzipal informiert wird, dass der Agent seine Arbeit erledigt hat. Nachverhandlungen am Periodenende hingegen sind insofern realistisch, als

12 Auf Basis eines zu *Fudenberg/Tirole* (1990) ähnlichen Modells analysiert *Ma* (1994) den Fall, dass der Agent die Vertragsofferte im Nachverhandlungszeitpunkt abgibt. Interessanterweise wird im Gleichgewicht dieses Spiels (für eine bestimmte Spezifikation der beliefs des Prinzipals) die second-best-Lösung des klassischen (einperiodigen) full commitment-Problems erzielt. Zum einem ähnlichen Ergebnis kommt unter anderem Modellansatz auch *Matthews* (1995).

13 Vgl. auch *Salanie* (1997), S. 162.

14 Vgl. *Hermalin/Katz* (1991).

dass in diesem Zeitpunkt die Performance der ersten Periode bekannt ist. In Anlehnung an *Yim* (2001) lässt sich zudem argumentieren, dass das Periodenende ein typischer Zeitpunkt ist, an dem der Aufsichtsrat zusammentrifft, um das realisierte Periodenergebnis zu diskutieren und möglicherweise die Entlohnung des Vorstandes nachzuverhandeln.

Bevor im übernächsten Abschnitt das Spiel mit Nachverhandlungsmöglichkeit analysiert wird, soll im nächsten Abschnitt als Benchmark für die weitere Untersuchung zunächst das Gleichgewicht bei perfekter Selbstbindungskraft der Akteure kurz charakterisiert werden.

3.3 Perfekte Selbstbindungskraft

Abweichend von der zuvor beschriebenen Spielstruktur wird in diesem Abschnitt zunächst der (hypothetische) Fall betrachtet, dass eine Nachverhandlungsmöglichkeit des Prinzipals ausgeschlossen ist, so dass der Ausgangsvertrag $V = (S_1(y_1), S_2(y_1, y_2))$ bindend ist: *Perfekte Selbstbindungskraft* oder im Weiteren auch *full commitment.* Auch wenn, wie bereits erwähnt, perfekte Selbstbindung der Akteure praktisch kaum möglich ist, ist die theoretische Analyse dieses Falles als Referenzpunkt im Hinblick auf die Gleichgewichtslösung bei Nachverhandlungen von Interesse.

Die Charakteristika von langfristigen, mehrperiodigen Agency-Beziehungen mit perfekter Selbstbindungskraft sind in der Literatur ausführlich analysiert worden.[15] An dieser Stelle der Arbeit ist zunächst nur die Formulierung des das Gleichgewicht bestimmenden Optimierungsproblems wichtig. Analog zu dem zweiperiodigen Modell von *Lambert* (1983), in dem die Perioden allerdings unabhängig voneinander sind, erhält man den Gleichgewichtsvertrag V^C des Spiels mit perfekter Selbstbindungskraft als Resultat folgenden Optimierungsproblems:

$$\max_{e_1, e_2, S_1, S_2} Z = E\left[\pi(e_1, e_2) - S_1(y_1) - S_2(y_1, y_2)\right] \tag{3.3}$$

u.d.N.

$$e_2(y_1) \in \underset{e_2'}{\operatorname{argmax}}\, EU_1(S_1, S_2, e_1, e_2', y_1) \text{ für alle } y_1 \tag{3.4}$$

$$e_1 \in \underset{e_1'}{\operatorname{argmax}}\, EU_0(S_1, S_2, e_1', e_2(y_1, e_1')) \tag{3.5}$$

$$EU_0(S_1, S_2, e_1, e_2(y_1)) \geq \overline{U}. \tag{3.6}$$

Die Zielsetzung des Prinzipals besteht darin, den erwarteten Nettoüberschuss (Bruttoergebnis abzüglich Entlohnung an den Agenten) zu maximieren, wobei drei Nebenbedingungen zu berücksichtigen sind. Die ersten beiden Restriktionen sind die Aktionswahlbedingungen für den Agenten. Durch diese berücksichtigt der Prinzipal, dass der Agent

15 Vgl. insbesondere *Lambert* (1983) und *Rogerson* (1985).

für einen gegebenen Vertrag diejenigen Aktivitäten wählt, die seinen Erwartungsnutzen maximieren. Für gegebene Entlohnungsfunktionen S_1, S_2 bestimmt der Agent nach dem Prinzip der dynamischen Dekomposition zunächst seine optimalen Aktivitäten auf der zweiten Stufe, bedingt auf die Informationen, die die erste Stufe hinterlassen hat, d.h. konditional auf die Aktivität e_1 der ersten Periode und die Performancemaßrealisation y_1. Für die Entscheidungen des Agenten auf dieser Stufe ist der im vorherigen Abschnitt definierte bedingte Erwartungsnutzen $EU_1(\cdot)$ die relevante Zielgröße.

Die bedingt optimalen Aktivitätsentscheidungen des Agenten auf der zweiten Stufe werden nun durch die Funktion $e_2(y_1, e_1')$ zusammengefasst:

$$e_2(y_1, e_1') \in \underset{e_2'}{\operatorname{argmax}} EU_1 \ (S_1, S_2, e_1', e_2', y_1) \text{ für alle } (y_1, e_1').$$

$e_2(y_1, e_1')$ ist die optimale Aktionswahl für die zweite Periode als Funktion von (y_1, e_1'). Substituiert man $e_2(y_1, e_1')$ in die Ausgangszielfunktion EU_0, hat man den optimalen ex ante Erwartungsnutzen des Agenten in Abhängigkeit der Aktion der ersten Periode ermittelt. Optimiert man diesen über die Aktion auf der ersten Stufe, erhält man die optimale Aktion e_1 gemäß (3.5). $e_2(y_1) \equiv e_2(y_1, e_1' = e_1)$ ist dann entsprechend (3.4) die optimale Aktion der zweiten Periode in Abhängigkeit von y_1, wenn auf Stufe 1 die optimale Aktion e_1 gewählt wird.

Die dritte Nebenbedingung fordert, dass die Entlohnungsfunktionen so gewählt werden müssen, dass der Agent zumindest seinen auf den zweiperiodigen Zeitraum bezogenen Reservationsnutzen $\overline{U}$ erhält. Diese Teilnahmebedingung muss im Gleichgewicht binden, wäre dies nicht der Fall, könnte der Prinzipal die Entlohnung an den Agenten verringern, ohne die Arbeitsanreize zu beeinflussen. Im Folgenden wird die Gleichgewichtslösung bei perfekter Selbstbindungskraft gekennzeichnet durch den Gleichgewichtsvertrag $V^C = \left(S_1^C, S_2^C\right)$, die Gleichgewichtspayoffs $\left(Z^C, \overline{U}\right)$ und die Gleichgewichtsaktionen $\left(e_1^C, e_2^C(y_1)\right)$.

3.4 Renegotiation-Proofness: Nachverhandlungen als Restriktion

Wesentliches Kennzeichen des Spiels mit Nachverhandlungsmöglichkeit ist, dass im Nachverhandlungszeitpunkt asymmetrische Information vorliegt: Der Agent kennt seine in der ersten Periode geleistete Aktion, der Prinzipal kennt diese nicht. Gemäß der dynamischen Spielen zugrunde liegenden Lösungskonzeption der Rückwärtsinduktion wird mit der Analyse des Spiels im Nachverhandlungszeitpunkt $t = 1$ begonnen. Stellt man sich gedanklich eine extensive Formulierung[16] des Spiels vor, lassen sich im Hinblick auf die Lösungstechnik folgende Überlegungen anstellen: Da dem Prinzipal bei seiner Vertragsofferte

16 Siehe dazu *Fudenberg/Tirole* (1991), Ch. 3.

im Nachverhandlungszeitpunkt aufgrund der Unbeobachtbarkeit des Arbeitseinsatzes des Agenten die Vorgeschichte des Spiels nicht vollständig bekannt ist, sind die Informationsbezirke des Prinzipals nicht einelementig. Folglich gehen von diesen auch keine Teilspiele aus, so dass die Gleichgewichtslösung im Allgemeinen nicht ausschließlich durch Rückwärtsinduktion gefunden werden kann, sofern die Entscheidung des Prinzipals auf der zweiten Stufe von dem Arbeitseinsatz des Agenten in Periode 1 abhängt. Deshalb wird im Folgenden das optimale Vertragsangebot des Prinzipals im Nachverhandlungszeitpunkt zunächst für eine gegebene Vermutung (belief, conjecture) des Prinzipals über den Einsatz der ersten Periode bestimmt. Im Gleichgewicht verlangt bayesianische Konsistenz der beliefs, dass die Vermutung des Prinzipals mit dem tatsächlichen Einsatz des Agenten übereinstimmt. Basis der „richtigen“ beliefs ist die Anreizbedingung für die erste Periode. Diese kann aber erst formuliert werden, wenn die sequentiell optimalen Entscheidungen der Akteure für die zweite Periode spezifiziert sind.

Sei $V = [S_1(y_1), S_2(y_1, y_2)]$ der in $t = 0$ vereinbarte Ausgangsvertrag. Beide Akteure haben am Ende der ersten Periode die Realisierung des Performancemaßes y_1 beobachtet, der Agent kennt zudem seine geleistete Aktion e_1. Wenn V auch der endgültige Vertrag ist, entspricht der auf die Information der ersten Periode bedingte Erwartungsnutzen des Agenten

$$EU_1(V, e_1, e_2, y_1),$$

wobei e_2 die optimale Aktion ist, die der Agent bei Beibehaltung des Ausgangsvertrages V in der zweiten Periode wählte, gegeben e_1 und y_1. Wenn der Prinzipal dem Agenten im Nachverhandlungszeitpunkt einen revidierten Vertrag $V^R = \left[S_1(y_1), S_2^R(y_1, y_2)\right]$ anbietet, kann der Agent diesem Angebot zustimmen oder es ablehnen. Er wird es nur dann annehmen, wenn es ihm mindestens das Erwartungsnutzenniveau verspricht, das er erzielte, wenn der ursprüngliche Vertrag auch der endgültige Vertrag wäre

$$EU_1\left(V^R, e_1, e_2^R, y_1\right) \geq EU_1(V, e_1, e_2, y_1),$$

wobei e_2^R die optimale Aktivität des Agenten ist, wenn V^R der endgültige Vertrag ist:

$$e_2^R \in \underset{e_2'}{\operatorname{argmax}}\, EU_1\left(V^R, e_1, e_2', y_1\right).$$

Der payoff des Prinzipals aus dem Ausgangsvertrag in $t = 1$, gegeben y_1, entspricht

$$Z_1(y_1, \widehat{e}_1) \equiv E(\pi | y_1, \widehat{e}_1) - S_1(y_1) - E(S_2 | y_1, \widehat{e}_1),$$

wobei $\widehat{e}_1$ die Vermutung des Prinzipals über den Einsatz der ersten Periode bezeichnet. Das optimale Vertragsangebot des Prinzipals im Nachverhandlungszeitpunkt, gegeben Ausgangsvertrag $V = (S_1, S_2)$, belief $\widehat{e}_1$ und Beobachtung y_1 ergibt sich dann als Lösung des folgenden Optimierungsproblems:

$$\max_{e_2^R, S_2^R} Z_1^R = E(\pi | y_1, \widehat{e}_1) - S_1(y_1) - E(S_2^R | y_1, \widehat{e}_1) \tag{3.7}$$

u.d.N.

$$e_2^R \in \operatorname*{argmax}_{e_2'} EU_1(V^R, \widehat{e}_1, e_2', y_1) \tag{3.8}$$

$$EU_1(V^R, \widehat{e}_1, e_2^R, y_1) \geq EU_1(V, \widehat{e}_1, e_2, y_1). \tag{3.9}$$

Da per Definition Ausgangsvertrag V und revidierter Vertrag V^R nur in der Entlohnungsfunktion der zweiten Periode differieren, erfolgt die Optimierung nur über S_2^R, die Entlohnungsfunktion für die erste Periode S_1 ist mit Akzeptanz des Ausgangsvertrages unwiderruflich. Gegeben V, $\widehat{e}_1$ und y_1 maximiert der Prinzipal den erwarteten Überschuss im Nachverhandlungszeitpunkt unter Berücksichtigung der Anreizbedingung (3.8) für die Aktion der zweiten Periode und der Akzeptanzbedingung (3.9). Da der Prinzipal die Aktion des Agenten nicht beobachtet hat, tritt bei Anreiz- und Teilnahmebedingung jeweils seine Vermutung $\widehat{e}_1$ an die Stelle des tatsächlichen Einsatzes. Die Lösung des obigen Problems wird im Folgenden mit S_2^{R*} bezeichnet. Da die konkrete Realisation von y_1 im Nachverhandlungszeitpunkt beobachtet worden ist, wird S_2^{R*} nicht mehr auf die Bemessungsgrundlage y_1 konditioniert. Man kann aber die sequentiell optimale Entlohnungsfunktion S_2^{R*} als Funktion aller gegebenen y_1 ermitteln, indem man das obige Optimierungsproblem „für alle y_1" löst. Wir bezeichnen diese Funktion mit $S_2^{R*}(y_1, y_2)$.

Definition 3.1 *Ein Ausgangsvertrag V heißt nachverhandlungssicher für eine gegebene Vermutung $\widehat{e}_1$, wenn der Prinzipal im Nachverhandlungszeitpunkt für kein y_1 einen Anreiz hat, diesen Vertrag zu verändern.*

Lemma 3.1 *Ein Ausgangsvertrag $V = (S_1, S_2)$ ist nachverhandlungssicher für eine gegebene Vermutung $\widehat{e}_1$, wenn S_2 für alle y_1 die Lösung von (3.7)-(3.9) ist.*

Beweis. Wenn $S_2(y_1, y_2)$ die Lösung von (3.7)-(3.9) für alle y_1 ist, gibt es für die gegebene Vermutung $\widehat{e}_1$ keinen Vertrag, der im Nachverhandlungszeitpunkt zu einem höheren erwarteten Nettoüberschuss des Prinzipals führt, gleichzeitig anreizkompatibel ist und vom Agenten ex post akzeptiert wird. ■

Proposition 3.1 *Sei Γ ein Gleichgewicht des Gesamtspiels, in dem Ausgangsvertrag $V^* = (S_1^*, S_2^*)$ im Nachverhandlungszeitpunkt durch $V^{R*} = (S_1^*, S_2^{R*})$ ersetzt wird mit den Gleichgewichtspayoffs $(Z^*, \overline{U})$ und den induzierten Aktionen $(e_1^*, e_2^{R*}(y_1))$. Dann existiert ein Gleichgewicht mit der gleichen Allokation wie in Γ, in dem $V^{R*} = (S_1^*, S_2^{R*})$ als nachverhandlungssicherer Ausgangsvertrag implementiert wird.*

Beweis. Die Beweisführung baut auf *Fudenberg/Tirole* (1990), S. 1284, auf. Wird V^* als Ausgangsvertrag implementiert und in $t = 1$ durch V^{R*} ersetzt, sind die Gleichgewichtspayoffs der Akteure gegeben durch

$$\begin{aligned} Z^* &= E\left[\pi\left(e_1^*, e_2^{R*}\right) - S_1^*(y_1) - S_2^{R*}(y_1, y_2)\right] \\ \overline{U} &= EU_0\left(S_1^*, S_2^{R*}, e_1^*, e_2^{R*}\right), \end{aligned} \tag{3.10}$$

da V^{R*} der endgültige Vertrag ist. Dies impliziert gleichzeitig, dass im Gleichgewicht die folgenden Anreizbedingungen erfüllt sind

$$\begin{aligned} e_1^* &\in \underset{e_1}{\operatorname{argmax}}\, EU_0\left(S_1^*, S_2^{R*}, e_1, e_2^{R*}\right) \\ e_2^{R*}(y_1) &\in \underset{e_2}{\operatorname{argmax}}\, EU_1\left(S_1^*, S_2^{R*}, e_1^*, e_2, y_1\right) \text{ für alle } y_1. \end{aligned} \tag{3.11}$$

Ein Ausgangsvertrag V^{R*} ist für die Vermutung $\widehat{e}_1 = e_1^*$ nachverhandlungssicher. Wäre dies nicht der Fall, gäbe es einen Vertrag V^{R**}, den der Agent in $t = 1$ akzeptiert und der dem Prinzipal einen echt höheren payoff in $t = 1$ ermöglichte als V^{R*}; dann wäre Γ aber kein Gleichgewicht. Da die payoffs der Akteure und die Anreize für den Agenten gemäß (3.10) und (3.11) nur vom endgültigen Vertrag V^{R*} abhängen, wird bei Implementierung des nachverhandlungssicheren Ausgangsvertrages V^{R*} die gleiche Allokation erzielt wie in Γ. ■

Korollar 3.1 *Bei der Bestimmung der Gleichgewichtslösung des Gesamtspiels kann man ohne Beschränkung der Allgemeinheit die Menge der nachverhandlungssicheren Verträge betrachten.*

Korollar 3.1 folgt unmittelbar aus Proposition 3.1. Da jedes Gleichgewicht, in dem in $t = 1$ der Ausgangsvertrag durch einen neuen Vertrag ersetzt wird, identisch dadurch nachgebildet werden kann, dass der revidierte Vertrag als nachverhandlungssicherer Ausgangsvertrag implementiert wird, kann man sich bei der Bestimmung der Gleichgewichtslösung des Spiels mit Nachverhandlungsmöglichkeit auf die Menge nachverhandlungssicherer Ausgangsverträge beschränken. Dieses Resultat ist als *renegotiation-proof-principle* in der Literatur bekannt.[17]

Analog zum Revelationsprinzip[18] bei Problemen adverser Selektion, stellt das renegotiation-proof-Prinzip für die Analyse von hidden action-Problemen mit Nachverhandlungen

17 Vgl. grundsätzlich zum *renegotiation-proof-Prinzip Hart/Tirole* (1988), *Bolton* (1990) und *Fudenberg/Tirole* (1990).

18 Das Revelationsprinzip besagt, dass man sich unter wohldefinierten Voraussetzungen ohne Beschränkung der Allgemeinheit auf direkte und wahrheitsgemäße Berichte induzierende Mechanismen bei der Lösung von Problemen mit adverser Selektion konzentrieren kann, siehe z.B. *Laffont/Martimort* (2002).

(unter den Annahmen dieses Kapitels) eine technische Erleichterung dar: Echte Nachverhandlungen, bei denen der Ausgangsvertrag in $t = 1$ revidiert wird, können ignoriert werden, sofern der Ausgangsvertrag sequentiell optimal (nachverhandlungssicher) implementiert wird. Das Optimierungsprogramm zur Bestimmung der Gleichgewichtslösung im Spiel mit Nachverhandlungsmöglichkeit ergibt sich dann als

$$\left\{ \begin{array}{c} \text{Optimierungsprogramm bei} \\ \text{full commitment} \end{array} \right\} (3.3) - (3.6)$$
$$\text{u.d.N. } V = (S_1, S_2) \text{ ist nachverhandlungssicher.}$$

Die wesentliche ökonomische Implikation des renegotiation-proof-Prinzips ist, dass Nachverhandlungen gemessen am Gleichgewicht bei perfekter Selbstbindung aus der ex ante Sicht (schwach) ineffizient sind, da die Anforderung sequentieller Rationalität die Menge der ex ante implementierbaren Verträge einschränkt. Dieses wird unmittelbar aus dem obigen Optimierungsprogramm deutlich, in dem Nachverhandlungssicherheit als zusätzliche Nebenbedingung zu berücksichtigen ist. Man beachte, dass commitment entsprechend dem obigen Optimierungsproblem nur dann einen Wert hat, wenn der full commitment-Gleichgewichtsvertrag V^C nicht nachverhandlungssicher ist, da in diesem Fall ex ante Effizienz verlangt, sich auf eine ex post ineffiziente Entlohnungsfunktion zu verpflichten.

Diejenigen Prinzipal-Agenten-Modelle vom Typ hidden action, in denen das renegotiation-proof-Prinzip etabliert werden kann, vereinen im Wesentlichen zwei grundlegende Annahmen: Zum einen sind die Aktionen des Agenten die einzige Quelle asymmetrischer Information zwischen Prinzipal und Agent und zum anderen gibt es darüber hinaus keine Unterschiede zwischen gemeinsam beobachtbaren und verifizierbaren Größen. Es ist leicht einzusehen, dass unter diesen Annahmen (vollständiger Verträge) die Nachverhandlungsoption des Prinzipals ex ante nicht vorteilhaft sein kann: Da im Gleichgewichtsvertrag V^C des Spiels mit perfekter Selbstbindungskraft die Kompensationszahlungen bereits auf alle möglichen Realisationen der Performancemaße (y_1, y_2) wechselseitig optimal konditioniert sind, kann es keine Vorteile bringen, den Vertrag nach Bekanntwerden bestimmter Realisationen von Leistungsmaßen (also hier nach Realisation von y_1) nachverhandeln zu können. Vielmehr muss der Prinzipal im Gleichgewicht des Spiels mit Nachverhandlungsmöglichkeit sequentiell rational handeln. Sequentielle Rationalität bedeutet aber, dass der revidierte Vertrag für die zweite Periode ohne Rücksicht auf die Anreize der ersten Periode bzw. den ex ante Risiko-Anreiz-trade-off gewählt wird, denn im Nachverhandlungszeitpunkt ist die erste Periode „versunken". Das Problem ist, dass der Prinzipal aufgrund der Unbeobachtbarkeit der Arbeitsleistung den revidierten Vertrag in $t = 1$ im Allgemeinen nicht so anpassen kann, dass der Agent für jedes beliebige Aktionsniveau e_1 in Periode 1 exakt den Erwartungsnutzen erhält, den er bei Fortführung des Ausgangsvertrages erzielte. Vielmehr ist der revidierte Vertrag grundsätzlich nur konditional auf die richtige Vermutung des Prinzipals für den Agenten akzeptabel. Basis dieser Vermutung ist aber die Anreizbedingung für die erste Periode, die wiederum unter Berücksichtigung der antizipierten Vertragsänderung in $t = 1$ zu formulieren ist.

Dass die asymmetrische Information ausschlaggebend für die Ineffizienz von Nachverhandlungen ist, wird auch aus anderem Blickwinkel deutlich. Wenn der Agent aufgrund seiner Kenntnis der tatsächlichen Arbeitsleistung der ersten Periode im Nachverhandlungszeitpunkt die payoff-relevante Zukunft besser einschätzen kann als der Prinzipal, liegt ein Spezialfall eines (endogen generierten) *adverse selection* Problems vor, was ex ante unvorteilhaft ist.[19] Im Folgenden ist nun zu untersuchen, unter welchen Bedingungen die asymmetrische Informationsverteilung im Nachverhandlungszeitpunkt irrelevant ist, so dass Nachverhandlungen ex ante effizient sind bzw. (mit anderen Worten) der Gleichgewichtsvertrag bei perfekter Selbstbindung nachverhandlungssicher ist.

Zuvor wird aber zur Verdeutlichung der Ergebnisse dieses Abschnitts ein einfaches Beispiel betrachtet.

Ein Beispiel

Wir betrachten eine zweiperiodige Beziehung, in der, um das Beispiel[20] möglichst einfach zu halten, nur in der ersten Periode Arbeitsanreize induziert werden sollen. In der zweiten Periode besteht kein Anreizproblem, so dass auch keine Aktion für diese Periode modelliert wird. Die Aktionswahl in Periode 1 ist diskret, $e_1 \in \{e_1^L, e_1^H\}$, und die Kosten des hohen Einsatzes $C_1(e_1^H) \equiv c^H = 6000$ überschreiten die Kosten des geringen Einsatzes $C_1(e_1^L) \equiv c^L = 3000$. Die Nutzenfunktion des risikoaversen Agenten ist

$$U(S_1, S_2, e_1) = -\exp(-0.0001\,[S_1 + S_2 - C_1(e_1)])$$

und sein Reservationsnutzen betrage $\overline{U} = -\exp(-0.4)$. Der Prinzipal ist risikoneutral. Am Ende von Periode $t = 1, 2$ wird Output[21] $y_t \in \{y_t^L, y_t^H\}$ beobachtet, wobei angenommen wird, dass y_1 und y_2 stochastisch unabhängig sind und die in Tabelle 3.1 dargestellten Randverteilungen haben. Die entsprechende gemeinsame Wahrscheinlichkeitsverteilung ist in Tabelle 3.2 gegeben.

Um ein relevantes Anreizproblem zu analysieren, wird angenommen, dass es für den Prinzipal optimal ist, den hohen Einsatz zu induzieren. Die Entlohnungsfunktion der ersten Periode kann auf y_1 konditioniert werden und die Entlohnungsfunktion für die zweite Periode auf y_1 und y_2. Da aufgrund der exponentiellen Nutzenfunktion des Agenten weder Vermögens- noch Konsumglättungseffekte zu beachten sind und der Agent indifferent bezüglich des Zahlungszeitpunktes seines Lohnes ist, kann man bei der Lösung des full

19 Siehe dazu auch *Fudenberg/Holmström/Milgrom* (1990).

20 Vgl. zu ähnlichen Beispielen im Rahmen von statischen Agency-Problemen *Christensen/Demski* (2003).

21 Im Rahmen des Beispiels wird nicht zwischen (nicht kontrahierbarem) Bruttoergebnis und Performancemaßen unterschieden: Der Periodenoutput y_t ist kontrahierbar und das Bruttoergebnis des Prinzipals entspricht $\pi = y_1 + y_2$.

	y_1^H	y_1^L	y_2^H	y_2^L
$f_t\left(y_t; e_1^H\right)$	0.6	0.4	0.7	0.3
$f_t\left(y_t; e_1^L\right)$	0.2	0.8	0.5	0.5

Tabelle 3.1: Randverteilungen im Beispiel

	y_1^H, y_2^H	y_1^H, y_2^L	y_1^L, y_2^H	y_1^L, y_2^L
$f\left(y_1, y_2; e_1^H\right)$	0.42	0.18	0.28	0.12
$f\left(y_1, y_2; e_1^L\right)$	0.1	0.1	0.4	0.4

Tabelle 3.2: Gemeinsame Verteilung im Beispiel

commitment-Problems ohne Beschränkung der Allgemeinheit die Entlohnungsfunktion $S(y_1, y_2)$ betrachten, die für jede mögliche Kombination (y_1, y_2) eine Zahlung zwischen Prinzipal und Agent in $t = 2$ festlegt. Insgesamt gibt es damit vier zustandsabhängige Zahlungen $\left\{s^{HH}, s^{HL}, s^{LH}, s^{LL}\right\}$, wobei s^{ij} die Zahlung in Zustand $\left(y_1^i, y_2^j\right)$ ist. Das Optimierungsproblem bei perfekter Selbstbindungskraft[22] entspricht dann formal demjenigen eines statischen, einperiodigen Agency-Spiels mit den Performancemaßen y_1 und y_2 und lautet[23]

$$\begin{aligned}
&\min_{s^{HH}, s^{HL}, s^{LH}, s^{LL}} E\left(S\left(y_1, y_2\right); e_1^H\right) \\
&\text{u.d.N.} \\
&EU_0\left[\left(S - c^H\right); e_1^H\right] \geq EU_0\left[\left(S - c^L\right); e_1^L\right] \\
&EU_0\left[\left(S - c^H\right); e_1^H\right] \geq \overline{U}.
\end{aligned} \tag{3.12}$$

Der Prinzipal minimiert die erwarteten Entlohnungskosten unter Berücksichtigung, dass die Entlohnungsfunktion anreizkompatibel bezüglich des hohen Einsatzes ist (erste Nebenbedingung), und dass der Agent mindestens seinen Reservationsnutzen erhält (zweite Nebenbedingung). Für die Daten des Beispiels lässt sich das obige Programm wie folgt

22 Vgl. dazu auch Abschnitt 3.3.

23 Da unterstellt wurde, dass der Prinzipal den hohen Arbeitseinsatz präferiert, steht das erwartete Bruttoergebnis $E\left(y_1 + y_2 | e^H\right)$ bereits fest (wären für das Beispiel die konkreten Realisationen von y_1 und y_2 bekannt, könnte man es ausrechnen), so dass die Zielfunktion des Prinzipals hier nur noch die erwarteten Lohnkosten umfasst.

spezifizieren:

$$\begin{aligned}
& \min 0.42s^{HH} + 0.18s^{HL} + 0.28s^{LH} + 0.12s^{LL} \\
& \text{u.d.N.} \\
& 0.42u_H^{HH} + 0.18u_H^{HL} + 0.28u_H^{LH} + 0.12u_H^{LL} \\
\geq \ & 0.1u_L^{HH} + 0.1u_L^{HL} + 0.4u_L^{LH} + 0.4u_L^{LL} \\
& 0.42u_H^{HH} + 0.18u_H^{HL} + 0.28u_H^{LH} + 0.12u_H^{LL} \geq -\exp(-0.4), \\
\text{wobei } u_k^{ij} \equiv \ & -\exp\left(-0.0001\left(s^{ij} - c^k\right)\right).
\end{aligned}$$

Die Lösung solcher Probleme ist in der Literatur Standard.[24] Die konkrete Lösung S^* kann durch geeignete Substitution (beide Nebenbedingungen binden im Optimum) oder mit Hilfe von Optimierungssoftware gefunden werden. Sie lautet:

$$\begin{aligned}
s^{HH} &= 12413,56, \quad s^{HL} = 11781,69 \\
s^{LH} &= 9804,84, \quad s^{LL} = 3325,04 \\
& E\left(S^*\left(y_1, y_2\right)\right) = 10478,76.
\end{aligned}$$

Offensichtlich ist der optimale Entlohnungsvertrag S^* nicht nur abhängig von y_1, sondern auch eine nicht-triviale Funktion des Performancemaßes y_2. Dieses ist auch intuitiv einleuchtend, wenn man sich die Wahrscheinlichkeitsverteilungen der beiden Performancemaße anschaut. Zwar sind die Maße stochastisch unabhängig voneinander, die Randverteilungen aber sind unterschiedliche, jeweils nicht-triviale Funktionen des Arbeitseinsatzes e_1, so dass beide Maße informativ bezüglich e_1 sind und gemäß dem informativeness-Prinzip von *Holmström* (1979) Bestandteil des optimalen Vertrages sein müssen.[25]

Berücksichtigt man jetzt die Nachverhandlungsmöglichkeit des Prinzipals, dann ist aufgrund der Gültigkeit des renegotiation-proof-Prinzips im ersten Schritt die Menge der nachverhandlungssicheren Verträge zu charakterisieren. Da in der zweiten Periode kein Anreizproblem mehr besteht, verlangt ex post optimale Risikoteilung, dass der risikoaverse Manager kein Risiko trägt. Dies bedeutet also, dass die ex post optimale Entlohnungsfunktion $S_2^{R*}(y_1, y_2)$ für die zweite Periode nicht in y_2 variiert, sondern, gegeben y_1, aus einer Fixzahlung besteht. Jeder Ausgangsvertrag, dessen Entlohnungsfunktion für die zweite Periode nicht von y_2 abhängt ist nachverhandlungssicher und zwar für jede Vermutung $\widehat{e}_1 \in \left\{e_1^H, e_1^L\right\}$, die der Prinzipal im Nachverhandlungszeitpunkt haben kann, weil es unabhängig von der Vermutung des Prinzipals ex post optimal ist, den Agenten vollständig zu versichern. Da, wie bereits erwähnt, bei exponentieller Nutzenfunktion der

24 Vgl. *Antle/Demski* (1988) und *Christensen/Demski* (2003).

25 Zum Informationsgehalt von Performancemaßen siehe *Holmström* (1979) und *Antle/Demski* (1988). Im vorliegenden Kontext bei stochastischer Unabhängigkeit ist Performancemaß y_t informativ über e_1, wenn $f_t\left(y_t; e_1^H\right) \neq f_t\left(y_t; e_1^L\right)$. Für eine umfassendere Definition von Informationsgehalt siehe Abschnitt 3.5.3.

Zahlungszeitpunkt für den Agenten keine Rolle spielt, kann ohne Beschränkung der Allgemeinheit sämtliche Entlohnung ausschließlich am Ende der ersten Periode gewährt werden. Damit entspricht das Spiel mit Nachverhandlung formal einer statischen, einperiodigen Agency-Beziehung mit Performancemaß y_1 und Entlohnungsfunktion $S(y_1)$. Die Entlohnungsfunktion $S(y_1)$ legt für jeden der beiden möglichen Zustände $i \in L, H$ eine Zahlung s^L bzw. s^H zwischen Prinzipal und Agent fest. Das entsprechende Optimierungsproblem lautet:

$$\begin{aligned}
&\min_{s^H, s^L} E\left(S(y_1); e_1^H\right) \\
&\text{u.d.N.} \\
&EU_0\left[\left(S - c^H\right); e_1^H\right] \geq E\left[U\left(S - c^L\right); e_1^L\right] \\
&EU_0\left[\left(S - c^H\right); e_1^H\right] \geq -\exp(-0.4)
\end{aligned} \tag{3.13}$$

und mit den konkreten Daten des Beispiels ($r = 0.0001$):

$$\begin{aligned}
&\min 0.6s^H + 0.4s^L \\
&\text{u.d.N.} \\
-\exp\left(-r\left(s^H - 6000\right)\right)0.6 - \exp\left(-r\left(s^L - 6000\right)\right)0.4 &\geq \\
-\exp\left(-r\left(s^H - 3000\right)\right)0.2 - \exp\left(-r\left(s^L - 3000\right)\right)0.8 & \\
-\exp\left(-r\left(s^H - 6000\right)\right)0.6 - \exp\left(-r\left(s^L - 6000\right)\right)0.4 &\geq -\exp(-0.4).
\end{aligned}$$

Die konkrete Lösung ist $s^H = 14305,65$, $s^L = 5781,44$ und die minimalen erwarteten Entlohnungskosten sind $10895,97$. Mit der Nachverhandlungsmöglichkeit des Prinzipals sind in diesem Beispiel also ex ante Wohlfahrtseinbußen in Höhe von $10895,97 - 10478,76 = 417,21$ verbunden. Diese sind darauf zurückzuführen, dass es im Nachverhandlungszeitpunkt sequentiell rational ist, dem Agenten kein Risiko mehr aufzubürden, also den revidierten Vertrag für die zweite Periode nicht auf y_2 zu konditionieren. Das renegotiation-proof-Prinzip beschränkt die Menge der zulässigen Entlohnungsverträge im Spiel mit Nachverhandlungsmöglichkeit deshalb auf die Bemessungsgrundlage y_1. Diese Beschränkung führt zu Wohlfahrtsverlusten, weil die ex ante effiziente Risiko-Anreiz Kombination verlangt, y_2 in den optimalen Vertrag aufzunehmen.

3.5 Nachverhandlungssicherheit im LEN-Modell

3.5.1 Modellbeschreibung

In diesem Abschnitt wird eine Spezifikation des Grundmodells im Rahmen eines LEN-Modells vorgenommen.[26] Elemente des LEN-Modells sind:

26 Zum LEN-Modell siehe *Spremann* (1987) und *Holmström/Milgrom* (1991).

- (**L**) Affin-lineare Entlohnungsverträge und Performancemaße, die linear im Arbeitseinsatz sowie linear in den Zufallsgrößen des Modells sind.
- (**E**) Die Präferenzen des Agenten werden durch eine exponentielle Nutzenfunktion abgebildet. Für den Prinzipal wird konstante absolute Risikoaversion (CARA) unterstellt, was nur für exponentielle und lineare Nutzenfunktionen gilt[27] (da der Prinzipal annahmegemäß risikoneutral ist, werden seine Präferenzen nachfolgend durch eine lineare Nutzenfunktion modelliert).
- (**N**) Alle Zufallsvariablen (und damit auch die Performancemaße) sind normalverteilt.

Das LEN-Modell ist in der Literatur weit verbreitet, da sich die Präferenzen des Agenten (über sein Sicherheitsäquivalent, siehe unten) als $\mu - \sigma^2$ Präferenzfunktional darstellen lassen und somit die optimale Entlohnungsfunktion und die entsprechenden Einsatzniveaus explizit bestimmt werden können. Zudem bietet es die Möglichkeit, den Einfluss von Aktionen auf die Performancemaße in unterschiedlicher Weise abzubilden und damit spezifische Probleme der Leistungsmessung zu analysieren. Schließlich sind in der jüngeren Literatur eine Reihe von Untersuchungen zu dynamischen Anreizproblemen auf Basis des LEN-Modells vorgenommen worden[28], so dass zur Einordnung des vorliegenden Beitrages in die Literatur, bzw. zur Erweiterung dieser, die LEN-Spezifikation für einen Teil der folgenden Untersuchung sinnvoll ist. Dabei ist grundsätzlich zu beachten, dass die ermittelten optimalen Entlohnungsfunktionen nur optimal in der Klasse der linearen Verträge sind und es möglicherweise nicht-lineare Verträge gibt, die zu einer Pareto-Verbesserung führen. Die Analyse aller möglichen Vertragsklassen ist allerdings aufgrund ihrer Komplexität oft wenig fruchtbar für die Analyse spezieller Anwendungsprobleme[29]. *Holmström/Milgrom* (1987) zeigen, dass lineare Verträge tatsächlich optimal sind, wenn man das LEN-Modell als Resultat eines wesentlich reichhaltigeren und komplizierteren Anreizproblems interpretiert.[30] Zur Rechtfertigung des nachfolgenden Modellansatzes kommt das *Holmström/Milgrom*-Papier aber grundsätzlich nicht in Betracht.[31]

27 Siehe *Bamberg/Coenenberg* (2002), S. 98.

28 Stellvertretend seien an dieser Stelle *Indjejikian/Nanda* (1999), *Christensen/Feltham/Şabac* (2003, 2005) und *Hofmann* (2004, 2006) genannt. Siehe dazu ausführlich auch die nächsten Abschnitte.

29 Vgl. *Holmström/Milgrom* (1991).

30 Konkret betrachten *Holmström/Milgrom* (1987) ein Modell in kontinuierlicher Zeit, in dem der Agent die Driftrate einer mehrdimensionalen Brownschen Bewegung steuert, wobei angenommen wird, dass der Agent bei seiner Aktionsentscheidung den kumulierten Output kennt. Im Gleichgewicht ist es optimal, einen konstanten Arbeitseinsatz über die Zeit zu induzieren, was durch einen linearen Entlohnungsvertrag erreicht wird, der ausschließlich auf den endgültigen Output (und nicht auf Zwischenergebnisse) konditioniert.

31 Wesentliches Element von *Holmström/Milgrom* (1987) ist die Unabhängigkeit der (Teil-) Perioden. Im Gegensatz dazu unterstellt die nachfolgende Analyse sowohl stochastisch korrelierte Perioden als auch langfristig wirksamen Arbeitseinsatz.

Die folgende Modellierung berücksichtigt in allgemeiner Form mehrdimensionale Performancemaße und Aktionen. Dieses bietet den Vorteil, dass man zunächst grundlegende Bedingungen und Resultate auf allgemeiner Basis erhält, die man anschließend auf konkrete Anwendungsfälle herunterbrechen kann, ohne für jede spezielle Problemstellung die Analyse erneut durchführen zu müssen. Zudem lassen sich auf Basis der mehrdimensionalen Formulierung des Modells spezifische multi-task Probleme untersuchen.

Der Agent kann in jeder Periode $t = 1, 2$ seinen Arbeitseinsatz auf $n_t \geq 1$ Aktivitäten verteilen. Bezeichne nachfolgend $\mathbf{e}_t = \left(e_{t_1}, .., e_{t_{n_t}}\right)^T$ den Aktivitätsvektor[32] des Agenten in Periode t, wobei $\mathbf{e}_t \in I\!R^{n_t}$. Das erwartete Bruttoergebnis des risikoneutralen Prinzipals aus der Beziehung sei

$$E\left[\pi; \mathbf{e}\right] = \mathbf{g}^T\mathbf{e} = \mathbf{g}_1^T\mathbf{e}_1 + \mathbf{g}_2^T\mathbf{e}_2,$$

wobei

$$\mathbf{g}_t = \left(g_{t_1}, ..., g_{t_{n_t}}\right)^T$$

mit $g_{t_i} \geq 0$ als Grenzbeitrag der Aktivitätskomponente e_{t_i}, $i \in \{1, .., n_t\}$.

Es wird angenommen, dass das erwartete Bruttoergebnis des Prinzipals stationär ist, d.h. die Erwartungen des Prinzipals sind über die Zeit konstant. In jeder Periode t stehen $m_t \geq 1$ Leistungsmaße für die Entlohnung des Agenten zur Verfügung, die wie folgt definiert sind:[33]

$$\begin{aligned} \mathbf{y}_1 &= \mathbf{b}_1\mathbf{e}_1 + \boldsymbol{\eta}_1 \\ \mathbf{y}_2 &= \mathbf{b}_2\mathbf{e}_2 + \boldsymbol{\beta}\mathbf{e}_1 + \boldsymbol{\eta}_2. \end{aligned} \tag{3.14}$$

$\mathbf{y}_t$ ist ein $m_t \times 1$ Vektor von Performancemaßen der Periode t, $\mathbf{b}_t$ ist eine $m_t \times n_t$ Matrix von nicht-negativen Aktivitäts-Grenzbeiträgen und $\boldsymbol{\eta}_t$ ist ein Vektor von m_t normalverteilten Zufallsvariablen mit Erwartungswert Null und positiv definiter $m_t \times m_t$ Kovarianzmatrix $\boldsymbol{\Sigma}_{tt}$.[34] Durch den Term $\boldsymbol{\beta}\mathbf{e}_1$ innerhalb des Performancemaßsystems $\mathbf{y}_2$ werden langfristige Auswirkungen des Arbeitseinsatzes der ersten Periode auf die Leistungsmaße der zweiten Periode berücksichtigt, mit $\boldsymbol{\beta} \geqq \mathbf{0}$ als $m_2 \times n_1$ Matrix von Grenzbeiträgen. Die Vektoren $\boldsymbol{\eta}_1$ und $\boldsymbol{\eta}_2$ sind unter den obigen Annahmen gemeinsam normalverteilt mit Randerwartungswerten Null und partitionierter Kovarianzmatrix

$$\sum = \begin{pmatrix} \boldsymbol{\Sigma}_{11} & \boldsymbol{\Sigma}_{12} \\ \boldsymbol{\Sigma}_{21} & \boldsymbol{\Sigma}_{22} \end{pmatrix},$$

32 Vektoren und Matrizen werden zur Abgrenzung von Skalaren fett hervorgehoben, das hochgestellte "^{T} "kennzeichnet transponierte Vektoren und Matrizen.

33 Wie bei der Beschreibung des Grundmodells dargelegt, wird davon ausgegangen, dass der Bruttoüberschuss des Prinzipals nicht kontrahierbar ist und erst nach Beendigung der Agency-Beziehung realisiert wird. Zudem soll im LEN-Modell das Bruttoergebnis unabhängig von $\mathbf{y}_1$ und $\mathbf{y}_2$ verteilt sein.

34 Positive Definitheit von Σ_{tt} sichert, dass $(\mathbf{y}_1, \mathbf{y}_2)$ nicht-singulär $(m_1 + m_2)$ −normalverteilt sind, vgl. z.B. *Rasch* (1995), S. 136 ff.

wobei $\mathbf{\Sigma}_{21} = \mathbf{\Sigma}_{12}^T$ eine $m_2 \times m_1$ Matrix ist, deren Elemente die Kovarianzen der Komponenten von $\boldsymbol{\eta}_2$ mit denen von $\boldsymbol{\eta}_1$ umfassen.

Die Präferenzen des Agenten werden durch folgende exponentielle Nutzenfunktion abgebildet:

$$U = -\exp\left[-r \cdot \left[S_1 + S_2 - C_1(\mathbf{e}_1) - C_2(\mathbf{e}_2)\right]\right]$$

mit $r > 0$ als Arrow-Pratt-Maß der absoluten Risikoaversion. Die Entlohnung in Periode t, S_t, ist (affin-) linear in den Performancemaßen der Periode t

$$S_t(\mathbf{y}_t) = F_t + \mathbf{s}_t^T \mathbf{y}_t \tag{3.15}$$

mit F_t als Fixzahlung und $\mathbf{s}_t$ als Vektor von Beteiligungsraten. Die revidierte Entlohnungsfunktion für die zweite Periode, S_2^R, ist entsprechend definiert als

$$S_2^R(\mathbf{y}_2) = F_2^R + \left(\mathbf{s}_2^R\right)^T \mathbf{y}_2.$$

Bei der Definition der Entlohnungsfunktionen für die zweite Periode, S_2 und S_2^R, ist darauf verzichtet worden, diese auf $\mathbf{y}_1$ zu konditionieren. Dies wäre zwar grundsätzlich möglich (z.B. $S_2 = F_2 + \mathbf{s}_2^T \mathbf{y}_2 + \boldsymbol{\nu}^T \mathbf{y}_1$), man kann aber aufgrund der exponentiellen Nutzenfunktion ohne Beschränkung der Allgemeinheit darauf verzichten, weil $U(S_1, S_2, \cdot) = U(S_1 + S_2, \cdot)$, so dass die Terme $\mathbf{s}_1^T \mathbf{y}_1$ und $\boldsymbol{\nu}^T \mathbf{y}_1$ zusammengefasst werden können.

Der Disnutzen des Agenten aus seinen Arbeitsanstrengungen ist quadratisch und additiv separierbar in die einzelnen Aktivitätskomponenten

$$C_t(\mathbf{e}_t) = \frac{1}{2} \mathbf{e}_t^T \mathbf{e}_t.$$

Für einen Entlohnungsvertrag (S_1, S_2) entspricht das Endvermögen des Agenten

$$X = F_1 + F_2 + \mathbf{s}^T \mathbf{y} - \frac{1}{2} \mathbf{e}^T \mathbf{e},$$

mit $\mathbf{e} = (\mathbf{e}_1, \mathbf{e}_2)^T$, $\mathbf{s} = (\mathbf{s}_1, \mathbf{s}_2)^T$ und $\mathbf{y} = (\mathbf{y}_1, \mathbf{y}_2)^T$. Sein ex ante erwarteter Nutzen, bedingt auf den Informationsstand in $t = 0$, entspricht dann

$$EU_0 = \int_{-\infty}^{\infty} -\exp(-rX)\, f_X(X; \mathbf{e})\, dX,$$

wobei X aus einer Summe von gemeinsam normalverteilten Zufallsvariablen und deterministischen Größen besteht und folglich ebenfalls normalverteilt ist[35], mit

$$\begin{aligned} E(X; \mathbf{e}) &= F_1 + F_2 + \mathbf{s}^T E[\mathbf{y}; \mathbf{e}] - \frac{1}{2} \mathbf{e}^T \mathbf{e} \\ Var(X) &= Var\left(\mathbf{s}^T \mathbf{y}\right) = \mathbf{s}^T \sum \mathbf{s}. \end{aligned}$$

35 Siehe z.B. *Rasch* (1995), S. 154.

Die a priori Varianz von X hängt nicht vom Arbeitseinsatz ab.

In Anhang A.1 wird gezeigt, dass

$$EU_0 = -\exp\left(-r\left[E(X;\mathbf{e}) - \frac{r}{2}Var(X)\right]\right). \tag{3.16}$$

Das Sicherheitsäquivalent CE_0 ist definiert als derjenige sichere Betrag, dessen Nutzenwert mit dem Erwartungsnutzen EU_0 der betrachteten Lotterie (bei Aktion $\mathbf{e}$) übereinstimmt:

$$\begin{aligned} U(CE_0) &= EU_0 \\ \text{(wegen (3.16))} &\Longrightarrow CE_0 = E(X;\mathbf{e}) - \frac{r}{2}Var(X). \end{aligned}$$

Da $U(\cdot)$ eine streng monoton wachsende Funktion ist, kann statt des Erwartungsnutzens EU_0 auch das Sicherheitsäquivalent CE_0 maximiert werden. Unter Berücksichtigung von $X = F_1 + F_2 + \mathbf{s}^T\mathbf{y} - \frac{1}{2}\mathbf{e}^T\mathbf{e}$ lässt sich CE_0 (im Weiteren auch ex ante Sicherheitsäquivalent genannt) schreiben als

$$\begin{aligned} CE_0 &= F_1 + F_2 + \mathbf{s}^T E[\mathbf{y};\mathbf{e}] - \frac{1}{2}\mathbf{e}^T\mathbf{e} - \frac{r}{2}Var\left(\mathbf{s}^T\mathbf{y}\right) \\ &= F_1 + F_2 + \mathbf{s}^T\mathbf{B}\mathbf{e} - \frac{1}{2}\mathbf{e}^T\mathbf{e} - \frac{r}{2}\mathbf{s}^T\sum\mathbf{s}, \end{aligned} \tag{3.17}$$

mit

$$\mathbf{B} = \begin{pmatrix} \mathbf{b}_1 & \mathbf{0}_{m_1\times n_2} \\ \boldsymbol{\beta} & \mathbf{b}_2 \end{pmatrix}.$$

Für die Analyse des Spiels mit Nachverhandlungsmöglichkeit sind ebenfalls die auf den Informationsstand in $t=1$ bedingten Präferenzen des Agenten relevant. Zum Zeitpunkt $t=1$ sind die Performancemaße der ersten Periode realisiert worden, der Agent ist für die erste Periode entlohnt worden und er kennt seinen Arbeitseinsatz $\mathbf{e}_1$. Gemäß (3.2) lässt sich der erwartete Nutzen, bedingt auf die Informationen im Zeitpunkt $t=1$, ausdrücken als

$$EU_1 = \int_{-\infty}^{\infty} -\exp(-rX_2)\, f_{X_2}(X_2;\mathbf{e}_2|\mathbf{y}_1,\mathbf{e}_1),$$

wobei $X_2 = F_2 + \mathbf{s}_2^T\mathbf{y}_2 - \frac{1}{2}\mathbf{e}_2^T\mathbf{e}_2$ wiederum eine normalverteilte Zufallsvariable ist, deren bedingter Erwartungswert und deren bedingte Varianz gegeben sind durch[36]

$$\begin{aligned} E(X_2;\mathbf{e}_2|\mathbf{y}_1,\mathbf{e}_1) &= F_2 + \mathbf{s}_2^T E(\mathbf{y}_2;\mathbf{e}_2|\mathbf{y}_1,\mathbf{e}_1) - \frac{1}{2}\mathbf{e}_2^T\mathbf{e}_2 \\ Var(X_2|\mathbf{y}_1) &= Var\left(\mathbf{s}_2^T\mathbf{y}_2|\mathbf{y}_1\right). \end{aligned}$$

36 Während die unbedingte Normalverteilung eindeutig durch Erwartungswert und Varianz (die Varianz einer mehrdimensionalen normalverteilten Zufallsvariable entspricht ihrer Kovarianzmatrix) definiert ist, trifft dies bei der bedingten Normalverteilung entsprechend auf den bedingten Erwartungswert bzw. die bedingte Varianz zu. Siehe ausführlich zu mehrdimensionalen und bedingten Normalverteilungen *Johnson/Wichern* (1992), Kapitel 4, und für eine kompakte Darstellung *DeGroot* (1970), S. 51-56.

Die bedingte Varianz ist ebenfalls unabhängig von den Aktionen des Agenten. Durch die gleiche Vorgehensweise wie bei der Bestimmung von EU_0 in Anhang A.1 ist leicht nachzuprüfen, dass

$$EU_1 = -\exp\left(-r\left[E\left(X_2;\mathbf{e}_2|\mathbf{y}_1,\mathbf{e}_1\right) - \frac{r}{2}Var\left(X_2|\mathbf{y}_1\right)\right]\right).$$

Für das auf die Information in $t = 1$ bedingte Sicherheitsäquivalent gilt entsprechend

$$\begin{aligned} CE_1 &= E\left(X_2;\mathbf{e}_2|\mathbf{y}_1,\mathbf{e}_1\right) - \frac{r}{2}Var\left(X_2|\mathbf{y}_1\right). \qquad (3.18)\\ &= F_2 + \mathbf{s}_2^T E\left(\mathbf{y}_2;\mathbf{e}_2|\mathbf{y}_1,\mathbf{e}_1\right) - \frac{1}{2}\mathbf{e}_2^T\mathbf{e}_2 - \frac{r}{2}Var\left(\mathbf{s}_2^T\mathbf{y}_2|\mathbf{y}_1\right). \end{aligned}$$

Bedingte Erwartung und bedingte Varianz für normalverteilte Zufallsvariable sind definiert als (siehe DeGroot (1970), S. 55)

$$\begin{aligned} E\left[\mathbf{y}_2|\mathbf{y}_1\right] &= E\left[\mathbf{y}_2\right] + \mathbf{\Sigma}_{21}\mathbf{\Sigma}_{11}^{-1}\left[\mathbf{y}_1 - E\left[\mathbf{y}_1\right]\right] \qquad (3.19)\\ Var\left(\mathbf{y}_2|\mathbf{y}_1\right) &= \mathbf{\Sigma}_{22} - \mathbf{\Sigma}_{21}\mathbf{\Sigma}_{11}^{-1}\mathbf{\Sigma}_{12}, \end{aligned}$$

so dass CE_1 (im Folgenden auch ex post Sicherheitsäquivalent genannt) geschrieben werden kann als:

$$CE_1 = F_2 + \mathbf{s}_2^T\left\{\mathbf{b}_2\mathbf{e}_2 + \boldsymbol{\beta}\mathbf{e}_1 + \mathbf{\Sigma}_{21}\mathbf{\Sigma}_{11}^{-1}\left[\mathbf{y}_1 - \mathbf{b}_1\mathbf{e}_1\right]\right\} - \frac{1}{2}\mathbf{e}_2^T\mathbf{e}_2 - \frac{r}{2}\mathbf{s}_2^T\left[\mathbf{\Sigma}_{22} - \mathbf{\Sigma}_{21}\mathbf{\Sigma}_{11}^{-1}\mathbf{\Sigma}_{12}\right]\mathbf{s}_2. \qquad (3.20)$$

Das Sicherheitsäquivalent des Agenten setzt sich grundsätzlich aus drei Komponenten zusammen: Es besteht aus (1) erwarteter Entlohnung, (2) Disnutzen aus der Arbeit und der (3) mit dem Risikoaversionskoeffizienten gewichteten Varianz der Entlohnung. Der Varianzterm ist stets unabhängig vom Einsatz des Managers und bringt die Risikoaversion des Agenten zum Ausdruck: Je größer dieser Term ist, desto geringer ist ceteris paribus das Sicherheitsäquivalent des Agenten.

Um zu verdeutlichen, dass erwartete Entlohnung und erwartetes Bruttoergebnis vom Arbeitseinsatz des Agenten abhängen, wurden die Erwartungswerte mit dem Zusatz "; **e**" versehen. Auf diese explizite Angabe wird im Weiteren aus Gründen der Übersichtlichkeit (insbesondere auch um Verwechselungen mit bedingten Erwartungswerten zu vermeiden) verzichtet.

3.5.2 Die Lösung bei perfekter Selbstbindungskraft im LEN-Modell

Unter der Annahme perfekter Selbstbindungskraft ist die Gleichgewichtslösung durch denjenigen langfristigen (linearen) Ausgangsvertrag charakterisiert, der den erwarteten

Überschuss des Prinzipals unter Beachtung einer Anreizbedingung für jede Aktion sowie der Teilnahmebedingung maximiert (siehe Abschnitt 3.3). Dabei kann der optimale Arbeitseinsatz des Agenten auf der zweiten Stufe grundsätzlich von seiner Entscheidung auf der ersten Stufe abhängen, so dass die Anreizbedingungen selbst das Resultat eines dynamischen Entscheidungsprozesses sind. Unter den Annahmen des LEN-Modells ist dies allerdings nicht der Fall: Für einen gegeben linearen Ausgangsvertrag $V = \left(F_1 + \mathbf{s}_1^T \mathbf{y}_1; F_2 + \mathbf{s}_2^T \mathbf{y}_2\right)$ erhält man die optimale Entscheidung für die zweite Periode, konditional auf die Information der ersten Periode, durch Maximierung des ex post Sicherheitsäquivalents (3.20):

$$\begin{aligned} \mathbf{e}_2 &= \underset{\mathbf{e}_2'}{\operatorname{argmax}}\, CE_1 \\ &= \mathbf{b}_2^T \mathbf{s}_2. \end{aligned} \tag{3.21}$$

Offensichtlich hängen die optimalen Aktionen für Periode 2 weder von $\mathbf{y}_1$ noch von $\mathbf{e}_1$ ab mit der Folge, dass die Gleichgewichtslösung bei perfekter Selbstbindung derjenigen eines statischen, einperiodigen multi-task-Modells mit Einsatzvektor $\mathbf{e}$ und Performancemaßsystem $\mathbf{y}$ entspricht, welches z.B. *Feltham/Xie* (1994) ihrer Untersuchung zugrunde legen. Das entsprechende Optimierungsproblem lautet:

$$\max_{\mathbf{s},F_1,F_2} \; E\left[\pi - \mathbf{s}^T\mathbf{y} - F_1 - F_2\right]$$

u.d.N.

$$\mathbf{e} = \underset{\mathbf{e}'}{\operatorname{argmax}}\, CE_0\left(\mathbf{e}'\right) \tag{3.22}$$

$$CE_0\left(\mathbf{e}\right) \geq \overline{CE}. \tag{3.23}$$

$\overline{CE}$ bezeichnet den Reservationslohn des Agenten für beide Perioden. Dieser wird nachfolgend ohne Beschränkung der Allgemeinheit auf null gesetzt. Da CE_0 strikt konkav in $\mathbf{e}$ ist (siehe (3.17)), kann die Anreizkompatibilitätsbedingung aus (3.22) als Optimalitätsbedingung 1. Ordnung, $\frac{dCE_0}{d\mathbf{e}} = \mathbf{0}$, berücksichtigt werden. Löst man diese Optimalitätsbedingung nach den Entscheidungsvariablen auf, resultiert

$$\mathbf{e} = \mathbf{B}^T\mathbf{s}. \tag{3.24}$$

Berücksichtigt man, dass die Teilnahmebedingung (3.23) im Optimum bindet und substituiert man die Anreizbedingung aus (3.24) in die Zielfunktion des Prinzipals, vereinfacht sich das Optimierungsproblem über die Anreizparameter $\mathbf{s}$ zu

$$\max_{\mathbf{s}} Z = \underbrace{\mathbf{g}^T\mathbf{B}^T\mathbf{s}}_{E(\pi)} - \underbrace{\frac{1}{2}\mathbf{s}^T\mathbf{B}\mathbf{B}^T\mathbf{s}}_{\frac{1}{2}\mathbf{e}^T\mathbf{e}} - \frac{r}{2}\underbrace{\mathbf{s}^T\sum\mathbf{s}}_{Var(\mathbf{s}^T\mathbf{y})}. \tag{3.25}$$

Aus den Optimalitätsbedingungen

$$\begin{aligned}\frac{\partial Z}{\partial \mathbf{s}_1} &= \mathbf{g}_1^T\mathbf{b}_1^T - \mathbf{s}_1^T\left[\mathbf{b}_1\mathbf{b}_1^T + r\boldsymbol{\Sigma}_{11}\right] - \mathbf{s}_2^T\left[\boldsymbol{\beta}\mathbf{b}_1^T + r\boldsymbol{\Sigma}_{21}\right] = \mathbf{0}\\ \frac{\partial Z}{\partial \mathbf{s}_2} &= \mathbf{g}_1^T\boldsymbol{\beta}^T + \mathbf{g}_2^T\mathbf{b}_2^T - \mathbf{s}_2^T\left[\boldsymbol{\beta}\boldsymbol{\beta}^T + \mathbf{b}_2\mathbf{b}_2^T + r\boldsymbol{\Sigma}_{22}\right] - \mathbf{s}_1^T\left[\mathbf{b}_1\boldsymbol{\beta}^T + r\boldsymbol{\Sigma}_{12}\right] = \mathbf{0}\end{aligned}$$

erhält man folgendes Paar an Reaktionsfunktionen

$$\begin{aligned}\mathbf{s}_1^C(\mathbf{s}_2) &= \left[\mathbf{b}_1\mathbf{b}_1^T + r\boldsymbol{\Sigma}_{11}\right]^{-1}\left[\mathbf{b}_1\mathbf{g}_1 - \left(\mathbf{b}_1\boldsymbol{\beta}^T + r\boldsymbol{\Sigma}_{12}\right)\mathbf{s}_2\right]\\ \mathbf{s}_2^C(\mathbf{s}_1) &= \left[\boldsymbol{\beta}\boldsymbol{\beta}^T + \mathbf{b}_2\mathbf{b}_2^T + r\boldsymbol{\Sigma}_{22}\right]^{-1}\left[\boldsymbol{\beta}\mathbf{g}_1 + \mathbf{b}_2\mathbf{g}_2 - \left(\boldsymbol{\beta}\mathbf{b}_1^T + r\boldsymbol{\Sigma}_{21}\right)\mathbf{s}_1\right]\end{aligned} \tag{3.26}$$

mit der eindeutigen[37] optimalen Lösung[38]

$$\mathbf{s}^C = \left[\mathbf{B}\mathbf{B}^T + r\sum\right]^{-1}\mathbf{B}\mathbf{g}. \tag{3.27}$$

Eine ausführliche Interpretation und Diskussion dieser Lösung hinsichtlich der multitask-Problematik findet man in *Feltham/Xie* (1994). Für die nachfolgende Untersuchung ist das obige Optimierungsproblem zunächst für die Implementierung des renegotiation-proof-Prinzips im LEN-Modell relevant. Anhand der optimalen Lösung (3.27) kann dann anschließend überprüft werden, unter welchen Bedingungen Nachverhandlungen ex ante effizient sind.

3.5.3 Nachverhandlungssicherheit und Informationsgehalt

Im vorliegenden Abschnitt[39] wird zunächst das renegotiation-proof-Prinzip im Rahmen des zuvor charakterisierten LEN-Modells implementiert. Diese Analyse ist an *Christensen/Feltham/Şabac* (2005) angelehnt, die ebenfalls ein zweiperiodiges LEN-Modell mit Nachverhandlungen am Ende der ersten Periode betrachten, wobei Aktion und Performancemaß in jeder Periode nur eindimensional formuliert sind und keine langfristigen Auswirkungen des Einsatzes der ersten Periode berücksichtigt werden.[40] Aufbauend auf nachverhandlungssichere Verträge wird anschließend untersucht, unter welchen Bedingungen Nachverhandlungen ex ante effizient sind.

Angenommen, in $t = 0$ ist ein langfristiger, linearer Vertrag $V = \left(F_1 + \mathbf{s}_1^T\mathbf{y}_1; F_2 + \mathbf{s}_2^T\mathbf{y}_2\right)$ vereinbart worden und der Prinzipal bietet im Zeitpunkt $t = 1$ einen neuen Vertrag

37 Da Z streng konkav in $\mathbf{s} = (\mathbf{s}_1, \mathbf{s}_2)^T$ ist, sind die Optimalitätsbedingungen erster Ordnung hinreichend für ein eindeutiges Optimum.

38 Da $\mathbf{B}\mathbf{B}^T$ stets positiv semidefinit und $\sum$ annahmegemäß positiv definit ist, ist $\mathbf{B}\mathbf{B}^T + r\sum$ invertierbar.

39 Dieser Abschnitt sowie die sich anschließenden Abschnitte 3.5.4, 3.6 und 3.7 basieren in Teilen auf *Schöndube* (2003) und *Schöndube* (2005).

40 Für eine Erweiterung des Modells auf $N > 2$ Perioden siehe *Şabac* (2003).

$V^R = \left(F_1 + \mathbf{s}_1^T \mathbf{y}_1; F_2^R + \left(\mathbf{s}_2^R\right)^T \mathbf{y}_2\right)$ an, dann wird der Agent dieses Vertragsangebot nur akzeptieren, wenn

$$CE_1\left(V^R, \mathbf{e}_2^R, \mathbf{y}_1, \mathbf{e}_1\right) \geq CE_1\left(V, \mathbf{e}_2, \mathbf{y}_1, \mathbf{e}_1\right).$$

Darin bezeichnet $\mathbf{e}_2^R = \mathbf{b}_2^T \mathbf{s}_2^R$ gemäß (3.21) die optimale Aktion in Periode 2, wenn V^R der endgültige Vertrag ist und $\mathbf{e}_2 = \mathbf{b}_2^T \mathbf{s}_2$ die entsprechende Aktionswahl, wenn V auch der endgültige Vertrag ist. Für eine gegebene Vermutung $\widehat{\mathbf{e}}_1$ des Prinzipals erhält man die Parameter der sequentiell optimalen Entlohnungsfunktion $S_2^{R*} = F_2^{R*} + \left(\mathbf{s}_2^{R*}\right)^T \mathbf{y}_2$ über folgendes Optimierungsprogramm

$$\begin{aligned} &\max_{F_2^R, \mathbf{s}_2^R} E(\pi) - F_2^R - \left(\mathbf{s}_2^R\right)^T E\left(\mathbf{y}_2\left(\mathbf{e}_2^R\right) | \widehat{\mathbf{e}}_1, \mathbf{y}_1\right) \\ &\text{u.d.N.} \\ &\mathbf{e}_2^R = \mathbf{b}_2^T \mathbf{s}_2^R \\ &CE_1\left(V^R, \mathbf{e}_2^R, \mathbf{y}_1, \widehat{\mathbf{e}}_1\right) \geq CE_1\left(V, \mathbf{e}_2, \mathbf{y}_1, \widehat{\mathbf{e}}_1\right). \end{aligned} \tag{3.28}$$

In Anhang A.2 wird gezeigt, dass dieses Programm die folgende Lösung hat:

$$\mathbf{s}_2^{R*} = \left[\mathbf{b}_2 \mathbf{b}_2^T + r\left[\underbrace{\mathbf{\Sigma}_{22} - \mathbf{\Sigma}_{21}\mathbf{\Sigma}_{11}^{-1}\mathbf{\Sigma}_{12}}_{=Var(\mathbf{y}_2|\mathbf{y}_1)}\right]\right]^{-1} \mathbf{b}_2 \mathbf{g}_2, \tag{3.29}$$

$$\begin{aligned} F_2^{R*}\left(\widehat{\mathbf{e}}_1\right) = {} & \mathbf{s}_2^T E\left[\mathbf{y}_2\left(\mathbf{e}_2\right) \mid \mathbf{y}_1, \widehat{\mathbf{e}}_1\right] - \left(\mathbf{s}_2^{R*}\right)^T E\left[\mathbf{y}_2\left(\mathbf{e}_2^{R*}\right) \mid \mathbf{y}_1, \widehat{\mathbf{e}}_1\right] \\ & + \frac{1}{2}\left(\mathbf{e}_2^{R*}\right)^T \mathbf{e}_2^{R*} - \frac{1}{2}\mathbf{e}_2^T \mathbf{e}_2 + F_2 + \\ & \frac{r}{2}\left[Var\left(\left(\mathbf{s}_2^{R*}\right)^T \mathbf{y}_2 \mid \mathbf{y}_1\right) - Var\left(\mathbf{s}_2^T \mathbf{y}_2 \mid \mathbf{y}_1\right)\right], \end{aligned} \tag{3.30}$$

wobei F_2^{R*} unter Beachtung der Definition der bedingten Momente aus (3.19) und unter Berücksichtigung von $\mathbf{e}_2 = \mathbf{b}_2^T \mathbf{s}_2$ und $\mathbf{e}_2^{R*} = \mathbf{b}_2^T \mathbf{s}_2^{R*}$ auch geschrieben werden kann als

$$\begin{aligned} F_2^{R*}\left(\widehat{\mathbf{e}}_1\right) = {} & \left(\mathbf{s}_2^T - \left(\mathbf{s}_2^{R*}\right)^T\right)\left[\boldsymbol{\beta}\widehat{\mathbf{e}}_1 + \mathbf{\Sigma}_{21}\mathbf{\Sigma}_{11}^{-1}\left(\mathbf{y}_1 - \mathbf{b}_1\widehat{\mathbf{e}}_1\right)\right] \\ & + F_2 + \frac{1}{2}\mathbf{s}_2^T \mathbf{b}_2 \mathbf{b}_2^T \mathbf{s}_2 - \frac{1}{2}\left(\mathbf{s}_2^{R*}\right)^T \mathbf{b}_2 \mathbf{b}_2^T \mathbf{s}_2^{R*} \\ & + \frac{r}{2}\left\{\left(\mathbf{s}_2^{R*}\right)^T\left[\mathbf{\Sigma}_{22} - \mathbf{\Sigma}_{21}\mathbf{\Sigma}_{11}^{-1}\mathbf{\Sigma}_{12}\right]\mathbf{s}_2^{R*} - \mathbf{s}_2^T\left[\mathbf{\Sigma}_{22} - \mathbf{\Sigma}_{21}\mathbf{\Sigma}_{11}^{-1}\mathbf{\Sigma}_{12}\right]\mathbf{s}_2\right\}. \end{aligned} \tag{3.31}$$

Man erkennt unmittelbar, dass die optimale Anreizbeteiligung $\mathbf{s}_2^{R*}$ weder von $\mathbf{y}_1$ noch vom Arbeitseinsatz der ersten Periode (bzw. von der Vermutung $\widehat{\mathbf{e}}_1$ über diesen) abhängt. Dieses ist darauf zurückzuführen, dass sowohl die bedingte Varianz[41] $Var(\mathbf{y}_2|\mathbf{y}_1)$ gemäß (3.19) als auch die Aktionswahl in der zweiten Periode unabhängig von $(\mathbf{y}_1, \mathbf{e}_1)$ sind, so

41 Die bedingte Varianz ist bei Normalverteilungen stets unabhängig von den Werten der bedingenden Variablen, siehe *Rasch* (1995), S. 134.

dass auch das ex post Risiko-Anreiz-Problem (abgebildet durch 3.28) nicht von $(\mathbf{y}_1, \mathbf{e}_1)$ abhängt. Die sequentiell optimale Fixzahlung F_2^{R*} wird im Optimum so gewählt, dass die Akzeptanzbedingung für den neuen Vertrag bindet. Sie hängt grundsätzlich sowohl von der Vermutung $\widehat{\mathbf{e}}_1$ als auch von $\mathbf{y}_1$ ab. Diese Abhängigkeit kommt über den bedingten Erwartungswert $E(\mathbf{y}_2(\cdot)|\mathbf{y}_1, \cdot)$ in die Fixzahlung hinein. Da $E(\mathbf{y}_2(\cdot)|\mathbf{y}_1, \cdot)$ linear in $\mathbf{y}_1$ ist, ist auch F_2^{R*} linear in $\mathbf{y}_1$.

Lemma 3.2 *Unter den Annahmen des LEN-Modells gilt: a) Wenn es ein Gleichgewicht* Γ *gibt, in dem der Ausgangsvertrag* $V = (F_1, \mathbf{s}_1; F_2, \mathbf{s}_2)$ *in* $t = 1$ *durch* $V^{R*} = \left(F_1, \mathbf{s}_1; F_2^{R*}, \mathbf{s}_2^{R*}\right)$ *ersetzt wird, dann gibt es ein Gleichgewicht mit der gleichen Allokation wie in* Γ, *in dem* V^{R*} *ursprünglicher und endgültiger Vertrag ist. b) Jeder Ausgangsvertrag ist (nur dann) nachverhandlungssicher, wenn* $\mathbf{s}_2 = \mathbf{s}_2^{R*}$ *gilt.*
Damit kann das Gleichgewicht im Spiel mit Nachverhandlungsmöglichkeit durch folgendes Optimierungsproblem beschrieben werden:

$$\max_{\mathbf{s}} \mathbf{g}^T\mathbf{B}^T\mathbf{s} - \frac{1}{2}\mathbf{s}^T\mathbf{B}\mathbf{B}^T\mathbf{s} - \frac{r}{2}\mathbf{s}^T \sum \mathbf{s}$$

$$\text{u.d.N. } \mathbf{s}_2 = \mathbf{s}_2^{R*} = \left[\mathbf{b}_2\mathbf{b}_2^T + r\left[\mathbf{\Sigma}_{22} - \mathbf{\Sigma}_{21}\mathbf{\Sigma}_{11}^{-1}\mathbf{\Sigma}_{12}\right]\right]^{-1}\mathbf{b}_2\mathbf{g}_2. \tag{3.32}$$

Beweis. ad *a*): $\mathbf{s}_2^{R*}$ ist konstant und F_2^{R*} ist affin-linear in $\mathbf{y}_1$. Damit kann V^{R*} ex ante als linearer Ausgangsvertrag im Rahmen des LEN-Modells implementiert werden. Dass V^{R*} als Ausgangsvertrag nachverhandlungssicher ist und die gleiche Allokation bewirkt wie Γ, folgt dann unmittelbar aus Proposition 3.1. ad *b*) $\mathbf{s}_2^{R*}$ löst den Risiko-Anreiz-trade-off im Nachverhandlungszeitpunkt für alle $(\mathbf{y}_1, \widehat{\mathbf{e}}_1)$ optimal, so dass der Prinzipal gegeben $\mathbf{s}_2 = \mathbf{s}_2^{R*}$ keinen Anreiz hat, den Ausgangsvertrag nachzuverhandeln. Damit ist die Menge der nachverhandlungssicheren Ausgangsverträge durch $\mathbf{s}_2 = \mathbf{s}_2^{R*}$ definiert und die Gleichgewichtslösung im Spiel mit Nachverhandlungsmöglichkeit erhält man über das Optimierungsproblem bei perfekter Selbstbindung (3.25) unter der Nebenbedingung $\mathbf{s}_2 = \mathbf{s}_2^{R*}$. ■

Die im LEN-Modell unterstellte Linearität der Entlohnungsverträge wäre eine unzulässige Vereinfachung, wenn die sequentiell optimale Entlohnungsfunktion nicht linear in $\mathbf{y}_1$ wäre, weil dann das renegotiation-proof-Prinzip „technisch" nicht etabliert werden könnte. Aus Lemma 3.2 wird zunächst deutlich, dass die sequentiell optimale Entlohnungsfunktion linear in $\mathbf{y}_1$ ist, so dass der revidierte Vertrag auch als Ausgangsvertrag implementiert werden kann. Nachverhandlungssicherheit im vorliegenden Modell bedeutet, dass die Beteiligungsraten für die zweite Periode sequentiell optimal festgelegt werden müssen. Im Nachverhandlungszeitpunkt $t = 1$ ist die Unsicherheit bezüglich $\mathbf{y}_1$ aufgelöst und $\mathbf{s}_2^{R*}$ löst den Risiko-Anreiz trade-off für die zweite Periode ex post optimal. Der Agent antizipiert im Gleichgewicht, dass der Prinzipal ex post $\mathbf{s}_2^{R*}$ vereinbaren will und richtet seine Aktivitäten dementsprechend aus. Dieses führt nur dann nicht zu Wohlfahrtseinbußen, wenn die sequentiell optimale Beteiligung auch ex ante optimal ist, $\mathbf{s}_2^{R*} = \mathbf{s}_2^C$. Im Weiteren sollen Anforderungen an Performancemaßsysteme formuliert werden, die sicherstellen, dass trotz Nachverhandlungsoption die ex ante effiziente (d.h. die full commitment) Lösung erzielt wird. Dazu wird zunächst der Informationsgehalt von Performancemaßen über das Konzept der suffizienten Statistik definiert.[42]

Definition 3.2 *Sei* $\mathbf{y} = (y_1, ..., y_n) \in \mathbf{Y} \subseteq I\!R^n$. *Eine Statistik* $\boldsymbol{\xi} : \mathbf{Y} \to \mathbf{Z} \subseteq I\!R^p$, $p \leq n$, *heißt suffizient für ein Signal* $\mathbf{y}$ *bezüglich eines unbekannten Parametervektors* $\boldsymbol{\theta}$, *wenn die bedingte Verteilung von* $\mathbf{y}$ *gegeben* $\boldsymbol{\xi}$ *von* $\boldsymbol{\theta}$ *unabhängig ist.*
Die Performancemaße $\mathbf{y}_2$ *haben keinen Informationsgehalt über* $\mathbf{e}_1$ *(in Anwesenheit von* $\mathbf{y}_1$*), wenn* $\mathbf{y}_1$ *eine suffiziente Statistik für* $(\mathbf{y}_1, \mathbf{y}_2)$ *bezüglich* $\mathbf{e}_1$ *ist, d.h., wenn*
$f_2(\mathbf{y}_2; \mathbf{e}_1', \mathbf{e}_2 \mid \mathbf{y}_1) = f_2(\mathbf{y}_2; \bar{\mathbf{e}}_1, \mathbf{e}_2 \mid \mathbf{y}_1)\ \forall\ (\mathbf{y}_1, \mathbf{y}_2),\ \forall\ \mathbf{e}_2$ *und alle* $(\mathbf{e}_1', \bar{\mathbf{e}}_1), \mathbf{e}_1' \neq \bar{\mathbf{e}}_1$*; andernfalls ist* $\mathbf{y}_2$ *informativ über* $\mathbf{e}_1$.

Dies ist die übliche Definition von Informationsgehalt, wie sie ausgehend von *Holmström* (1979)[43] in der Literatur verwendet wird. Informationsgehalt von Performancemaßen wird entsprechend Definition 3.2 immer als bedingter, zusätzlicher („in Anwesenheit von") Informationsgehalt verstanden. Wenn bereits alle relevanten Informationen über den Arbeitseinsatz der ersten Periode in den Performancemaßen $\mathbf{y}_1$ zusammengefasst sind, ist $\mathbf{y}_2$ nicht informativ.

Anmerkung 3.1 *Für normalverteilte Performancemaße, wie in 3.14 definiert, hat* $\mathbf{y}_2$ *keinen Informationsgehalt über* $\mathbf{e}_1$*, wenn* $\boldsymbol{\beta} = \boldsymbol{\Sigma}_{21}\boldsymbol{\Sigma}_{11}^{-1}\mathbf{b}_1$. *Da die bedingte Dichtefunktion* $f_2(\mathbf{y}_2; \cdot|\mathbf{y}_1)$ *eindeutig durch bedingten Erwartungswert und bedingte Varianz charakterisiert ist und, wie oben erwähnt, die bedingte Varianz stets unabhängig von* $\mathbf{e}_1$ *ist, reicht es aus, den bedingten Erwartungswert* $E(\mathbf{y}_2; \cdot|\mathbf{y}_1)$ *bei der Bestimmung von Informationsgehalt zu betrachten.* $E(\mathbf{y}_2; \cdot|\mathbf{y}_1)$ *ist nach (3.19) gegeben durch*

$$E(\mathbf{y}_2; \mathbf{e}_2, \mathbf{e}_1|\mathbf{y}_1) = \mathbf{b}_2\mathbf{e}_2 + \boldsymbol{\beta}\mathbf{e}_1 + \boldsymbol{\Sigma}_{21}\boldsymbol{\Sigma}_{11}^{-1}(\mathbf{y}_1 - \mathbf{b}_1\mathbf{e}_1)$$

und ist genau dann von $\mathbf{e}_1$ *unabhängig, wenn* $\boldsymbol{\beta} = \boldsymbol{\Sigma}_{21}\boldsymbol{\Sigma}_{11}^{-1}\mathbf{b}_1$ *gilt.*

Proposition 3.2 *Die Allokation des Spiels mit Nachverhandlungsmöglichkeit ist stets ex ante effizient, wenn das Performancemaßsystem* $\mathbf{y}_2$ *keinen Informationsgehalt über* $\mathbf{e}_1$ *in Anwesenheit von* $\mathbf{y}_1$ *hat, d.h. wenn* $\boldsymbol{\beta} = \boldsymbol{\Sigma}_{21}\boldsymbol{\Sigma}_{11}^{-1}\mathbf{b}_1$ *gilt.*

42 Das Konzept der suffizienten Statistik stammt aus der statistischen Inferenztheorie. Eine Statistik einer Zufallsstichprobe bezüglich eines unbekannten Verteilungsparameters ist eine Aggregation der Stichprobeninformation. Die Idee ist, die Elemente der Zufallsstichprobe so zu verdichten oder abzubilden, dass möglichst wenig Zufallsvariable möglichst viel Information der Zufallsstichprobe enthalten, siehe ausführlich *Rasch* (1995), Kapitel 8. Die Verbindung von Informationsgehalt und suffizienter Statistik wurde von *Holmström* (1979) im Standard-Agency-Modell gezogen.

43 *Holmström* (1979) definiert statistische Suffizienz über den sog. Zerlegungssatz (siehe *Rasch* (1995), S. 241). Diese Zerlegung ist für die nachfolgende Untersuchung aber nicht notwendig.

Beweis. Nachverhandlungen sind ex ante effizient, wenn $\mathbf{s}_2^{R*} = \mathbf{s}_2^C$ gilt, da dann die renegotiation-proof Restriktion nicht bindet (siehe Lemma 3.2). Dass für $\boldsymbol{\beta} = \boldsymbol{\Sigma}_{21}\boldsymbol{\Sigma}_{11}^{-1}\mathbf{b}_1$ stets $\mathbf{s}_2^{R*} = \mathbf{s}_2^C$ gilt, wird in Anhang A.3 verifiziert. ∎

Das Problem der Nachverhandlungsmöglichkeit besteht darin, dass der Prinzipal im Gleichgewicht „gezwungen" ist, die Entlohnung für die zweite Periode ohne Rücksicht auf die Aktionen der ersten Periode und ohne Beachtung des ex ante vom Agenten zu tragenden Risikos zu wählen. Proposition 3.2 liefert eine hinreichende Bedingung für die (ex ante) Effizienz von Nachverhandlungen, die unabhängig von den Präferenzen der Akteure ist und nur von den (Verteilungs-) Eigenschaften der Performancemaße abhängt. Maßgeblich ist der Informationsgehalt der Leistungsmaße der zweiten Periode: Nachverhandlungen sind ex ante effizient, wenn die Performancemaße der zweiten Periode nicht informativ über den Arbeitseinsatz der ersten Periode sind, also alle relevanten Informationen über den Arbeitseinsatz der ersten Periode bereits in den Performancemaßen der ersten Periode zusammengefasst sind. Dass der Informationsgehalt von Performancemaßen im einperiodigen Agency-Modell eine große Bedeutung hat, wurde bereits erwähnt. *Holmströms* (1979) fundamentales *informativeness principle* fordert[44]: Jedes Performancemaß, das informativ über den Arbeitseinsatz des Agenten ist, ist wertvoll bei der Steuerung des Risiko-Anreiz-Problems und sollte deshalb Bestandteil des optimalen Vertrages sein. Der Zusammenhang zwischen dem klassischen *informativeness principle* und Informationsgehalt bei Nachverhandlungen ist nun der folgende: Wenn die Performancemaße der zweiten Periode keinen Informationsgehalt über den Einsatz der ersten Periode haben, werden sie zur Steuerung des Risiko-Anreiz-Problems der ersten Periode nicht benötigt. Damit ist es auch ex ante optimal, die Performancemaße $\mathbf{y}_2$ ausschließlich zur Lösung des Risiko-Anreiz-Problems für die zweite Periode einzusetzen, d.h. die sequentiell optimale Anreizbeteiligung $\mathbf{s}_2^{R*}$ zu implementieren, so dass es keinen Unterschied zwischen ex ante und ex post Effizienz gibt und Nachverhandlungen nicht wohlfahrtsmindernd sind.

Obwohl das Resultat aus Proposition 3.2 unter den Annahmen des LEN-Modells hergeleitet und bewiesen worden ist, hat es doch (abgesehen von der konkreten Bedingung $\boldsymbol{\beta} = \boldsymbol{\Sigma}_{21}\boldsymbol{\Sigma}_{11}^{-1}\mathbf{b}_1$) Implikationen über das LEN-Modell hinaus. Dieses erkennt man zum einen daran, dass die obigen Überlegungen zum Informationsgehalt unabhängig von der LEN-Formulierung des Modells sind,[45] zum anderen impliziert fehlender Informationsgehalt von $\mathbf{y}_2$ über $\mathbf{e}_1$, dass im Nachverhandlungszeitpunkt symmetrische Information hin-

44 *Yim* (2001) modifiziert *Holmströms* (1979) Modell wie folgt. Das zusätzliche Signal y wird erst nach der Beobachtung des Bruttoergebnisses π bekannt. Der Prinzipal hat die Möglichkeit nach Beobachtung von π, aber vor Realisation von y, den Ausgangsvertrag nachzuverhandeln. In diesem Fall kann es optimal sein, das zusätzliche Signal zu ignorieren, obwohl es informativ im Sinne *Holmströms* ist.

45 Siehe dazu auch das einführende Beispiel aus Abschnitt 3.4. Die Wohlfahrtseinbußen gegenüber der full commitment-Lösung entstanden deshalb, weil das informative Performancemaß y_2 nicht Element des Gleichgewichtsvertrages sein konnte. Unterstellt man für das Beispiel, dass y_2 nicht informativ über e_1 ist, resultiert im Spiel mit Nachverhandlungsmöglichkeit die full commitment-Lösung.

sichtlich künftiger payoffs besteht: Bezeichne $\overline{\mathbf{e}}_1$ den tatsächlich geleisteten Arbeitseinsatz des Agenten in der ersten Periode und $\widehat{\mathbf{e}}_1$ die Vermutung des Prinzipals über diesen. Dann lässt sich die relevante Information der Akteure im Nachverhandlungszeitpunkt durch die bedingten Dichtefunktionen $f_2(\mathbf{y}_2; \mathbf{e}_2 \mid \mathbf{y}_1, \overline{\mathbf{e}}_1)$ bzw. $f_2(\mathbf{y}_2; \mathbf{e}_2 \mid \mathbf{y}_1, \widehat{\mathbf{e}}_1)$ darstellen. Dabei wird deutlich, dass wenn $f_2(\mathbf{y}_2; \cdot|\mathbf{y}_1)$ unabhängig von $\mathbf{e}_1$ ist, beide Akteure identische Einschätzungen bezüglich der künftigen payoff-relevanten Einflussgrößen haben und damit kein endogenes *adverse selection*-Problem aufgrund asymmetrischer Information bezüglich der Arbeitsleistung der ersten Periode besteht. Unabhängigkeit der bedingten Dichte $f_2(\mathbf{y}_2; \cdot|\mathbf{y}_1)$ von $\mathbf{e}_1$ ist aber identisch dazu, dass $\mathbf{y}_2$ keinen Informationsgehalt bezüglich $\mathbf{e}_1$ aufweist.

Sofern das obige Informationsgehalt-Kriterium dafür sorgt, dass die Akteure im Nachverhandlungszeitpunkt symmetrische Erwartungen hinsichtlich künftiger payoffs haben, ist es auch außerhalb des LEN-Modells hinreichend für ex ante Effizienz von Nachverhandlungen:[46] Symmetrische beliefs in $t = 1$ implizieren, dass die Arbeitsleistung der ersten Periode für den sequentiell optimalen Vertrag ohne Bedeutung ist. Folglich haben antizipierte Nachverhandlungen keine Rückwirkungen auf das Problem der ersten Periode und sind deshalb ex ante effizient. Diese Überlegung kommt auch in der Arbeit von *Fudenberg/Holmström/Milgrom* (1990) zum Ausdruck. Die Autoren formulieren eine Menge von Voraussetzungen, die sicherstellen, dass eine Sequenz von kurzfristigen Verträgen äquivalent zu einem langfristig bindenden Vertrag ist.[47] Die „Common Knowledge of Technology"-Annahme stellt dabei sicher, dass zu jedem Vertragszeitpunkt t die zu diesem Zeitpunkt vorhandene (öffentliche) Information ausreicht, um den Einfluss der Aktion in Periode t auf die payoffs der Akteure zu bestimmen. Fehlender Informationsgehalt von $\mathbf{y}_2$, $\boldsymbol{\beta} = \boldsymbol{\Sigma}_{21}\boldsymbol{\Sigma}_{11}^{-1}\mathbf{b}_1$, kann somit als modellspezifische Ausprägung der „Common Knowledge of Technology"-Annahme interpretiert werden.

Ist $\mathbf{y}_2$ informativ über $\mathbf{e}_1$, $\boldsymbol{\beta} \neq \boldsymbol{\Sigma}_{21}\boldsymbol{\Sigma}_{11}^{-1}\mathbf{b}_1$, dann ist die asymmetrische Information im Nachverhandlungszeitpunkt payoff-relevant, so dass grundsätzlich[48] Wohlfahrtseinbußen mit der Nachverhandlungsoption des Prinzipals verbunden sind.

Feltham/Xie (1994) erweitern *Holmströms* (1979) informativeness-Prinzip für den Fall mehrdimensionaler Aktivitäten und Performancemaße in einem multi-task-LEN-Modell: Zusätzliche Performancemaße sind immer wertlos, wenn durch ihre Verwendung weder die

46 Im allgemeinen Modell könnte asymmetrische Information in $t = 1$ hinsichtlich künftiger payoffs auch über die Dichtefunktion $g(\pi|y_1, e_1)$ des Bruttoergebnisses zu berücksichtigen sein.

47 Vgl. dazu auch *Rey/Salanié* (1990).

48 Nicht informative Performancemaße $\mathbf{y}_2$ sind eine hinreichende Bedingung für die Effizienz von Nachverhandlungen, unabhängig von den Präferenzen der Akteure sowie den Grenzbeiträgen $\mathbf{g}_1, \mathbf{g}_2$ des erwarteten Bruttoergebnisses $E(\pi)$. Auch bei informativem $\mathbf{y}_2$ kann für bestimmte Parameterkonstellationen, die abhängig von r, $\mathbf{g}_1$ und $\mathbf{g}_2$ sind, $\mathbf{s}_2^{R*} = \mathbf{s}_2^C$ gelten. Während diese speziellen Fälle bei risikoaversem Agenten nicht allgemein interpretierbar sind, lassen sie sich bei risikoneutralem Agenten in Analogie zu den Kriterien der Kongruenz von Performancemaßen erklären, wie im folgenden Abschnitt gezeigt wird.

Menge der induzierbaren Aktionen erweitert, noch ein gegebener Einsatzvektor zu einer geringeren Varianz der Entlohnung des Agenten motiviert werden kann. Analog lässt sich die konkrete Bedingung für normalverteilte Performancemaße[49] aus Proposition 3.2 im Hinblick auf die Nachverhandlungsmöglichkeit interpretieren: $\boldsymbol{\beta} = \boldsymbol{\Sigma}_{21}\boldsymbol{\Sigma}_{11}^{-1}\mathbf{b}_1$ stellt sicher, dass durch Verwendung der Performancemaße $\mathbf{y}_2$ weder ein gegebener Einsatzvektor $\mathbf{e}_1$ zu einer geringeren Risikoprämie induziert werden kann, noch es möglich ist, die Menge der induzierbaren Einsatzniveaus der ersten Periode durch Verwendung von $\mathbf{y}_2$ zu erweitern. Damit werden die Performancemaße der zweiten Periode für die Steuerung der ersten Periode nicht benötigt, so dass es aus ex ante Sicht optimal ist, $\mathbf{y}_2$ ausschließlich zur Steuerung der zweiten Periode einzusetzen, mit der Folge, dass die sequentiell optimale Entlohnungsfunktion für Periode 2 auch ex ante optimal ist und Nachverhandlungen nicht schaden.

Christensen/Feltham/Şabac (2005) betrachten ein dynamisches LEN-Modell mit Nachverhandlungsmöglichkeit, in dem Aktion und Performancemaß in jeder Periode eindimensional sind und die Aktivität der ersten Periode keinen Einfluss auf das Performancemaß der zweiten Periode hat. Sie zeigen, dass Nachverhandlungen immer dann ex ante effizient sind, wenn die Performancemaße der beiden Perioden unkorreliert sind, also bezogen auf die Modellierung der vorliegenden Arbeit alle intertemporalen Kovarianzen null sind, $\boldsymbol{\Sigma}_{21} = \mathbf{0}$. In dem dynamischen multi-task-Anreizproblem von *Indjejikian/Nanda* (1999), das eine ähnliche formale Struktur wie *Christensen/Feltham/Şabac* (2005) aufweist[50], wird ebenfalls die große Bedeutung intertemporaler Korrelation für die Ineffizienz von beschränkter Selbstbindung hervorgehoben: Nur wenn $\boldsymbol{\Sigma}_{21} = \mathbf{0}$ gilt, entstehen keine Ineffizienzen aus mangelnder Selbstbindung. Wie man an der konkreten Bedingung $\boldsymbol{\beta} = \boldsymbol{\Sigma}_{21}\boldsymbol{\Sigma}_{11}^{-1}\mathbf{b}_1$ aus Proposition 3.2 erkennt, ist nicht vorhandene Korrelation zwischen $\mathbf{y}_1$ und $\mathbf{y}_2$ bei reichhaltigerer Formulierung des Problems nicht mehr hinreichend für die Effizienz von Nachverhandlungen. Vielmehr ist der Informationsgehalt der Leistungsmaße der zweiten Periode maßgebend: Die Bedingung $\boldsymbol{\Sigma}_{21} = \mathbf{0}$ charakterisiert nicht informative Performancemaße $\mathbf{y}_2$ für den Fall, dass keine langfristigen Auswirkungen von Aktionen zu berücksichtigen sind ($\boldsymbol{\beta} = \mathbf{0}$) und gleichzeitig ein Anreizproblem in der ersten Periode besteht ($\mathbf{b}_1 > \mathbf{0}$): In diesem Fall sind für $\boldsymbol{\Sigma}_{21} = \mathbf{0}$ die Performancemaße der zweiten Periode für das Problem der ersten Periode nicht relevant und die full commitment-Lösung ist nachverhandlungssicher.

49 In einer parallel zu *Schöndube* (2003) und *Schöndube* (2005) entstandenen Arbeit betrachtet *Gillenkirch* (2004) ein zweiperiodiges LEN-Modell, in dem der Prinzipal sich ex ante nicht glaubhaft auf die Performancemaß-Sollvorgaben für die zweite Periode festlegen kann. Sind die Performancemaße der ersten Periode statistisch suffizient, entstehen auch hier keine Wohlfahrtseinbußen aufgrund mangelnder Selbstbindung.

50 Anstatt einer Nachverhandlungsmöglichkeit berücksichtigen *Indjejikian/Nanda* (1999) beschränkte Selbstbindungskraft durch kurzfristige Verträge. *Christensen/Feltham/Şabac* (2003) zeigen aber, dass unter der (von *Indjejikian/Nanda* (1999) implizit verwendeten) Annahme fairer Verträge unter beiden Vertragsformen die Gleichgewichtslösungen identisch sind (siehe dazu ausführlich Abschnitt 3.8).

3.5.4 Spezialfall: Risikoneutraler Agent

In vielen Beiträgen der jüngeren Literatur zum Thema Anreizgestaltung und Performancemessung steht neben der Analyse des optimalen Risiko-Anreiz-trade-offs zunehmend die Frage im Mittelpunkt, inwieweit die Bemessungsgrundlagen des Entlohnungsvertrages überhaupt in der Lage sind, die Anreize des Managements auf diejenigen der Zentrale auszurichten (siehe *Baker* (2000)). Dieser Frage wird modelltheoretisch insbesondere in multi-task-Modellen nachgegangen, in denen das Bruttoergebnis des Prinzipals nicht kontrahierbar ist und der Agent seinen Einsatz auf mehrere Aufgaben aufteilen muss. Dabei zeigt sich, dass auch bei risikoneutralem Agenten Wohlfahrtseinbußen auftreten können, sofern es aufgrund inkongruenter Performancemaße nicht möglich ist, den first-best Einsatz zu implementieren. In der Literatur sind dabei Anforderungen an Performancemaße charakterisiert worden, so dass Agency-Kosten aufgrund mangelnder Kongruenz vermieden werden (vgl. dazu ausführlich *Feltham/Xie* (1994) und *Wagenhofer* (1996)). *Budde* (2004) analysiert unter diesem Gesichtspunkt die Balanced Scorecard für Anreizzwecke und *Datar/Cohen Kulp/Lambert* (2001) sowie *Baker* (2002) untersuchen explizit den trade-off zwischen Kongruenz und Risiko.

Die in Proposition 3.2 charakterisierte Informationsgehalt-Bedingung ist hinreichend für die Effizienz der Nachverhandlungsmöglichkeit des Prinzipals und zwar unabhängig vom Grad der Risikoaversion des Agenten. Insbesondere ist sie (für das betrachtete Modell) auch hinreichend bei risikoneutralem Agenten. Dies liegt daran, dass die Bedingung $\boldsymbol{\beta} = \boldsymbol{\Sigma}_{21}\boldsymbol{\Sigma}_{11}^{-1}\mathbf{b}_1$ ausschließlich durch die Eigenschaften der Performancemaße determiniert wird und sicherstellt, dass die Akteure im Nachverhandlungszeitpunkt symmetrische Information hinsichtlich künftiger payoffs haben. Eine übergeordnete Bedingung, die notwendig und hinreichend für die Effizienz von Nachverhandlungen ist, hängt bei risikoaversem Agenten vom Risikoaversionskoeffizienten r ab und ist deshalb in allgemeiner Form schwierig zu interpretieren. In diesem Abschnitt wird deshalb ein risikoneutraler Manager betrachtet. Werden Risikoteilungsaspekte ausgeklammert, besteht die Aufgabe eines Anreizsystems allein darin, die Aktivitäten des Agenten optimal auf die Ziele des Prinzipals abzustimmen. Da sequentielle Rationalität des Prinzipals im Nachverhandlungszeitpunkt fordert, die Entlohnungsfunktion für die zweite Periode ohne Rücksicht auf die Anreize der ersten Periode zu wählen, können Nachverhandlungen auch bei risikoneutralem Agenten ineffizient sein, wenn sie zu einer bindenden Beschränkung der in der ersten Periode induzierbaren Aktivitäten führen. Ziel der folgenden Analyse ist es, eine notwendige und hinreichende Bedingung zu formulieren, die sicherstellt, dass auch bei risikoneutralem Agenten trotz Nachverhandlungen die ex ante effizienten Einsatzniveaus motiviert werden können.

Im Gegensatz zu der klassischen multi-task-Analyse der oben zitierten Literatur wird

Kongruenz in diesem Abschnitt nicht relativ zur first-best-Lösung verstanden, sondern durch den Vergleich zwischen der second-best-Lösung bei perfekter Selbstbindung und der second-best-Lösung mit Nachverhandlungen definiert. Dabei zeigen sich aber Verbindungen zu den Eigenschaften klassischer Kongruenz.

Es sei nun für diesen Abschnitt angenommen, dass sich die Präferenzen des Agenten durch folgende Nutzenfunktion darstellen lassen:

$$U = [S_1 - C_1(\mathbf{e}_1)] + [S_2 - C_2(\mathbf{e}_2)].$$

Für die weitere Analyse können dann die Ausdrücke aus der Analyse des LEN-Modells für $r = 0$ verwendet werden.

Annahme 3.1 *Es gelte $m_1 \leq n_1$ und $m_2 \leq n_2$ und die m_t Zeilenvektoren der Matrizen $\mathbf{b}_t$ seien linear unabhängig.*

Diese Annahme schließt aus, dass das Performancemaßsystem überbestimmt ist, dass Performancemaße nur aus stochastischen Störgrößen bestehen und sichert gleichzeitig, dass die Matrizen $\mathbf{b}_t$ und $\mathbf{B}$ vollen Rang haben, so dass $\mathbf{b}_t\mathbf{b}_t^T$ und $\mathbf{B}\mathbf{B}^T$ invertierbar sind (vgl. dazu beispielsweise *Stöppler* (1972), S. 165).

Aus (3.26) mit $r = 0$ folgt, dass die Gleichgewichts-Beteiligungsraten bei perfekter Selbstbindung durch die Lösung des folgenden Gleichungssystems beschrieben sind:

$$\mathbf{s}_1^C(\mathbf{s}_2) = \left[\mathbf{b}_1\mathbf{b}_1^T\right]^{-1}\left[\mathbf{b}_1\left(\mathbf{g}_1 - \boldsymbol{\beta}^T\mathbf{s}_2\right)\right] \tag{3.33}$$

$$\mathbf{s}_2^C(\mathbf{s}_1) = \left[\boldsymbol{\beta}\boldsymbol{\beta}^T + \mathbf{b}_2\mathbf{b}_2^T\right]^{-1}\left[\boldsymbol{\beta}\left(\mathbf{g}_1 - \mathbf{b}_1^T\mathbf{s}_1\right) + \mathbf{b}_2\mathbf{g}_2\right].$$

Im Spiel mit Nachverhandlungsmöglichkeit ist $\mathbf{s}_2$ ex ante keine Entscheidungsvariable mehr, sondern aufgrund des renegotiation-proof-Prinzips gemäß (3.29) vorgegeben durch

$$\mathbf{s}_2^{R*} = \left[\mathbf{b}_2\mathbf{b}_2^T\right]^{-1}\mathbf{b}_2\mathbf{g}_2. \tag{3.34}$$

Im Gleichgewicht mit Nachverhandlungen werden die Performancemaße $\mathbf{y}_2$ (über die Beteiligung $\mathbf{s}_2$) ausschließlich zur optimalen Steuerung des Einsatzes $\mathbf{e}_2$ der zweiten Periode genutzt. Dieses ist aus ex ante Sicht aber nur dann optimal, wenn die Performancemaße der zweiten Periode tatsächlich nicht zur Steuerung der ersten Periode benötigt werden. Weicht die sequentiell optimale Beteiligung in der zweiten Periode von der ex ante optimalen ab, kann nicht mehr der ex ante effiziente Aktivitätsvektor $\mathbf{e}^C$ induziert werden und Nachverhandlungen sind auch ohne Risikoteilungsproblem ineffizient.

Proposition 3.3 *Bei risikoneutralem Agenten ist die Nachverhandlungsoption nur dann ex ante effizient, wenn*

$$\boldsymbol{\Delta} = \boldsymbol{\beta}\mathbf{T}\left\{\boldsymbol{\beta}^T\left[\mathbf{b}_2\mathbf{b}_2^T\right]^{-1}\mathbf{b}_2\mathbf{g}_2 - \mathbf{g}_1\right\} = \mathbf{0}, \tag{3.35}$$

wobei $\mathbf{T} = \left[\mathbf{b}_1^T\left[\mathbf{b}_1\mathbf{b}_1^T\right]^{-1}\mathbf{b}_1 - \mathbf{E}\right].$

Beweis: Siehe Anhang.

Aus der allgemeinen Bedingung in Proposition 3.3 lassen sich im Weiteren (hinreichende) Anforderungen an Performancemaßsysteme ableiten, so dass die ex ante effizienten Aktivitäten implementiert werden können:

- Zunächst wird der $m_2 \times 1$-Vektor $\mathbf{\Delta}$ immer dann null, wenn der Term $\boldsymbol{\beta}\mathbf{T}$ null ist. $\boldsymbol{\beta}\mathbf{T} = \mathbf{0}$ ist nun genau dann erfüllt, wenn eine $m_2 \times m_1$-Matrix $\mathbf{M}$ existiert, so dass $\boldsymbol{\beta} = \mathbf{M}\mathbf{b}_1$ gilt. Letztere Bedingung impliziert, dass durch Verwendung der Performancemaße $\mathbf{y}_2$ die Menge der in der ersten Periode induzierbaren Aktivitätsniveaus nicht erweitert werden kann, also jeder Aktivitätsvektor $\mathbf{e}_1 \in \mathbb{R}^{n_1}$, der durch Beteiligung an beiden Performancemaßen $(\mathbf{y}_1, \mathbf{y}_2)$ induzierbar ist, auch allein durch das Performancemaßsystem $\mathbf{y}_1$ motiviert werden kann.[51] Dies ist immer dann der Fall, wenn die Aktionen der ersten Periode keine langfristigen Auswirkungen haben $(\boldsymbol{\beta} = \mathbf{0})$, die beiden Perioden also in Bezug auf die Arbeitsanreize unabhängig voneinander sind, aber auch, wenn die Matrix $\mathbf{b}_1$ quadratisch ist und damit in Periode 1 genau so viele Performancemaße zur Verfügung stehen wie zu motivierende Aktivitäten. Gilt $\boldsymbol{\beta} \neq \mathbf{0}$ und ist in Periode 1 die Anzahl der Aufgaben größer als die Zahl der zur Verfügung stehenden Performancemaße, dann ist die obige Bedingung trotzdem erfüllt, sofern der Grenzbeitragsvektor von $\mathbf{e}_1$ in jedem Performancemaß der zweiten Periode durch echte Linearkombination der Grenzbeitragsvektoren aller Performancemaße der ersten Periode darstellbar ist. Dieses ist am einfachsten zu erkennen, wenn man annimmt, dass in jeder Periode genau ein Performancemaß zur Verfügung steht und der Agent mehr als eine Aktion in Periode 1 ergreifen kann: Dann müssen die Zeilenvektoren $\boldsymbol{\beta}$ und $\mathbf{b}_1$ linear abhängig sein. Schließlich stellt das Informationsgehaltkriterium aus dem vorherigen Abschnitt, $\boldsymbol{\beta} = \mathbf{\Sigma}_{21}\mathbf{\Sigma}_{11}^{-1}\mathbf{b}_1$, einen Spezialfall für die Gültigkeit der Bedingung $\boldsymbol{\beta} = \mathbf{M}\mathbf{b}_1$ dar.
  Sämtlichen oben diskutierten Bedingungen ist gemeinsam, dass die renegotiation-proof-Bedingung deshalb nicht bindet, weil durch die Performancemaße der zweiten Periode die Menge der in Periode 1 implementierbaren Einsatzniveaus nicht erweitert werden kann. Damit ist es auch bei perfekter Selbstbindung optimal, die Performancemaße der zweiten Periode ausschließlich zur Steuerung der Aktionen der zweiten Periode einzusetzen.

- Auch wenn durch Verwendung der Performancemaße der zweiten Periode die Menge der in der ersten Periode induzierbaren Aktivitätsniveaus ausgedehnt werden kann, bedeutet dies gemäß der in Proposition 3.3 formulierten Bedingung nicht notwendigerweise, dass aufgrund des renegotiation-proof-Prinzips Wohlfahrtseinbußen durch Nachverhandlungen auftreten. In diesem Fall ist aber die Frage, ob die ex

51 Vgl. dazu die korrespondierende Bedingung im klassischen multi-task Modell in *Feltham/Xie* (1994).

ante effizienten Aktivitäten induziert werden können, nicht mehr losgelöst von den Grenzbeiträgen $\mathbf{b}_2$ des Einsatzes $\mathbf{e}_2$ sowie den Grenzbeiträgen im Bruttoergebnis des Prinzipals ($\mathbf{g}_1$ und $\mathbf{g}_2$) zu beurteilen. Dieses soll abschließend anhand eines Beispiels verdeutlicht werden: Dazu wird angenommen, dass in jeder Periode ein Performancemaß zur Verfügung steht, wobei in Periode 1 zwei Aktionen und in Periode 2 eine Aktion induziert werden soll. Die Aktionen der ersten Periode (e_{11}, e_{12}) beeinflussen das Performancemaß der zweiten Periode. Die Performancemaße und der erwartete Bruttoüberschuss des Prinzipals sind wie folgt definiert:

$$\begin{aligned} y_1 &= 5e_{11} + 3e_{12} + \eta_1 \\ y_2 &= e_2 + e_{11} + e_{12} + \eta_2. \\ E[\pi] &= e_{11} + e_{12} + e_2. \end{aligned}$$

Offensichtlich gibt es in diesem Fall keinen Skalar M, so dass $\boldsymbol{\beta} = M\mathbf{b}_1$ (mit $\boldsymbol{\beta} = (1,1)$ und $\mathbf{b}_1 = (5,3)$). Dennoch können die ex ante effizienten Aktivitäten motiviert werden, da der Term in den geschweiften Klammern aus (3.35) null wird (mit $\mathbf{g}_2 = \mathbf{b}_2 = 1$ und $\mathbf{g}_1 = (1,1)^T$ wird dieser Term zu $(1,1)^T \cdot 1 - (1,1)^T = (0,0)^T$). Die sequentiell optimale Beteiligungsrate für die zweite Periode in diesem Beispiel ist $s_2^{R*} = 1$. Vergleicht man nun die Grenzbeiträge des Arbeitseinsatzes in Performancemaß y_2 mit denen innerhalb der Zielfunktion des Prinzipals, wird deutlich, dass für $s_2^{R*} = 1$ gleichsam auch der Einsatz der ersten Periode durch das Performancemaß y_2 optimal gesteuert wird (konkret werden hier die first-best Einsatzniveaus erreicht). Das Performancemaß der ersten Periode wird hier im Optimum überhaupt nicht zur Anreizgestaltung benutzt ($s_1 = 0$), weil die sequentiell optimale Entlohnungsfunktion für die zweite Periode die Aktionen der ersten Periode optimal „mitsteuert", so dass durch Nachverhandlung keine Wohlfahrtseinbußen entstehen.

3.6 Informationssysteme: Cash-flows vs. Periodenerfolge

Das Informationssystem der Unternehmung liefert die Beurteilungsgrößen für die Anreizentlohnung des Managements. Eine wesentliche Frage bei der Implementierung eines Informationssystems ist, ob die Daten isoliert oder aggregiert ausgewiesen werden sollen (also beispielsweise, ob Erlöse und Kosten oder nur der Gewinn berichtet wird). In langfristigen Anreizbeziehungen mit Nachverhandlungen ist neben der Frage der Aggregation insbesondere der Zeitpunkt des Ausweises der Information von Bedeutung, da die Information im Nachverhandlungszeitpunkt den sequentiell optimalen Vertrag und damit auch die renegotiation-proof-Restriktion beeinflusst. Wir vergleichen im Folgenden ein Cash-flow Informationssystem (Cash Accounting) mit einer Periodenerfolgsrechnung (Accrual Accounting) bei der Steuerung des langfristigen Risiko-Anreiz-Problems mit Nachverhandlungen.

Die Analyse von Periodenabgrenzungen hinsichtlich ihrer Anreizwirkung in mehrperiodigen Beziehungen ist im jüngeren Schrifttum insbesondere im Rahmen von Investitionssteuerungsproblemen erfolgt.[52] In einer auf mehrere Perioden angelegten Auftragsbeziehung wird dabei untersucht, ob Einzahlungsüberschüsse (Cash-flows) oder Periodenerfolgsmaße (insbesondere der Residualgewinn) als Bemessungsgrundlage der Agentenentlohnung zu verwenden sind, wenn (möglichst) zielkongruente Investitionsentscheidungen des Agenten herbeigeführt werden sollen. In den meisten Analysen werden dabei Cash-flows und Periodenabgrenzungen nicht als unterschiedliche Informationssysteme aufgefasst, sondern auf Basis des Informationssystems der periodig anfallenden Cash-flows werden optimale Periodenerfolgsgrößen bestimmt, wobei das Erfolgsmaß Cash-flow als Spezialfall einer Periodenerfolgsrechnung aufgefasst wird, in der keine Periodenabgrenzung vorgenommen wird.

Im Gegensatz dazu setzt die nachfolgende Analyse einen Schritt vorher, bei der Entscheidung über die Auswahl eines Informationssystems, an. Cash-flow-Informationssystem und Periodenerfolgsrechnung unterscheiden sich dadurch, dass finanzielle Konsequenzen identischer ökonomischer Aktivitäten zu unterschiedlichen Zeitpunkten ausgewiesen (und beobachtet) werden, so dass der Informationsstand der Akteure im Nachverhandlungszeitpunkt vom gewählten System abhängt. Die formale Darstellung der Informationssysteme ist an das Modell von *Kwon* (1989) angelehnt. *Kwon* vergleicht Cash Accounting mit Accrual Accounting in einem zweiperiodigen Risiko-Anreiz-Problem bei full commitment. Accrual Accounting stellt einen Teil der (vertraglich nutzbaren) Information früher zur Verfügung als das Cash-System. Während in der folgenden Untersuchung die Information der Akteure systemabhängig ist, nimmt *Kwon* aus Gründen der Vereinfachung an, dass unter beiden Systemen zu jedem Zeitpunkt des Spiels die gleiche Information (intern) beobachtbar ist. Das zentrale Ergebnis seiner Analyse ist, dass das Accrual-System das Cash-System strikt dominiert, sofern die im Accrual-System früher ausgewiesenen Maße informativ über den Arbeitseinsatz der ersten Periode sind. Maßgebend für dieses Resultat ist die Notwendigkeit zu intertemporaler Konsumglättung[53] aufgrund einer zeitlich additiv separierbaren Nutzenfunktion. Die nachfolgende Analyse hingegen basiert auf den Annahmen des in Abschnitt 3.5.1 spezifizierten LEN-Modells.

Konkret sei angenommen, dass sich der Prinzipal vor Vertragsabschluss in $t = 0$ verbindlich auf eines von zwei möglichen Informationssystemen festlegen muss: Cash-flows (CF) oder Periodenerfolgsrechnung (PE). Unter beiden Informationssystemen werden über den

52 Vgl. *Reichelstein* (1997, 2000) und *Dutta/Reichelstein* (1999a, 1999b).

53 Vgl. dazu ausführlich Abschnitt 3.9.

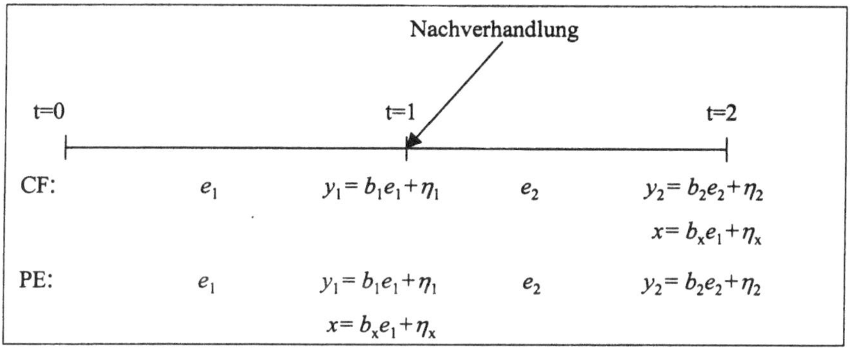

Abbildung 3.3: Informationssysteme

zweiperiodigen Zeitraum der Agency-Beziehung genau drei kontrahierbare Erfolgsmaße ausgewiesen: y_1, y_2 und x.

Abbildung 3.3 spezifiziert den Unterschied zwischen beiden Systemen: Während das Cash-flow Informationssystem allein auf die Zahlungskonsequenzen ökonomischer Aktivitäten abstellt, weist die Periodenerfolgsrechnung den kaufmännischen Periodenerfolg, also den durch die Aktivitäten der Periode bewirkten Wertzuwachs, aus. Hinsichtlich der Maße y_t sei angenommen, dass Leistung (e_t) und finanzielle Konsequenzen der Leistung (y_t) in die gleiche Periode fallen, so dass unter beiden Systemen y_t am Ende von Periode t ausgewiesen wird. Bezüglich x hingegen fallen Leistung und Zahlungseingang zeitlich auseinander. Im Sinne des Realisationsprinzips sei angenommen, dass x dem Grunde nach am Ende von Periode 1 realisiert ist[54], so dass entsprechende Forderungen aus Lieferung und Leistung im Rahmen der Periodenerfolgsrechnung erfolgswirksam aktiviert werden. Die einzahlungswirksamen Konsequenzen dieser Transaktion treten allerdings erst in der zweiten Periode ein, so dass x im Cash-flow Informationssystem zu $t = 2$ berichtet wird.

Für die nachfolgende Analyse definieren wir den erwarteten Bruttoüberschuss des Prinzipals als

$$E[\pi] = E[y_1 + y_2 + x] = (b_1 + b_x)\, e_1 + b_2 e_2.$$

Ausgehend von einer standardisierten Normalverteilung mit den Korrelationskoeffizienten ρ, v, g wird folgende Kovarianzmatrix unterstellt:

$$\sum_{(y_1,x,y_2)} = \begin{pmatrix} 1 & g & \rho \\ g & 1 & v \\ \rho & v & 1 \end{pmatrix}.$$

54 Siehe *Moxter* (1999), S. 49.

Bezeichne s_t die Beteiligungsrate an y_t und s_x diejenige an x, dann unterscheiden sich beide Systeme in der Notation des LEN-Grundmodells aus Abschnitt 3.5.1 wie folgt:

$$\text{System CF:} \qquad \mathbf{y}_1 = y_1,\ \mathbf{y}_2 = (y_2, x)^T$$
$$\mathbf{s}_1 = s_1,\ \mathbf{s}_2 = (s_2, s_x)^T$$

$$\text{System PE}: \qquad \mathbf{y}_1 = (y_1,\ x)^T,\ \mathbf{y}_2 = y_2$$
$$\mathbf{s}_1 = (s_1, s_x)^T,\ \mathbf{s}_2 = s_2.$$

Da unter der Annahme perfekter Selbstbindungskraft aufgrund der exponentiellen Nutzenfunktion der Zeitpunkt der Entlohnung irrelevant ist, ist die full commitment-Lösung vom gewählten Informationssystem unabhängig. Das entsprechende Optimierungsproblem des Prinzipals lautet gemäß (3.25):

$$\max_{s_1,s_2,s_x} Z = (s_1b_1+s_xb_x)(b_1+b_x)+s_2b_2^2-\frac{(s_1b_1+s_xb_x)^2}{2}-\frac{s_2^2b_2^2}{2}-\frac{r}{2}Var(s_1y_1+s_2y_2+s_xx) \tag{3.36}$$

$$\text{mit } Var(s_1y_1+s_xx+s_2y_2) = s_1^2+s_2^2+s_x^2+2(s_1s_xg+s_1s_2\rho+s_xs_2v).$$

Unter Berücksichtigung der Nachverhandlungsoption des Prinzipals muss aufgrund des renegotiation-proof-Prinzips der Vektor der Beteiligungsraten in der zweiten Periode ex post optimal gewählt werden. Aus Lemma 3.2[55] lässt sich ableiten, dass, abhängig vom implementierten Informationssystem, folgende Nebenbedingungen zu berücksichtigen sind:

$$\left.\begin{aligned} s_2^{CF} &= \frac{b_2^2}{b_2^2+rVar(y_2|y_1,x)} \\ s_x^{CF} &= \frac{s_2^{CF}(v-\rho g)}{g^2-1} \end{aligned}\right\}\text{Cash-flow Accounting} \tag{3.37}$$

$$\left. s_2^{PE} = \frac{b_2^2}{b_2^2+rVar(y_2|y_1,x)}\right\}\text{Periodenerfolgsrechnung} \tag{3.38}$$

$$\text{mit } Var(y_2|y_1,x) = |\mathbf{\Sigma}| / (1-g^2).$$

Aus dem Vergleich der Optimierungsprobleme wird ersichtlich, dass bei Einführung eines Cash-Systems aufgrund des renegotiation-proof-Prinzips sowohl die Beteiligungsrate für x

55 Nach Lemma 3.2 erfordert Nachverhandlungssicherheit $\mathbf{s}_2 = \left[\mathbf{b}_2\mathbf{b}_2^T + r\left[\mathbf{\Sigma}_{22} - \mathbf{\Sigma}_{21}\mathbf{\Sigma}_{11}^{-1}\mathbf{\Sigma}_{12}\right]\right]^{-1}\mathbf{b}_2\mathbf{g}_2$. Im CF-System ist $\mathbf{b}_2 = (0, b_2)^T$, $\mathbf{g}_2 = b_2$, $\mathbf{\Sigma}_{11} = 1$, $\mathbf{\Sigma}_{12} = (g, \rho)$ und $\mathbf{\Sigma}_{22} = \begin{pmatrix} 1 & v \\ v & 1 \end{pmatrix}$. Im PE-System gilt $\mathbf{b}_2 = b_2$, $\mathbf{g}_2 = b_2$, $\mathbf{\Sigma}_{22} = 1$, $\mathbf{\Sigma}_{21} = (\rho, v)$ und $\mathbf{\Sigma}_{11} = \begin{pmatrix} 1 & g \\ g & 1 \end{pmatrix}$.

als auch die für y_2 beschränkt ist, während bei der Periodenerfolgsrechnung nur y_2 ex ante nicht optimal vertraglich eingesetzt werden kann. Daraus zu folgern, dass das Cash-System zusätzlich beschränkt ist, ist aber nur dann zutreffend, wenn die Nebenbedingung für s_2 in beiden Systemen identisch ist. Man erkennt durch Vergleich der sequentiell optimalen Beteiligungsraten s_2^{CF} und s_2^{PE}, dass das hier tatsächlich der Fall ist, was wie folgt erklärt werden kann: Da x nicht sensitiv bezüglich e_2 ist, wird s_x im CF-System, gegeben s_2, zur Minimierung der a posteriori Varianz eingesetzt

$$s_x^{CF} = \underset{s_x}{\operatorname{argmin}}\, Var\left(s_2 y_2 + s_x x \mid y_1\right). \tag{3.39}$$

Mit

$$Var\left(s_2 y_2 + s_x x \mid y_1\right) = s_2^2 Var\left(y_2|y_1\right) + s_x^2 Var\left(x|y_1\right) + 2 s_2 s_x Cov\left(y_2, x|y_1\right) \tag{3.40}$$

erhält man als Lösung des Minimierungsproblems (3.39)

$$s_x^{CF} = -s_2 \frac{Cov\left(y_2, x|y_1\right)}{Var\left(x|y_1\right)}.$$

Setzt man diese Lösung in (3.40) ein, ergibt sich

$$Var\left(s_2 y_2 + s_x^{CF} x \mid y_1\right) = s_2^2 \left[Var\left(y_2|y_1\right) - \frac{Cov\left(y_2, x|y_1\right)^2}{Var\left(x|y_1\right)}\right],$$

wobei der Term in eckigen Klammern unter Normalverteilungsannahmen identisch ist zu[56]

$$Var\left(y_2|y_1, x\right).$$

Gegeben s_x^{CF}, entspricht das Optimierungsproblem über s_2 zur Bestimmung des sequentiell optimalen Risiko-Anreiz-trade-offs (siehe Anhang A.2, (A.5)) im Cash-System

$$\max_{s_2} b_2^2 s_2 - \frac{s_2^2 b_2^2}{2} - \frac{r}{2} s_2^2 Var\left(y_2|y_1, x\right) \tag{3.41}$$

und ist damit identisch zu dem Problem im PE-System, so dass im Gleichgewicht $s_2^{PE} = s_2^{CF}$ gilt.

Die Einsicht, dass im Gleichgewicht der ex post Überschuss (3.41) unter beiden Systemen identisch ist, ist dabei nicht von der konkreten Modellierung abhängig, sondern auch für allgemeinere Ansätze zutreffend: Unter beiden Systemen ist im Nachverhandlungszeitpunkt y_1 bekannt und der Agent kennt im Gegensatz zum Prinzipal seinen tatsächlichen Einsatz e_1. Vernachlässigt man diese für beide Systeme identischen Umstände, lässt sich der Unterschied zwischen CF und PE in Bezug auf das ex post Risiko-Anreiz-Problem anhand von Abbildung 3.4 gedanklich wie folgt darstellen:

56 Dieses kann man nachprüfen, indem man die bedingten Varianzen gemäß (3.19) berechnet und berücksichtigt, dass $Cov\left(y_2, x|y_1\right) = \frac{1}{2}\left(Var\left(y_2 + x|y_1\right) - Var\left(x|y_1\right) - Var\left(y_2|y_1\right)\right)$ gilt.

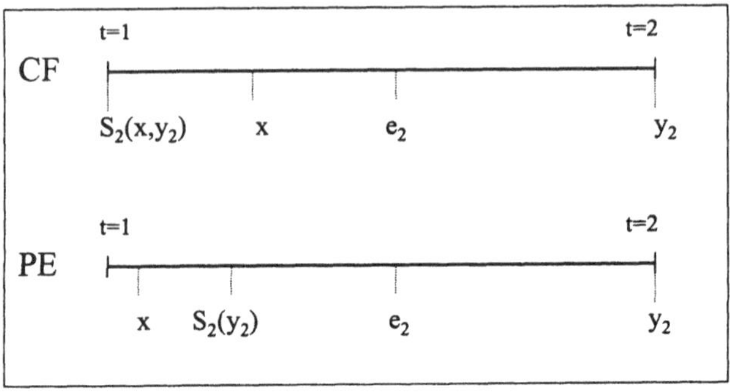

Abbildung 3.4: Modifizierte Darstellung des ex post Risiko-Anreiz-Problems

Das Cash-flow Problem entspricht einer einperiodigen Agency-Beziehung, in der in $t = 1$ die Entlohnungsfunktion S_2 auf x und y_2 konditioniert werden kann. Nach Vertragsabschluss, aber vor der Aktionswahl e_2 des Agenten wird x gemeinsam beobachtet. Zum Zeitpunkt $t = 2$ wird y_2 realisiert und der Agent gemäß $S_2(x, y_2)$ entlohnt. Im Unterschied dazu wird bei der Periodenerfolgsrechnung unmittelbar nach $t = 1$ zunächst x gemeinsam beobachtet und erst danach der Vertrag S_2 geschlossen, der, da x bereits bekannt ist, nur noch direkt auf y_2 kontrahiert wird. Bezeichne $S_2^{\overline{x}}(y_2)$ die optimale Entlohnungsfunktion im PE-System gegeben $x = \overline{x}$ und $S(y_2, x)$ die optimale Entlohnungsfunktion als Funktion aller möglichen x. $S(y_2, x)$ entspricht der optimalen Entlohnungsfunktion im PE-System, wenn dort der Vertrag schon in $t = 1$ geschlossen würde. Diese Situation stimmt aber mit dem CF-Fall überein, so dass $S(y_2, x)$ auch die optimale Entlohnungsfunktion für das Cash-Problem ist und der Risiko-Anreiz-trade-off, gemessen im Zeitpunkt $t = 1$, unter beiden Systemen identisch ist.

Aus der ex ante Perspektive sind die beiden Systeme aber nur unter bestimmten Bedingungen äquivalent:

Proposition 3.4 *Der Prinzipal präferiert die Periodenerfolgsrechnung stets schwach gegenüber der Cash-flow-Rechnung. Unabhängig von den Präferenzen des Agenten führt die Cash-flow Rechnung im Gleichgewicht nur dann zur gleichen Allokation wie die Periodenerfolgsrechnung, wenn x keinen Informationsgehalt über e_1 in Anwesenheit von y_1 hat, d.h., wenn $b_x = b_1 g$ gilt.*

Beweis. Siehe Anhang. ■

Die Intuition von Proposition 3.4 ist wie folgt:
Unter beiden Systemen wird Performancemaß y_2 im Gleichgewicht nur optimal auf e_2

abgestimmt und Performancemaß y_1 auf e_1 und e_2. Während aber in der Periodenerfolgsrechnung x zur Lösung des Risiko-Anreiz-trade-offs bezüglich (e_1, e_2) beiträgt, wird x im Cash-System allein zur Steuerung von e_2 eingesetzt. Letzteres ist aber nur dann optimal, wenn x, in Anwesenheit von y_1, nicht zur Steuerung des mit e_1 verbundenen Risiko-Anreiz-Problems benötigt wird. Dieses ist aber genau dann der Fall, wenn Performancemaß x keine zusätzliche Information über e_1 beinhaltet, die nicht schon in Performancemaß y_1 enthalten ist, was exakt durch die Bedingung in Proposition 3.4 erfasst wird.
Ist x informativ über e_1 (in Gegenwart von y_1), dann ist es aufgrund des *informativeness*-Prinzips[57] ex ante optimal, x zur Steuerung des Risiko-Anreiz-trade-offs bezüglich e_1 einzusetzen. Da im Cash-System aufgrund des renegotiation-proof-Prinzips die Auswirkungen des Performancemaßes x auf die erste Periode ignoriert werden, ist die Periodenerfolgsrechnung grundsätzlich vorteilhaft.[58]

Der Vergleich der beiden Informationssysteme führt überraschend zu dem gleichen Ergebnis wie in *Kwon* (1989), wenn auch aus vollkommen anderem Grund: Maßgebend für die Dominanz der Periodenerfolgsrechnung bei *Kwon* ist die Notwendigkeit zu intertemporaler Konsumglättung in Verbindung mit der Tatsache, dass in der Periodenerfolgsrechnung die Entlohnungsfunktion der ersten Periode auf y_1 und x kontrahiert werden kann, im Cash-System aber nur auf y_1: Wenn nun x informativ über e_1 ist, ist es ex ante optimal, die Entlohnung des Agenten in beiden Perioden auf x zu bedingen[59], was nur unter der Periodenerfolgsrechnung möglich ist. Als gemeinsame Botschaft aus *Kwon* (1989) und der vorliegenden Untersuchung lässt sich festhalten, dass der frühzeitige Ausweis von Information vorteilhaft ist, sofern diese Information informativ über den Arbeitseinsatz der Ausweisperiode ist.

Die Vorteilhaftigkeit eines möglichst zeitnahen Ausweises von Information bei Nachverhandlungen kommt unter anderem Blickwinkel auch bei *Christensen/Feltham/Hofmann/Şabac* (2003) zum Vorschein: Man betrachte eine Agency-Beziehung, in der der Agent nur in der ersten Periode Arbeitseinsatz leisten soll. Nachverhandlungen sind am Ende der ersten Periode möglich. Wenn nun sämtliche Information erst nach dem Nachverhandlungszeitpunkt $t = 1$ ausgewiesen wird, können in der ersten Periode keine Arbeitsanreize motiviert werden, weil die sequentiell optimalen Beteiligungsraten für alle Performancemaße, die nach $t = 1$ realisiert werden, null sind (da eben nach $t = 1$ kein Arbeitseinsatz mehr induziert werden soll).

In der jüngeren Literatur ist gezeigt worden, dass bei beschränkter Selbstbindungskraft

57 Siehe Kapitel 3.5.3.
58 Es soll wiederum darauf hingewiesen werden, dass es in Abhängigkeit des Risikoaversionskoeffizienten r Spezialfälle von Parameterkonstellationen gibt, für die, obwohl x informativ bezüglich e_1 in Gegenwart von y_1 ist, die Implemetierung des Cash-Systems die gleiche Allokation herbeiführt wie die Periodenerfolgsrechnung (siehe auch Fußnote 48).
59 Siehe dazu ausführlich Abschnitt 3.9.

Informationssysteme von Vorteil sein können, die die Information des Prinzipals beim Abschluss eines sequentiell optimalen Vertrages begrenzen (*information rationing*).[60] *Indjejikian/Nanda* (1999) vergleichen ein Informationssystem, welches in jeder Periode alle Erfolgsgrößen isoliert ausweist, mit einem System, bei dem die Erfolgsgrößen in aggregierter Form berichtet werden. Obwohl das aggregierte System gegenüber der disaggregierten Messung auf Freiheitsgrade bei der Steuerung des Risiko-Anreiz-Problems verzichtet, kann es gegenüber diesem präferiert werden, weil es dafür sorgt, dass ex post weniger detaillierte Information zur Verfügung steht.[61] *Hofmann* (2006) stellt Cash-flow-Rechnungen und Periodenerfolgsrechnungen bei der Steuerung langfristiger Projekte gegenüber. Während bei der Cash-flow-Rechnung der aggregierte Projekterfolg am Ende der zweijährigen Projektlaufzeit ausgewiesen wird, wird in der Periodenerfolgsrechnung auf Basis eines Projektzwischenberichts der Gesamterfolg auf beide Perioden verteilt. Unter der Annahme perfekter Selbstbindung wird das Cash-System von der Periodenerfolgsrechnung (schwach) dominiert, weil der Prinzipal das Ergebnis des Cash-Systems durch die Periodenerfolgsrechnung stets nachbilden kann. Unter Berücksichtigung sequentiell optimaler Verträge bei Nachverhandlungen hingegen kann der Informationswert des Zwischenberichts auch negativ sein.

Der wesentliche Unterschied der oben zitierten Arbeiten zu der vorangegangenen Analyse von Informationssystemen besteht darin, dass bisher unter beiden Systemen die gleiche Information ausgewiesen wurde. Zwar ist aufgrund des früheren Ausweises von x in der Periodenerfolgsrechnung im Nachverhandlungszeitpunkt mehr Information verfügbar als im Cash-System. Dennoch kann kein *information rationing*-Effekt im Sinne der oben zitierten Literatur auftreten (der für eine Verwendung des Cash-Systems spräche), weil auf x in der Periodenerfolgsrechnung ex ante optimal kontrahiert werden kann, wohingegen x im Cash-System sequentiell optimal eingesetzt werden muss. Mit anderen Worten: Die Vorteilhaftigkeit der Periodenerfolgsrechnung ist letztlich damit begründet, dass aus der Menge der insgesamt vorhandenen Performancemaße (für beide Systeme identisch) weniger Maße der Nachverhandlung unterworfen sind.

In der bisherigen Analyse wurde unterstellt, dass die Erfolgsgrößen unter beiden Systemen stets mit der gleichen Präzision gemessen werden. Im Folgenden wird demonstriert, dass die Entscheidung für die Periodenerfolgsrechnung nicht mehr eindeutig ausfällt, wenn man davon ausgeht, dass in der Periodenerfolgsrechnung eine unpräzisere Messung der Erfolgs-

60 Siehe auch *Dawid/Kopel* (2001, 2003), die ein dynamisches Risiko-Anreiz-Problem zwischen Produzent und Zulieferer betrachten und zeigen, dass die in längerfristigen Geschäftsbeziehungen (voice relationships) gegenüber kurzfristigen Beziehungen (exit relationships) generierte zusätzliche Information im Hinblick auf die Agency-Kosten nicht notwendigerweise zu einer Dominanz der voice relationships führt.

61 Bei *Lukas* (2005) kann Aggregation ebenfalls vorteilhaft sein, allerdings nicht aufgrund von Informationsbegrenzung im Neuverhandlungszeitpunkt, sondern um glaubhaft Anreize in die zweite Periode zu verlagern.

größen erfolgt. Diese weniger präzise Messung im Accrual-System mag auf Schätzfehler, aber z.B. auch auf Manipulationsmöglichkeiten des Managers zurückzuführen sein.[62]

Der einzige Unterschied zum ursprünglichen Modell soll deshalb im Weiteren darin bestehen, dass bei der Periodenerfolgsrechnung nicht x, sondern

$$\widetilde{x} = x + \widetilde{\eta}$$

ausgewiesen wird, wobei $\widetilde{\eta}$ eine von allen anderen Zufallsvariablen unabhängige, normalverteilte Störgröße mit Erwartungswert Null und Varianz σ^2 ist (da x einen Erwartungswert von Null hat, ist der Erwartungswert von $\widetilde{x}$ ebenfalls Null und die Varianz von $\widetilde{x}$ beträgt $1 + \sigma^2$). Durch diese Modellierung wird berücksichtigt, dass der tatsächliche Zahlungseingang, x, bei der Periodenabgrenzung möglicherweise über- oder unterschätzt wird, wobei sich die Abweichungen im Durchschnitt ausgleichen. Da auf y_1 in beiden System ex ante optimal kontrahiert werden kann, wird dieses Performancemaß nachfolgend vernachlässigt. Dieses wird formal dadurch erreicht, dass $b_1 = \rho = g = 0$ gesetzt wird, y_1 also weder sensitiv bezüglich e_1 ist noch mit den anderen Erfolgsgrößen korreliert ist, so dass y_1 die Gleichgewichtslösungen nicht beeinflusst (und insbesondere $s_1 = 0$ gilt).

Der Korrelationskoeffizient zwischen x und y_2 ist wie bisher v und die Korrelation zwischen $\widetilde{x}$ und y_2 beträgt aufgrund der obigen Modellierung $\frac{v}{\sqrt{1+\sigma^2}}$.

Im Gegensatz zum Ausgangsmodell wird unter der Annahme perfekter Selbstbindung der Akteure die Periodenerfolgsrechnung vom Cash-System nun schwach dominiert, weil $\widetilde{x}$ eine größere Varianz hat als x und die beiden Systeme ansonsten formal äquivalent sind.

Unter Berücksichtigung von Nachverhandlungen können im Cash-System wie bisher die Performancemaße x und y_2 nur sequentiell optimal eingesetzt werden, während bei der Periodenerfolgsrechnung die Beteiligung an $\widetilde{x}$ zwar ex ante effizient implementiert werden kann, gleichzeitig aber $\widetilde{x}$ weniger präzise gemessen wird als x. Die Gleichgewichtslösung im Cash-System erhält man direkt, indem man die oben spezifizierten Parameter in die Zielfunktion (3.36) unter Berücksichtigung von (3.37) und von $s_1 = 0$ einsetzt

$$\begin{aligned} Z^{CF} &= \frac{1}{2} b_2^2 \frac{\{b_2^2 \left[b_2^2 + V - b_x^2 v \left(2 + v\right)\right] - 2 b_x^2 v V\}}{\left[b_2^2 + V\right]^2} \qquad (3.42) \\ s_2^{CF} &= \frac{b_2^2}{b_2^2 + V}, \qquad s_x^{CF} = -s_2^{CF} v \\ \text{mit } V &= r\left(1 - v^2\right) = rVar\left(y_2 | x\right). \end{aligned}$$

Wenn die Periodenerfolgsrechnung implementiert wird, ergibt sich nach Lemma 3.2 die

62 Siehe *Kwon* (1989), S. 278.

Gleichgewichtslösung über folgendes Optimierungsproblem[63]:

$$\max_{s_{\tilde{x}},s_2} Z = b_x^2\left(s_{\tilde{x}}-\frac{s_{\tilde{x}}^2}{2}\right)+b_2^2\left(s_2-\frac{s_2^2}{2}\right)-\frac{r}{2}Var\left(s_2^2+s_{\tilde{x}}^2\left(1+\sigma^2\right)+2s_2s_{\tilde{x}}v\right) \quad (3.43)$$

$$\text{u.d.N. } s_2 = s_2^{PE} = \frac{b_2^2}{b_2^2+r\left(1-\frac{v^2}{1+\sigma^2}\right)}. \quad (3.44)$$

Aus der Bestimmungsgleichung

$$\frac{\partial Z}{\partial s_{\tilde{x}}} = b_x^2 - rs_2^{PE}v - s_{\tilde{x}}\left(b_x^2+r\left(1+\sigma^2\right)\right) = 0$$

erhält man die optimale Anreizbeteiligung

$$s_{\tilde{x}}^{PE} = \frac{b_x^2 - rs_2^{PE}v}{b_x^2+r\left(1+\sigma^2\right)} \quad (3.45)$$

und der maximale Zielfunktionswert mit Nachverhandlungen bei der Periodenerfolgsrechnung beträgt

$$Z^{PE}=b_x^2(s_{\tilde{x}}^{PE}-\frac{\left(s_{\tilde{x}}^{PE}\right)^2}{2})+b_2^2(s_2^{PE}-\frac{\left(s_2^{PE}\right)^2}{2})-\frac{r}{2}Var\left(\left(s_2^{PE}\right)^2+\left(s_{\tilde{x}}^{PE}\right)^2\left(1+\sigma^2\right)+2s_2^{PE}s_{\tilde{x}}^{PE}v\right),$$

wobei s_2^{PE} und $s_{\tilde{x}}^{PE}$ durch (3.44) und (3.45) gegeben sind.

Bezeichne $\Delta_Z = Z^{PE} - Z^{CF}$ die Überschussdifferenz des Prinzipals. Der trade-off zwischen der aktuelleren Berichterstattung in der Periodenerfolgsrechnung und der präziseren Messung im Cash-System kann dann beispielhaft anhand der folgenden beiden Extremfälle verdeutlicht werden:

Im ersten Fall soll $v = 0$ gelten, so dass die Korrelation zwischen x und y_2 bzw. zwischen $\tilde{x}$ und y_2 null ist. Damit ist es im Cash-System sequentiell optimal $s_x^{CF} = 0$ zu wählen (siehe (3.42)) mit der Folge, dass im Cash-System in der ersten Periode kein Arbeitseinsatz motiviert werden kann. Da für $v = 0$ $s_2^{PE} = s_2^{CF}$ gilt, kann man im Rahmen der Periodenerfolgsrechnung in diesem Fall immer das Gleichgewicht des Cash-Systems nachbilden, indem man $s_x^{PE} = 0$ wählt. Dieses ist aber nach (3.45) nur dann optimal, wenn neben v auch der Grenzbeitrag b_x der Aktion e_1 null ist. Die Überschussdifferenz für $v = 0$

$$\Delta_Z\left(v=0\right) = \frac{1}{2}\frac{b_x^4}{b_x^2+r\left(1+\sigma^2\right)}$$

ist folglich positiv, wenn $b_x > 0$, so dass die Periodenerfolgsrechnung in diesem Fall strikt vorzuziehen ist.

Der andere Extremfall betrifft $b_x = 0$. In diesem Fall gibt es unter beiden Systemen in der ersten Periode kein Risiko-Anreiz-Problem, weil kein Arbeitseinsatz induziert werden

63 Die Formulierung des Programms erfolgt analog zum Ausgangsmodell ((3.36) u.d.N. (3.38)) unter Berücksichtigung von $\tilde{x}$ anstatt von x und mit $s_1 = 0$.

kann bzw. soll, so dass Nachverhandlungen (bezogen auf die full commitment-Lösung des jeweiligen Systems) ex ante effizient sind. In der Ausgangssituation wäre unter beiden Regimen die gleiche Lösung erzielt worden, weil nach Proposition 3.4 $b_x = 0$ in Verbindung mit $g = b_1 = 0$ impliziert, dass x keinen Informationsgehalt über e_1 hat.[64] Weil die beiden Systeme jetzt aber nicht mehr die gleichen Performancemaße verwenden, sind sie für $b_x = 0$ grundsätzlich nicht mehr identisch.Vielmehr werden für $b_x = 0$ formal zwei full commitment-Probleme verglichen, die sich dadurch unterscheiden, dass in der Periodenerfolgsrechnung anstatt x das Maß $\widetilde{x} = x + \widetilde{\eta}$ zur Verfügung steht. Da $\widetilde{x}$ eine größere Varianz hat als x ist das Cash-System für $b_x = 0$ (schwach) vorzuziehen, was man auch an der entsprechenden Überschussdifferenz erkennt:

$$\Delta_Z (b_x = 0) = -\frac{1}{2} \frac{r b_2^4 v^2 \sigma^2}{[b_2^2 + r(1 - v^2)] [(1 + \sigma^2)(b_2^2 + r) - r v^2]}.$$

Gegeben $b_x = 0$, wird das Cash-System streng präferiert, sofern nicht $v = 0$ und /oder $b_2 = 0$ gilt. Der erste Fall impliziert, dass weder x noch $\widetilde{x}$ Bestandteil des Gleichgewichtsvertrages sind ($s_x^{CF} = s_{\widetilde{x}}^{PE} = 0$) und $b_2 = 0$ bewirkt in Verbindung mit $b_x = 0$, dass weder in der ersten noch in der zweiten Periode Arbeitseinsatz induziert werden soll, so dass überhaupt kein Agency-Problem vorliegt und beide Systeme die gleiche Allokation herbeiführen.

Die obige Analyse zeigt, dass das Ergebnis aus Proposition 3.4 nur dann Gültigkeit hat, wenn unter den zu vergleichenden Systemen alle Leistungsmaße mit der gleichen Präzision gemessen werden. Ist die frühere Erfassung weniger präzise, besteht ein trade-off zwischen der aktuelleren Berichterstattung in der Periodenerfolgsrechnung und dem präziseren Ausweis in der Cash-flow-Rechnung. Dieser wird maßgeblich von der Sensitivität (b_x) des Accruals bezüglich der Arbeitsleistung in Periode 1, dem Grad der Messungenauigkeit (σ^2) und der Korrelation (v) zwischen dem Accrual und den anderen Bemessungsgrundlagen beeinflusst.

3.7 Der Wert unproduktiver Aktivitäten bei Nachverhandlungssicherheit

Die unbefriedigende Einsicht, dass die (praktisch nicht auszuschließende) Nachverhandlungsmöglichkeit ex ante zu Wohlfahrtseinbußen führt, sofern nicht die in den vorherigen Abschnitten dargelegten Bedingungen erfüllt sind, legt es nahe, nach Mechanismen zu suchen, die diesen Wohlfahrtsverlust abmildern. In diesem Abschnitt wird untersucht,

64 Das gleiche gilt für $\widetilde{x}$. Gemäß Anmerkung 3.1 ist $\widetilde{x}$ informativ über e_1 (in Anwesenheit von y_1), wenn $E(\widetilde{x}; e_1|y_1)$ von e_1 abhängt. Unter der Annahme $g = b_1 = 0$ gilt $E(\widetilde{x}; e_1|y_1) = b_x e_1$.

ob es unter Berücksichtigung der Nachverhandlungsmöglichkeit des Prinzipals vorteilhaft sein kann, Manipulationsmaßnahmen des Managers zu tolerieren bzw. zu ermutigen.[65]

Demski (1998) modelliert Performancemaß-Manipulation als verzerrten Bericht des Managers über den tatsächlichen Output. *Demski/Frimor* (1999) und *Christensen/Demski/Frimor* (2002) nutzen diese Art der Modellierung, um die Auswirkungen bilanzpolitischer Maßnahmen (*earnings management*) des Managers in einer zweiperiodigen Beziehung mit Nachverhandlungsmöglichkeit des Prinzipals zu untersuchen. Je nachdem zu welchem Zeitpunkt Nachverhandlung stattfindet, kann es dabei für den Prinzipal optimal sein, Berichte zu induzieren, die entweder Informationen zurückhalten oder diese in die nächste Periode transferieren. Indem der Prinzipal dem Manager die Möglichkeit zur Manipulation gibt, verzerrt er die Information im Nachverhandlungszeitpunkt, was aus der ex ante Perspektive vorteilhaft sein kann, weil er damit seine sequentiell optimale Entscheidung beeinflusst. Diese Beiträge sind damit Teil der im vorherigen Abschnitt skizzierten *information rationing* Literatur. Im Gegensatz zu diesem Literaturzweig wird in der folgenden Analyse Manipulation nicht als verzerrter Bericht des Managers, sondern durch unproduktive Aktivitäten abgebildet.

Unproduktive Handlungen, im Folgenden mit $\mathbf{a}$ bezeichnet, werden im Sinne von *Feltham/Xie* (1994) als „window-dressing"-Aktionen modelliert: Die $\mathbf{a}$–Aktionen haben keinen Einfluss auf das Bruttoergebnis π des Prinzipals, der Agent kann aber durch diese seine Performancemaße erhöhen. Man mag beispielsweise die unproduktiven Handlungen als bilanzpolitische Maßnahmen des Agenten interpretieren, die kurzfristig seine Beurteilungsgrößen erhöhen, im Hinblick auf den langfristigen Unternehmenserfolg aber vollkommen wertlos sind.[66]

Window-dressing kann aus Unternehmenssicht wertvoll sein, um die Kosten einer wahrheitsgemäßen Ertragsprognose (earnings forecast) zu reduzieren (*Dutta/Gigler* (2002)), oder um langfristig die Opportunitätskosten des produktiven Arbeitseinsatzes zu senken (*Demski/Frimor/Sappington* (2004)). *Holmström/Milgrom* (1991) zeigen zudem, dass der Prinzipal dem Agenten sog. *outside activities* während der Arbeitszeit gestatten sollte (beispielsweise das „Surfen" im Internet oder die Erledigung privater Telefongespräche während der Arbeitszeit), wenn die dadurch bewirkte verminderte Konzentration auf die produktiven Aktivitäten durch das eingesparte Arbeitsleid des Agenten aufgewogen wird. Während die obigen Ergebnisse sämtlich unter der Annahme perfekter Selbstbindung hergeleitet worden sind, ist im vorliegenden Beitrag der Einfluss der unproduktiven Maßnahmen auf die sequentiell optimalen Entscheidungen des Prinzipals von Bedeutung: Un-

65 Wie *Ittner/Larcker* (2003) verdeutlichen, sind Manipulationsaktivitäten von Managern insbesondere bei nicht-finanziellen Performancemaßen von Bedeutung.

66 Für eine ausführliche informationsökonomische Analyse von Bilanzpolitik siehe *Wagenhofer/Ewert* (2003), insbesondere Kapitel 6. Eine umfassendere Interpretation von window-dressing als bilanzpolitische Handlungen nimmt *Hofmann* (2004) vor.

produktive Aktionen können wertvoll sein, weil sie aus Sicht des Prinzipals implizit eine Selbstbindungsfunktion übernehmen.

Für die Analyse dieses Abschnitts wird das LEN-Grundmodell aus Abschnitt 3.5.1 wie folgt spezifiziert: Der Agent kann in jeder Periode jeweils eine produktive Aktion (e_t) sowie eine unproduktive Aktion (a_t) durchführen und für die Entlohnung in Periode t steht genau ein Performancemaß y_t zur Verfügung. Konkret gelte

$$y_t = be_t + d_t a_t + \eta_t, \quad b,\, d_t > 0,\ t = 1, 2$$

mit d_t als Grenzbeitrag der unproduktiven Aktion a_t. Die Störterme (η_1, η_2) sind bivariat standardisiert normalverteilt mit Kovarianzmatrix

$$\sum = \begin{pmatrix} 1 & \rho \\ \rho & 1 \end{pmatrix}.$$

Analog zu den produktiven Aktivitäten $\mathbf{e}$ entstehen dem Agenten auch durch unproduktiven Arbeitseinsatz persönliche Kosten

$$C(\mathbf{a}) = \frac{a_1^2 + a_2^2}{2}.$$

Der erwartete Bruttoüberschuss des Prinzipals ist gegeben durch

$$E[\pi] = b(e_1 + e_2).$$

Um zu untersuchen, ob der Prinzipal möglicherweise von den Manipulationsmaßnahmen des Managers profitieren kann, vergleichen wir die oben beschriebene Situation mit Manipulationsmöglichkeit mit dem Fall, dass der Agent keine unproduktiven Aktivitäten erbringen bzw. der Prinzipal diese unterbinden kann. Letzteres wird formal dadurch abgebildet, dass die Grenzbeiträge der unproduktiven Aktionen null gesetzt werden $(d_1 = d_2 = 0)$.

Betrachtet man zunächst den Fall perfekter Selbstbindungskraft, ist festzustellen, dass die Manipulationsaktivitäten des Agenten aus Sicht des Prinzipals stets nachteilig sind. Dieses ist darauf zurückzuführen, dass - da das Arbeitsleid des Agenten streng konvex in $\mathbf{e}$ und $\mathbf{a}$ ist - für optimale Beteiligungsraten $\mathbf{s}^C \neq \mathbf{0}$ die unproduktiven Aktivitäten stets „mitinduziert" werden, weil die Anreizparameter nicht nach $\mathbf{a}-$ und $\mathbf{e}-$Aktivitäten unterscheiden können. Obwohl diese Aktionen für den Prinzipal keinen Wert haben, muss dem Agenten sein Arbeitsleid $C(\mathbf{a})$ vergütet werden, was nicht optimal sein kann. Die optimalen Anreizraten bei perfekter Selbstbindung ohne Manipulationsmöglichkeit erhält man gemäß (3.25) über die Optimierung von

$$\max_{s_1, s_2} Z^0 = b^2 \left(s_1 + s_2 - \frac{s_1^2 + s_2^2}{2} \right) - \frac{r}{2} \left[s_1^2 + s_2^2 + 2 s_1 s_2 \rho \right] \tag{3.46}$$

als

$$s_1^C = s_2^C = \frac{b^2}{b^2 + r(1+\rho)}. \tag{3.47}$$

Im Folgenden wird der Einfluss der Manipulationsmaßnahmen des Agenten auf die Gleichgewichtslösung des Spiels mit Nachverhandlungsmöglichkeit untersucht. Wenn der Agent die Möglichkeit zur Manipulation hat, wählt er seine Aktionen für gegebene Entlohnungsparameter wie folgt:

$$\mathbf{e} = \begin{pmatrix} s_1 b \\ s_2 b \end{pmatrix}, \mathbf{a} = \begin{pmatrix} s_1 d_1 \\ s_2 d_2 \end{pmatrix}.$$

Die Gleichgewichtslösung bei Nachverhandlung und Manipulationsmöglichkeit des Agenten ist dann gemäß Lemma 3.2 charakterisiert durch[67]

$$\max_{s_1,s_2} Z^M = b^2(s_1+s_2) - \frac{s_1^2\left[d_1^2+b^2\right]}{2} - \frac{s_2^2\left(d_2^2+b^2\right)}{2} - \frac{r}{2}\left[s_1^2+s_2^2+2s_1s_2\rho\right] \tag{3.48}$$

$$\text{u.d.N. } s_2^M = \frac{b^2}{b^2+d_2^2+r\left(1-\rho^2\right)}.$$

Für die nachfolgende Analyse ist es vorteilhaft, das beschränkte Optimierungsproblem (3.48) explizit über den Lagrangeansatz zu lösen

$$\max_{s_1,s_2,\lambda} L = Z^M - \lambda\left[s_2 - s_2^M\right]. \tag{3.49}$$

Die Auswertung der Optimalitätsbedingungen liefert

$$\begin{aligned} s_2^M &= \frac{b^2}{b^2+d_2^2+r\left(1-\rho^2\right)}, \quad s_1^M = \frac{b^2 - s_2^M r\rho}{b^2+r+d_1^2} \\ \lambda^M &= b^2 - s_2^M\left(d_2^2+b^2+r\right) - s_1^M r\rho. \end{aligned} \tag{3.50}$$

Die optimale Lösung für den Fall, dass der Agent keine Möglichkeit zur Manipulation hat, nachfolgend mit $\left(s_1^0, s_2^0, \lambda^0\right)$ gekennzeichnet, erhält man, indem man Optimierungsproblem (3.48) bzw. dessen Lösung (3.50) für $d_1 = d_2 = 0$ betrachtet:

$$\begin{aligned} s_2^0 &= \frac{b^2}{b^2+r\left(1-\rho^2\right)}, \quad s_1^0 = \frac{b^2 - s_2^0 r\rho}{b^2+r} \\ \lambda^0 &= b^2 - s_2^0\left(b^2+r\right) - s_1^0 r\rho = -\frac{b^2 r\rho(\rho+1)\left(b^2+r(1-\rho)\right)}{\left[b^2+r\left(1-\rho^2\right)\right]\left[b^2+r\right]}. \end{aligned} \tag{3.51}$$

Lemma 3.3 $s_2^M < s_2^0$, $\lambda^0 \gtreqless 0$ *in Abhängigkeit der Parameterwerte* (d_1, d_2, b, r, ρ) *und* $\lambda^M = \lambda^0 = 0$ *für* $\rho = 0$.

67 Obwohl in Lemma 3.2 nicht zwischen produktiven und unproduktiven Aktionen unterschieden wird, ist es doch direkt anwendbar, wenn man die unproduktiven Handlungen a_1, a_2 formal als **e**-Aktivitäten betrachtet, deren Grenzbeitragsvektor im Bruttoergebnis null ist.

Lemma 3.3 ergibt sich unmittelbar aus (3.50) und (3.51). Aus Lemma 3.3 folgt, dass die sequentiell optimale Beteiligungsrate für Periode 2 in der Situation mit Manipulationsmöglichkeit stets geringer ist als ohne diese. Dieses ist darauf zurückzuführen, dass das mit dem unproduktiven Arbeitseinsatz verbundene Arbeitsleid mitvergütet werden muss und der Prinzipal deswegen mit einer Absenkung der Beteiligung reagiert. Zudem hängt das Vorzeichen des Lagrangemultiplikators in der Ausgangssituation ohne Manipulation von den Werten der Modellparameter ab. Da die Zielfunktion Z^0 in der Ausgangssituation ohne Manipulation (3.46) strikt konkav ist und ein eindeutiges unbeschränktes Maximum $\left(s_1^C, s_2^C\right)$ hat, lassen sich aus Lemma 3.3 folgende Interpretationen ableiten:

Angenommen, dass in der Ausgangssituation ohne Manipulation eine Parameterkonstellation vorherrscht, so dass $\lambda^0 > 0$. Dann wird durch die Nachverhandlungsmöglichkeit im Vergleich zur ex ante effizienten Lösung die optimale Beteiligungsrate s_2 nach oben beschränkt $\left(s_2^0 < s_2^C\right)$, d.h. der Prinzipal induziert zu wenig des produktiven Einsatzes e_2. Kann der Agent nun durch unproduktive Aktivitäten seine Performancemaße weiter erhöhen, wird im Gleichgewicht noch weniger produktiver Einsatz in Periode 2 induziert, was isoliert betrachtet eine Verschärfung der renegotiation-proof-Bedingung zur Folge hat. Da zudem im Optimum noch der unproduktive Disnutzen beider Perioden zu vergüten ist, ist für $\lambda^0 > 0$ das Implementieren der unproduktiven Aktivitäten stets ineffizient.

Für $\lambda^0 = 0$ bindet die renegotiation-proof-Bedingung nicht, so dass in der Ausgangssituation ohne Manipulation das full commitment-Optimum erreicht wird und unproduktiver Einsatz strikt nachteilig ist. $\rho = 0$ ist gemäß Proposition 3.2 die modellspezifische Bedingung dafür, dass y_2 keinen Informationsgehalt über (e_1, a_1) aufweist.

Liegt hingegen eine Parameterkonstellation $\lambda^0 < 0$ vor, dann führt die Nachverhandlungsoption deshalb zu Wohlfahrtseinbußen, weil sie, verglichen mit perfekter Selbstbindungskraft, die optimale Beteiligungsrate für die zweite Periode nach unten begrenzt $\left(s_2^0 > s_2^C\right)$, d.h. der Prinzipal induziert aufgrund des renegotiation-proof-Prinzips zu viel Einsatz von e_2. Aus Lemma 3.3 lässt sich nun folgern, dass es eine Menge von Parameterkonstellationen gibt, für die die renegotiation-proof-Restriktion durch die unproduktiven Aktivitäten entlastet wird, da $s_2^M < s_2^0$. Diese Entschärfung der Restriktion ist zwar nicht kostenlos zu erreichen, sondern durch Inkaufnahme der durch die Implementierung der unproduktiven Aktivitäten zusätzlich verursachten Kosten, es zeigt sich aber:

Proposition 3.5 *Es gibt eine Menge von Parameterkonstellationen* (r, ρ, d_1, d_2, b), *bei denen der Prinzipal im Spiel mit Nachverhandlungsmöglichkeit von den unproduktiven Aktivitäten profitiert. Notwendige Bedingungen für die Optimalität der Manipulation sind a)* $\rho > 0$, *b)* $d_2 \in \left(0, \overline{d}_2\right)$ *für* $b^2 + r(1-\rho) - 2r\rho^2 > 0$, *wobei* $\frac{\partial \overline{d}_2}{\partial b} < 0$ *und c)* $r > 0$.

Beweis: Siehe Anhang.

Unter Berücksichtigung von Nachverhandlungen können unproduktive Aktivitäten des Agenten, die für den Prinzipal (in Bezug auf das Bruttoergebnis der Agentur) völlig wertlos sind, durch die der Agent aber die Bemessungsgrundlage seiner Entlohnung beeinflussen kann, wertvoll sein. Ausschlaggebend für den positiven Effekt ist allein der Einfluss der unproduktiven Aktivität a_2 auf die sequentiell optimale Entlohnungsfunktion der zweiten Periode. Diesem stehen aber die „unproduktiven Disnutzen" beider Perioden gegenüber. Da die unproduktive Aktion der ersten Periode keinen Einfluss auf die sequentiell optimale Beteiligung in Periode 2 hat, sind mit dieser ausschließlich Kosten verbunden. Diese Kosten werden innerhalb der Zielfunktion (3.48) durch den Term $s_1^2 d_1^2/2$ erfasst und steigen mit zunehmendem d_1. Folglich gilt, je geringer d_1 ist, desto höher ist der Überschuss im Fall mit Manipulationsmöglichkeit, so dass es für den Prinzipal stets optimal wäre, die Manipulation in Periode 1 zu verhindern.

Notwendige Voraussetzung für die Optimalität der Manipulation ist, dass der Prinzipal aufgrund der Beschränkung auf sequentiell optimale Verträge die Beteiligung s_2^0 zu hoch setzt und damit zu viel des produktiven Einsatzes e_2 induziert. Dieses ist nur dann der Fall, wenn die intertemporale Korrelation, ρ, positiv ist (Teil a) von Proposition 3.5), was leicht ersichtlich wird, wenn man die Beteiligungsraten s_2^C und s_2^0 gemäß (3.47) und (3.51) vergleicht: Für $\rho > (<)\, 0$ gilt $s_2^0 > (<)\, s_2^C$. Dieses ist darauf zurückzuführen, dass a priori die Varianz der Entlohnung mit zunehmender Korrelation steigt, während die a posteriori Varianz $(s_2^2 (1-\rho^2))$ mit der quadrierten Korrelation sinkt. Damit ist es ex ante optimal, für hohe positive Korrelationen niedrige Anreize zu setzen; ex post Optimalität hingegen erfordert, für hohe positive und negative Korrelationen starke Anreize zu setzen.[68] Indem der Prinzipal dem Agenten für $\rho > 0$ gestattet, die Bemessungsgrundlage der zweiten Periode durch unproduktiven Einsatz zu erhöhen, verpflichtet er sich implizit auf eine niedrigere Gleichgewichtsbeteiligung s_2^M für die zweite Periode.

Bei der Absenkung der Beteiligungsrate der zweiten Periode durch Implementierung der Manipulationsaktivitäten muss aber beachtet werden, dass eine zu starke Absenkung der Anreizbeteiligung in Periode 2 möglicherweise nicht mehr zu dem gewünschten Effekt führt. Dieses wird durch Bedingung b) von Proposition 3.5 erfasst, bei deren Herleitung isoliert der Einfluss der Aktion a_2 auf die sequentiell rationale Entscheidung des Prinzipals analysiert wurde. Je größer der Grenzbeitrag der Manipulation, d_2, in Periode 2, desto geringer ist die Anreizbeteiligung s_2^M, wobei für $d_2 \to \infty$ die Beteiligung s_2^M gegen null geht. Die Funktion $Z_0(s_1, s_2)$ (3.46) ist streng konkav und hat ein eindeutiges Maximum (s_1^C, s_2^C). Folglich wird die renegotiation-proof-Restriktion durch Manipulation stets gelockert, sofern $s_2^C \leq s_2^M < s_2^0$ gilt. Im Anhang wird gezeigt, dass die Funktion $Z^0(s_1^*(s_2), s_2)$, d.h. der Zielfunktionswert ohne Manipulation bei optimaler Wahl von s_1 in Abhängigkeit von s_2, symmetrisch zum Optimum s_2^C ist. Wenn d_2 Werte annimmt, so dass $s_2^M < s_2^C < s_2^0$

68 Vgl. auch *Christensen/ Feltham/Şabac* (2005).

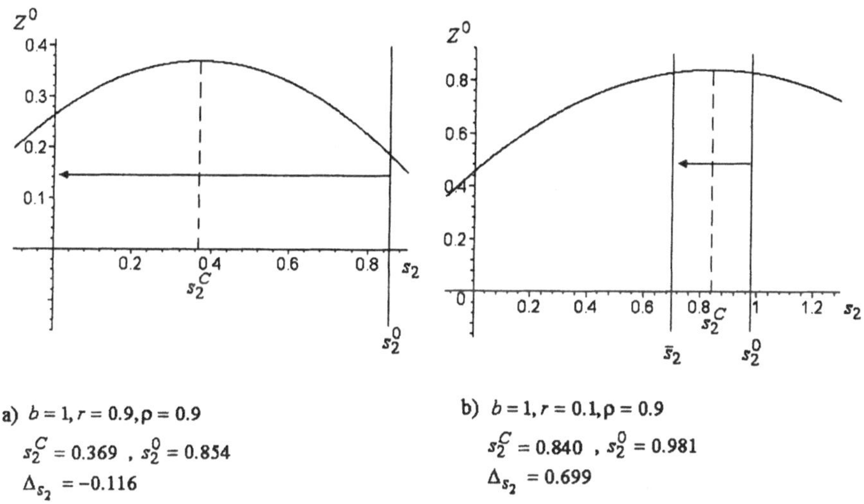

Abbildung 3.5: Isolierte Wirkung der Aktion a_2 auf die sequentiell optimale Beteiligung

gilt, führt die Aktion a_2 folglich nur dann zu einer wünschenswerten Anreizminderung, sofern $s_2^M > s_2^C - (s_2^0 - s_2^C) \equiv \Delta_{s_2}$, andernfalls werden die Anreize, gemessen an der Ausgangssituation, zu schwach. Für $b^2 + r(1-\rho) - 2r\rho^2 = (<)\ 0$ ist $\Delta_{s_2} = (<)\ 0$, so dass in diesem Fall die unproduktive Aktion in Periode 2 für alle Grenzbeiträge $d_2 \in (0, \infty)$ zu einer wünschenswerten Verschiebung der renegotiation-proof-Bedingung führt, da $s_2^M > 0$. Gilt hingegen $\Delta_{s_2} > 0$, gibt es eine Obergrenze $\overline{d_2}$ für d_2, ab deren Überschreitung das Absenken der Anreizbeteiligung so stark wird, dass die Manipulationsmaßnahme a_2 sogar zu einer Verschärfung der renegotiation-proof-Bedingung führt und somit niemals optimal sein kann. Der Schwellwert $\overline{d_2}$ sinkt dabei mit zunehmendem b, da für $\Delta_{s_2} > 0$ die Abweichung der sequentiell optimalen Beteiligung vom ex ante Optimum $(s_2^0 - s_2^C)$ in der Ausgangssituation mit steigendem b immer geringer wird. Diese Überlegungen können beispielhaft anhand von Abbildung 3.5 verdeutlicht werden: Während in Fall a) die Manipulationsmöglichkeit in Periode 2 für alle d_2 zu einer vorteilhaften Linksverschiebung der Anreizbeteiligung führt, wird in Fall b) die Anreizbeteiligung für $s_2^M < \overline{s}_2 = 0.699$ (oder äquivalent für $d_2 > \overline{d}_2 = 0.641$) „zu schwach".

Da, wie in Proposition 3.3 gezeigt, bei risikoneutralem Agenten nur dann Wohlfahrtseinbußen aufgrund von Nachverhandlungen entstehen können, wenn die Aktionen der ersten Periode Nachwirkungen auf die zweite Periode haben, $(\boldsymbol{\beta} \neq \mathbf{0})$, für das in diesem Abschnitt betrachtete Modell aber $\boldsymbol{\beta} = \mathbf{0}$ gilt, kann der Prinzipal nur von den Manipulationsmöglichkeiten profitieren, sofern der Agent risikoavers[69] ist (Teil c) von Proposition 3.5).

Im Ergebnis zeigt sich, dass das Gestatten der Manipulationsmöglichkeiten commitment-Potential hat. Die Idee ist, dass sich der Prinzipal durch die Implementierung der unproduktiven Aktivitäten implizit verpflichtet, ex post nicht zu hohe Anreize zu setzen, was ex ante vorteilhaft sein kann, weil damit die Verzerrungen im Vergleich zum full commitment-Optimum abgemildert werden. Anders als in den Arbeiten von *Demski/Frimor* (1999) und *Christensen/Demski/Frimor* (2002) wird dieser commitment-Effekt aber nicht durch *information rationing* herbeigeführt, sondern durch den mit den unproduktiven Aktivitäten verbundenen Disnutzen: Wenn der Prinzipal in der Ausgangssituation ohne Manipulation eine sehr hohe (sequentiell optimale) Erfolgsbeteiligung für die zweite Periode festsetzt, diese starken Anreize aber ex ante ineffizient sind, dann bewirkt die Erlaubnis zur Manipulation, dass der Agent diese hohe Erfolgsbeteiligung für sich ausnutzt, indem er durch Manipulationseinsatz seine Performancemaße erhöht. Manipulationseinsatz ist aus Sicht des Prinzipals aber teuer, so dass dieser wiederum mit einer Absenkung der Erfolgsbeteiligung reagiert und folglich das Induzieren der Manipulationsaktionen zu einer glaubhaften Verpflichtung des Prinzipals auf eine niedrigere Erfolgsentlohnung für die zweite Periode führt. Das Kernresultat, dass window-dressing bei beschränkter Bindungsfähigkeit des Prinzipals vorteilhaft sein kann, wird auch von *Hofmann* (2004) bestätigt, der in einem dreiperiodigen Modell unproduktive Handlungen explizit als bilanzpolitischen Spielraum modelliert und dabei berücksichtigt, dass zeitliche Gewinnverlagerungen sich über die Totalperiode wieder ausgleichen müssen.[70]

Der Wert von unproduktiven Aktivitäten bei Nachverhandlungsmöglichkeit soll abschließend anhand eines Beispiels verdeutlicht werden. Die Parameterdaten des Beispiels sowie die resultierenden optimalen Lösungen sind in Abbildung 3.6 dargestellt.[71]

Im Beispiel ist Manipulation des Agenten wohlfahrtssteigernd. In Abbildung 3.7 sind die Zielfunktionen des Prinzipals für den Fall mit $(Z^M(s_2))$ bzw. ohne Manipulation $(Z^0(s_2))$ für die Parameter des Beispiels in Abhängigkeit der Beteiligungsrate s_2 abgetragen worden.[72] Wegen $\lambda^0 < 0$ führt die Nebenbedingung $s_2 = s_2^0$ in der Ausgangssituation dazu, dass zu viel Einsatz von e_2 induziert wird. Da $Z^0\left(s_2^M\right) > Z^0\left(s_2^0\right)$, geht die Manipulationsanstrengung a_2 mit einer Lockerung der Nebenbedingung einher, führt aber gleichzeitig zu zusätzlichen Kosten aufgrund des unproduktiven Disnutzens in beiden Perioden, so

69 Das LEN-Modell mit exponentieller Nutzenfunktion des Agenten ist nur für $r > 0$ definiert. Die Lösung für den Fall, dass der Agent risikoneutral ist, erhält man aber, indem man in die Gleichgewichtslösung des LEN-Modells $r = 0$ einsetzt.

70 In einem aktuellen Arbeitspapier modellieren auch *Christensen/Frimor/Şabac* (2004) Bilanzpolitik des Agenten als window-dressing-Aktion. Durch die Variation der Genauigkeit des Prüfungswesens kann der Prinzipal die Kosten der bilanzpolitischen Maßnahmen für den Agenten steuern.

71 Alle Werte gerundet.

72 Bei jeweils optimaler Wahl von s_1.

Parameter: $r = 0.9$, $\rho = 0.9$, $d_1 = 0.6$, $d_2 = 1, b = 1$

	Perfekte Selbstbindungskraft		**Nachverhandlungsmöglichkeit**	
	Mit Manipulation	Ohne Manipulation	Mit Manipulation	Ohne Manipulation
Optimaler Bonuskoeffizient in Periode 2 (s_2)	$s_2^{CM} = 0.246$	$s_2^{C0} = 0.369$	$s_2^{M} = 0.461$	$s_2^{0} = 0.854$
Induzierte Aktionen in Periode 2	$e_2^{CM} = 0.246$ $a_2^{CM} = 0.246$	$e_2^{C0} = 0.369$ $a_2^{C0} = 0$	$e_2^{M} = 0.461$ $a_2^{M} = 0.461$	$e_2^{0} = 0.854$ $a_2^{0} = 0$
Lagrangemultiplikator (λ)	-	-	$\lambda^M = -0.560$	$\lambda^0 = -0.754$
Überschuss des Prinzipals (Z)	$Z(s_2^{CM}) = 0.300$	$Z(s_2^{C0}) = 0.369$	$Z(s_2^{M}) = 0.240$	$Z(s_2^{0}) = 0.186$

Abbildung 3.6: Daten und Lösungen des Beispiels

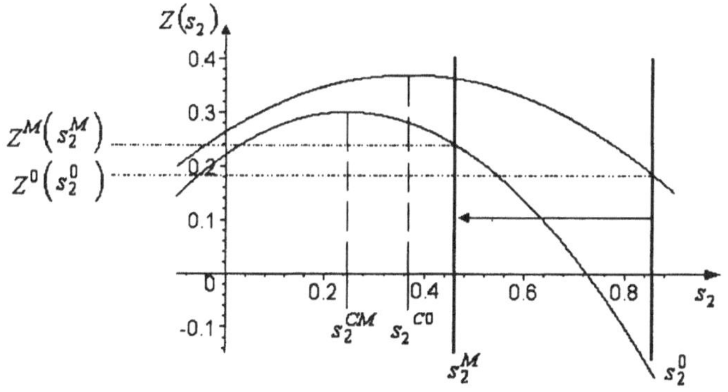

Abbildung 3.7: Vorteilhaftigkeit der Manipulation im Beispiel

dass der Prinzipal auf die "flachere" Zielfunktion gelangt. Insgesamt überwiegen aber die Vorteile aus dem "Entschärfungseffekt" die mit dem Implementieren der unproduktiven Aktivitäten verbundenen Einbußen.

3.8 Nachverhandlungen versus kurzfristige Verträge

In mehreren Beiträgen der Literatur wird mangelnde Selbstbindungskraft in langfristigen Anreizbeziehungen nicht wie bisher durch einen langfristigen Vertrag mit Nachverhandlungsmöglichkeit des Prinzipals berücksichtigt, sondern dadurch, dass die Akteure nur kurzfristige Verträge abschließen können.[73] In diesem Abschnitt sollen Unterschiede und Gemeinsamkeiten dieser Ansätze auf Basis von *Christensen/Feltham/Şabac* (2003) analysiert werden, die in ihrer Arbeit insbesondere den Beitrag von *Indjejikian/Nanda* (1999) kritisch kommentieren.

Indjejikian/Nanda (1999) legen ihrer Untersuchung ein zweiperiodiges LEN-Modell zugrunde, wobei der wesentliche Unterschied zu der bisher betrachteten Modellierung darin besteht, dass eine Sequenz zweier kurzfristiger, einperiodiger Verträge anstatt der Nachverhandlung eines langfristigen Ausgangsvertrages betrachtet wird. Im Zeitpunkt $t = 0$ bietet der Prinzipal einen Vertrag für die erste Periode an

$$S_1 = F_1 + s_1 y_1.$$

Wenn der Agent diesen Vertrag akzeptiert, leistet er anschließend seinen Arbeitseinsatz e_1 in Periode 1. Am Ende von Periode 1 wird y_1 gemeinsam beobachtet und der Prinzipal bietet dem Agenten einen Entlohnungsvertrag

$$S_2 = F_2 + s_2 y_2$$

für die zweite Periode an. Wenn der Agent diesen Vertrag akzeptiert, wählt er anschließend den Arbeitseinsatz für die zweite Periode, e_2, und am Ende von Periode 2 wird y_2 beobachtet und der Agent abschließend entlohnt.

Entgegen der bisher getroffenen Annahme, kann sich der Agent nicht mehr binden, über beide Perioden für den Prinzipal zu arbeiten, sondern er hat die Möglichkeit, nach der ersten Periode eine alternative Beschäftigungsmöglichkeit anzunehmen. Sein Reservationslohn für jede Periode sei null. Für die Performancemaße gelte

$$y_t = e_t + \eta_t,$$

73 Vgl. *Fudenberg/Holmström/Tirole* (1990), *Gibbons/Murphy* (1992), *Meyer* (1995), *Meyer/Olsen/Torsvik* (1996), *Meyer/Vickers* (1997), *Wagenhofer/Riegler* (1998) und *Indjejikian/Nanda* (1999).

wobei (η_1, η_2) standardnormalverteilte Zufallsvariable mit Korrelationskoeffizient ρ sind. Das erwartete Bruttoergebnis des Prinzipals sei $E(\pi) = e_1 + e_2$.

Beginnt man mit der Analyse des Problems zum Zeitpunkt des Vertragsabschlusses für die zweite Periode, dann ist zu berücksichtigen, dass der Agent den Vertrag S_2 nur annimmt, wenn

$$CE_1 = E(s_2 y_2 + F_2 | e_1, y_1) - \frac{e_2^2}{2} - \frac{r}{2} Var(F_2 + s_2 y_2 | y_1) \geq 0 \tag{3.52}$$

$$\Rightarrow \quad s_2 e_2 + F_2 + s_2 \rho (y_1 - e_1) - \frac{e_2^2}{2} - \frac{r}{2} s_2^2 (1 - \rho^2) \geq 0.$$

Optimiert man die linke Seite der obigen Ungleichung über e_2, erhält man als Anreizbedingung für die zweite Periode $e_2 = s_2$. Setzt man diese wiederum in die Partizipationsbedingung (3.52) für Periode 2 ein, ergibt sich

$$\frac{s_2^2}{2} + F_2 + s_2 \rho (y_1 - e_1) - \frac{r}{2} s_2^2 (1 - \rho^2) \geq 0. \tag{3.53}$$

Im Optimum wird der Prinzipal die Fixzahlung F_2 so wählen, dass die Teilnahmebedingung (3.53) bindet

$$F_2 = \frac{-s_2^2}{2} - s_2 \rho (y_1 - \widehat{e}_1) + \frac{r}{2} s_2^2 (1 - \rho^2), \tag{3.54}$$

wobei $\widehat{e}_1$ die Vermutung des Prinzipals über den Einsatz der ersten Periode ist. Wenn der Agent antizipiert, dass der Prinzipal in $t = 1$ einen Vertrag (F_2, s_2) mit F_2 gemäß (3.54) anbietet, und er plant, diesen Vertrag anzunehmen, ist sein ex ante Sicherheitsäquivalent gegeben durch[74]

$$\begin{aligned} CE_0^{1+2}(e_1) &= E(s_1 y_1 + F_1 + s_2 y_2 + F_2) - \frac{e_1^2}{2} - \frac{s_2^2}{2} - \frac{r}{2} Var(s_1 y_1 + F_2(y_1) + s_2 y_2) \quad (3.55) \\ &= s_1 e_1 + F_1 - s_2 \rho (e_1 - \widehat{e}_1) + \frac{r}{2} s_2^2 (1 - \rho^2) - \frac{e_1^2}{2} - \\ &\quad \frac{r}{2} \underbrace{\left((s_1 - s_2 \rho)^2 + s_2^2 + 2 (s_1 - s_2 \rho) s_2 \rho \right)}_{= Var[(s_1 - s_2 \rho) y_1 + s_2 y_2]} \\ &= s_1 e_1 + F_1 - s_2 \rho (e_1 - \widehat{e}_1) - \frac{e_1^2}{2} - \frac{r}{2} s_1^2. \end{aligned}$$

Aus der Optimalitätsbedingung $dCE_0^{1+2}/de_1 = 0$ ergibt sich als optimaler Einsatz $e_1^{1+2} = s_1 - s_2 \rho$. Wenn der Prinzipal seine Vermutung auf diese Anreizbedingung stützt, $\widehat{e}_1 = e_1^{1+2}$, dann wählt er die Fixzahlung F_1 im Optimum so, dass $CE^{1+2}(e_1^{1+2}) = 0$ gilt:[75]

$$F_1^{1+2} = -s_1 e_1^{1+2} + \frac{\left(e_1^{1+2}\right)^2}{2} + \frac{r}{2} s_1^2. \tag{3.56}$$

74 Der hochgestellte Index $^{1+2}$ kennzeichnet im Weiteren den Fall, dass der Agent beide Perioden für den Prinzipal arbeitet, während ^{1} bedeutet, dass der Agent nur in der ersten Periode teilnimmt.

75 Da durch die Fixzahlung F_2, wie in (3.54) definiert, sichergestellt ist, dass die Teilnahmebedingung für die zweite Periode (gegeben die richtige Vermutung) bindet, ist die Teilnahmebedingung für die erste Periode stets erfüllt, wenn $CE_0^{1+2} = 0$ gilt.

Wählt der Agent nun den vom Prinzipal vermuteten Einsatz e_1^{1+2} in der ersten Periode, ist es für ihn individuell rational, den Vertrag S_2 zu akzeptieren (da F_2 gemäß (3.54) für $\widehat{e}_1 = e_1^{1+2}$ dem Agenten exakt seinen Reservationslohn für die zweite Periode garantiert), so dass er in jeder Periode seinen Reservationslohn von null erhält und somit einen Gesamtpayoff von null erzielt.

Im Gleichgewicht darf es sich für den Agenten nicht lohnen, von der Vermutung e_1^{1+2} des Prinzipals abzuweichen. Angenommen, der Prinzipal vermutet $\widehat{e}_1 = e_1^{1+2}$ und bietet dem Agenten einen Vertrag $S_1 = s_1 y_1 + F_1^{1+2}$ an. Wenn der Agent jetzt von der Vermutung des Prinzipals abweicht und plant, nach der ersten Periode eine andere Beschäftigung anzunehmen, in der er einen Reservationslohn von null erhält, dann ist sein ex ante Sicherheitsäquivalent, bezogen auf den zweiperiodigen Zeitraum, gegeben durch

$$\begin{aligned} CE_0^1\left(e_1, \widehat{e}_1 = e_1^{1+2}\right) &= E\left(s_1 y_1 + F_1^{1+2}\right) - \frac{e_1^2}{2} - \frac{r}{2} Var\left(s_1 y_1 + F_1^{1+2}\right) \qquad (3.57) \\ &= s_1 e_1 - s_1 e_1^{1+2} + \frac{\left(e_1^{1+2}\right)^2}{2} - \frac{e_1^2}{2}. \end{aligned}$$

Aus der Optimalitätsbedingung $dCE_0^1/de_1 = 0$ erhält man den optimalen Einsatz für den Fall, dass der Agent plant, nach der ersten Periode zu gehen, als $e_1^1 = s_1$. Setzt man $e_1 = s_1$ in (3.57) ein, ergibt sich unter Berücksichtigung von $e_1^{1+2} = s_1 - s_2\rho$ folgender payoff

$$CE_0^1\left(e_1^1, \widehat{e}_1 = e_1^{1+2}\right) = \frac{1}{2} s_2^2 \rho^2 \geq 0.$$

Proposition 3.6 *(Christensen/Feltham/Şabac (2003), Prop.1) Wenn der Prinzipal nur einperiodige, lineare Verträge anbieten kann und der Agent sich nicht verpflichten kann, über beide Perioden im Betrieb zu bleiben, gibt es kein Gleichgewicht in reinen Strategien, in dem der Agent in beiden Perioden teilnimmt und seinen Reservationsnutzen in jeder Periode erhält, außer $\rho = 0$.*

Proposition 3.6 folgt der obigen Analyse entsprechend aus der Tatsache, dass die Vermutung $\widehat{e}_1 = e_1^{1+2}$ für $\rho \neq 0$ nicht konsistent mit den Anreizen des Agenten ist. Wenn der Prinzipal vermutet, dass der Agent über beide Perioden bleibt und e_1^{1+2} wählt, ist es für den Agenten optimal, von dieser Vermutung abzuweichen, den Vertrag für die zweite Periode abzulehnen[76] und in der ersten Periode einen Einsatz von $e_1^1 = s_1$ zu leisten, da $CE_0^1\left(e_1^1, \widehat{e}_1 = e_1^{1+2}\right) = \frac{1}{2} s_2^2 \rho^2 > 0 = CE_0^{1+2}\left(e_1^{1+2}, \widehat{e}_1 = e_1^{1+2}\right)$ für $\rho \neq 0$.[77] Da Konsistenz der beliefs im Gleichgewicht verlangt, dass die Vermutung des Prinzipals mit der tatsächli-

76 Wie man leicht nachweisen kann, ist dies auch tatsächlich ex post optimal.

77 Die Analyse geht stets davon aus, dass in der zweiten Periode ein Risiko-Anreiz-trade-off besteht, d.h. dass es optimal ist, $e_2 \neq 0$ und damit $s_2 \neq 0$ zu induzieren.

chen Aktion e_1 übereinstimmt, gibt es für $\rho \neq 0$ kein Gleichgewicht in reinen Strategien[78], in dem der Agent über beide Perioden bleibt.

Die konkrete Bedingung von *Christensen/Feltham/Şabac* (2003), $\rho \neq 0$, ist ein Spezialfall der in Proposition 3.2 charakterisierten Informationsgehalt-Bedingung. Danach ist y_2 informativ über den Einsatz der ersten Periode (in Anwesenheit von y_1), wenn $E(y_2; e_1, e_2 | y_1) = e_2 + \rho(y_1 - e_1)$ von e_1 abhängt, was genau dann der Fall ist, wenn $\rho \neq 0$ gilt. Wenn das Performancemaß y_2 informativ über e_1 ist, herrscht in $t = 1$ aufgrund der Unbeobachtbarkeit von e_1 durch den Prinzipal asymmetrische Information über die künftigen payoffs. Folglich hängt auch der optimale Vertrag (s_2, F_2) (siehe (3.54)) von der Vermutung des Prinzipals über e_1 ab. Basis der richtigen Vermutung ist die Anreizbedingung für die erste Periode. Wie oben gesehen, hängt diese Anreizbedingung aber wiederum von der Vermutung des Prinzipals ab. Da dieser Zirkel nicht aufzulösen ist, tritt das in Proposition 3.6 formulierte Problem auf. Wenn y_2 nicht informativ über e_1 ist, $\rho = 0$, ist die Aktionswahl des Agenten in der ersten Periode unabhängig von der Vermutung des Prinzipals. Der Agent wählt $e_1^1 = e_1^{1+2} = s_1$. Da in $t = 1$ für $\rho = 0$ symmetrische Information im Hinblick auf die payoff-relevante Zukunft vorliegt, hängt der antizipierte Vertrag für die zweite Periode nicht von der Vermutung $\widehat{e}_1$ ab (siehe F_2 (3.54) für $\rho = 0$). Damit sind die beiden Perioden für $\rho = 0$ vollkommen unabhängig voneinander, so dass als eindeutiges Gleichgewicht in reinen Strategien die Lösung eines einmalig wiederholten one-shot-LEN-Problems erreicht wird.

Um ein Gleichgewicht bei kurzfristigen Verträgen zu stützen, müsste man unterstellen, dass sich der Agent ex ante verpflichten kann, beide Perioden mit dem Prinzipal zusammenzuarbeiten. Eine solche Verpflichtung würde der Agent aber nicht ohne weiteres eingehen, da er damit sämtliche Verhandlungsmacht im Zeitpunkt $t = 1$ aus den Händen gäbe und sich implizit verpflichtete, in der zweiten Periode auch für Verträge zu arbeiten, die weniger als den Reservationslohn versprechen. Um zu verhindern, dass der Agent sich durch ein commitment, über die erste Periode hinaus zu bleiben, dem Prinzipal hilflos ausliefert, schlagen *Christensen/Feltham/Şabac* (2003) „faire Verträge“ vor.[79] Fairness ist dadurch gekennzeichnet, dass der Prinzipal ex ante einen Vertrag anbietet, der die Teilnahmebedingung für die zweite Periode erfüllt, gegeben der Agent hat die vermutete Aktion e_1^{1+2} geleistet[80], d.h. gemäß (3.54) einen Vertrag mit

$$F_2 = \frac{-s_2^2}{2} - s_2\rho\left(y_1 - e_1^{1+2}\right) + \frac{r}{2}s_2^2\left(1 - \rho^2\right)$$

78 Nach *Christensen/Feltham/Şabac* (2003) wird in der nicht veröffentlichten Ph.D. Thesis *Accounting for the horizon* (2001) von *Şabac* gezeigt, dass es auch kein Gleichgewicht in gemischten Strategien gibt.

79 Siehe zu Fairness bei beschränkter Selbstbindungskraft auch *Baron/Besanko* (1987).

80 Diese Annahme ist zwar implizit auch in der Arbeit von *Indjejikian/Nanda* (1999) enthalten, allerdings ohne dass sie diese explizit erwähnen, so dass es bei strenger Auslegung ihrer Modellformulierung gemäß Proposition 3.6 kein Gleichgewicht gibt.

offeriert. Kann sich der Prinzipal verpflichten, einen fairen Vertrag für die zweite Periode anzubieten und verpflichtet sich der Agent, in beiden Perioden teilzunehmen, verschwinden die Probleme aus Proposition 3.6, d.h. es gibt auch für $\rho \neq 0$ ein eindeutiges Gleichgewicht in reinen Strategien, wenn die Parteien nur kurzfristige, einperiodige Verträge schließen können.[81]

Die Annahme, dass sich der Prinzipal glaubhaft auf einen fairen Vertrag verpflichten kann, erscheint insofern problematisch, als nicht geklärt ist, wie diese Verpflichtung vertraglich untermauert werden kann. Ein in den Vertrag der ersten Periode integriertes Versprechen, dass in $t = 1$ ein fairer Vertrag für die zweite Periode angeboten wird, erscheint wirkungslos, weil ein Gericht im Streitfall kaum den Fairnessbegriff im Sinne der Akteure zu konkretisieren vermag.[82] Eine weitere Möglichkeit wäre, den Fairnessbegriff innerhalb des ersten Vertrages formal zu konkretisieren. Dieses würde aber darauf hinauslaufen, dass schon in $t = 0$ Elemente des zweiten Vertrages vereinbart würden, was der Ausgangsannahme kurzfristiger Verträge widerspricht. *Christensen/Feltham/Şabac* (2003) zeigen aber eine formale Äquivalenz zwischen einem langfristigen Vertrag mit Nachverhandlung und zwei einperiodigen, fairen Verträgen innerhalb des LEN-Modells.

Proposition 3.7 *(Christensen/Feltham/ Şabac (2003), Prop.2) Im Gleichgewicht bei kurzfristigen, fairen Verträgen werden unter den Annahmen des LEN-Modells die gleichen Aktionen und die gleichen payoffs induziert, wie im Gleichgewicht des langfristigen Vertrages mit Nachverhandlung.*

Während die optimale Beteiligungsrate s_2 aus dem kurzfristigen Vertrag für die zweite Periode der renegotiation-proof-Beteiligung s_2^{R*} entspricht, unterscheiden sich die optimalen Beteiligungsraten für die erste Periode in den beiden Regimen voneinander. Dieses liegt daran, dass bei kurzfristigen Verträgen implizite[83] Anreize wirksam werden, sofern y_2 informativ über e_1 ist: Obwohl das Performancemaß y_2 nicht direkt von e_1 abhängt, ist die optimale Aktionsentscheidung in Periode 1 für $\rho \neq 0$ eine Funktion von s_2: $e_1^{1+2} = s_1 - s_2\rho$.

81 Kann sich der Prinzipal verpflichten, einen Teil der Fixentlohnung der ersten Periode in die zweite zu verschieben, ist ein commitment des Agenten, über beide Perioden zu bleiben, bei fairen Verträgen nicht notwendig, siehe *Christensen/Feltham/Şabac* (2003).

82 Vgl. auch *Christensen/Feltham/Şabac* (2003).

83 *Indjejikian/Nanda* (1999) interpretieren diese impliziten Anreize als Ratchet-Effekt. Für $\rho > 0$ wählt der Agent bei kurzfristigen Verträgen einen geringeren Arbeitseinsatz als in der full commitment Lösung, was zu Wohlfahrtseinbußen führt. *Christensen/Feltham/Şabac* (2003) hingegen vertreten die Auffassung, dass aufgrund der in Proposition 3.7 gezeigten Äquivalenz nicht der Ratchet-Effekt verantwortlich für den Wohlfahrtsverlust ist, sondern die Unmöglichkeit des Prinzipals sich ex ante auf die Anreizbeteiligung der zweiten Periode festzulegen. Diese, von *Christensen/Feltham/Şabac* betonte, begrenzte Verpflichtungsfähigkeit des Prinzipals ist aber bereits die Ausgangsannahme der Analyse. Interessant sind die ökonomischen Auswirkungen mangelnder Selbstbindung und diese liegen in der Rückwirkung des antizipierten Vertrages für die zweite Periode auf die Arbeitsanreize der ersten Periode (vgl. dazu auch die Replik von *Indjejikian/Nanda* (2003)).

Im Gleichgewicht des langfristigen, nachverhandlungssicheren Vertrages sind hingegen nur explizite Anreize wirksam: $e_1 = s_1$. Da aber gemäß Proposition 3.7 der in der ersten Periode induzierte Arbeitseinsatz unter beiden Regimen identisch ist, müssen für $\rho \neq 0$ die optimalen Beteiligungsraten (s_1) differieren.

3.9 Beschränkte Selbstbindungskraft und intertemporale Konsumglättung

3.9.1 Kein Zugang zum Kapitalmarkt

Bei der multiplikativ separierbaren exponentiellen Nutzenfunktion des LEN-Modells sind die Entscheidungen des Managers unabhängig von seinem Anfangsvermögen. Zudem ist der Zeitpunkt der Zahlungen an den Agenten irrelevant, so dass keine Notwendigkeit zu intertemporaler Konsumglättung besteht. In diesem Abschnitt werden die Auswirkungen von beschränkter Selbstbindung unter besonderer Berücksichtigung von Konsumglättung und Vermögenseffekten untersucht. Bei beschränkter Selbstbindungskraft wird dem vorherigen Abschnitt entsprechend zwischen zwei Vertragsregimen differenziert: Langfristige Verträge mit Nachverhandlungsmöglichkeit in $t = 1$ sowie zwei kurzfristige, einperiodige Verträge. Es wird zunächst angenommen, dass der Agent keinen Zugang zum Kapitalmarkt hat.[84]

Die Nutzenfunktion des Agenten sei additiv in die beiden Perioden separierbar und innerhalb jeder Periode in Nutzen aus Arbeitseinkommen $u_t(S_t)$ und Disnutzen $C_t(e_t)$ aus Arbeitsanstrengung zerlegbar:

$$U(S_1, S_2, e_1, e_2) = \underbrace{u_1(S_1) - C_1(e_1)}_{U_1(S_1, e_1)} + \underbrace{u_2(S_2) - C_2(e_2)}_{U_2(S_2, e_2)}$$

mit $u_t' > 0, u_t'' < 0$. Der Arbeitseinsatz kann in jeder Periode aus einer zweielementigen Menge gewählt werden: $e_t \in \{e^L, e^H\}, e^H > e^L$. Bezüglich des Arbeitsleides gelte $C_1(e^H) = C_2(e^H) \equiv c^H > c^L \equiv C_1(e^L) = C_2(e^L)$. Am Ende jeder Periode t wird der verifizierbare Output $y_t \in \{y_t^L, y_t^H\}$ beobachtet. y_1 und y_2 sind unabhängig voneinander verteilt und der Arbeitseinsatz der Periode t hat ausschließlich Einfluss auf den Output in Periode t:

$$f(y_1, y_2; e_1, e_2) = f_1(y_1; e_1) f_2(y_2; e_2).$$

Unter den obigen Verteilungsannahmen bestehen am Ende der ersten Periode symmetrische Erwartungen hinsichtlich künftiger payoffs: Die bedingte Verteilung $f_2(y_2; e_2|y_1) =$

84 Diese (sehr restriktive) Annahme soll zum Ausdruck bringen, dass eine optimale Glättung des Konsums über die Zeit durch Sparen und Kreditaufnahme in der Regel nicht möglich ist, siehe auch *Chiappori et al.* (1994).

$f_2(y_2; e_2)$ hängt nicht von e_1 ab, so dass y_1 eine suffiziente Statistik für (y_1, y_2) bezüglich e_1 ist und y_2 keinen Informationsgehalt über e_1 hat. Da die Perioden unabhängig voneinander sind, besteht auch nicht das im vorherigen Abschnitt diskutierte Problem, dass bei kurzfristigen Verträgen möglicherweise kein Gleichgewicht existiert. Die Anwendung des Konzepts fairer, kurzfristiger Verträge ist somit nicht notwendig.

Bei alternativer Beschäftigung könnte der Agent in jeder Periode ein Nutzenniveau von $\overline{u}$ erreichen. Um triviale Anreizprobleme auszuschließen, soll es sich für den Prinzipal lohnen, in jeder Periode den hohen Arbeitseinsatz zu induzieren. Das Ziel des risikoneutralen Prinzipals besteht darin, den erwarteten Nettoüberschuss $E(y_1 + y_2 - S_1 - S_2)$, gegeben die hohe Aktion wird induziert, zu maximieren.

Die Entlohnungsfunktionen für den Agenten, $S_1(y_1)$ und $S_2(y_1, y_2)$, umfassen folgende zustandsabhängige Lohnzahlungen:

$$S_1 = \begin{cases} s_1^H, \text{ wenn } y_1 = y_1^H \\ s_1^L, \text{ wenn } y_1 = y_1^L \end{cases} \tag{3.58}$$

$$S_2 = \begin{cases} s_2^{HH}, \text{wenn } y_1 = y_1^H & \text{und } y_2 = y_2^H \\ s_2^{HL}, \text{wenn } y_1 = y_1^L & \\ s_2^{LH}, \text{wenn } y_1 = y_1^H & \text{und } y_2 = y_2^L \\ s_2^{LL}, \text{wenn } y_1 = y_1^L & \end{cases} . \tag{3.59}$$

Während im LEN-Modell auf eine Konditionierung der Entlohnungsfunktion der zweiten Periode auf das Ergebnis der ersten Periode verzichtet werden konnte, ist dies im Folgenden nicht der Fall, so dass S_2 in (3.59) explizit als Funktion von y_1 und y_2 spezifiziert worden ist. Zur Vereinfachung der Notation definieren wir

$$\begin{aligned} \text{Prob}\left(y_t = y_t^H | e_t = e^i\right) &\equiv f_t^i, i \in \{L, H\}, \text{ bzw.} \\ \text{Prob}\left(y_t = y_t^L | e_t = e^i\right) &\equiv 1 - f_t^i, i \in \{L, H\}, \end{aligned} \tag{3.60}$$

$$u_1\left(s_1^j\right) \equiv u_1^j, \ j \in \{L, H\}$$

und

$$u_2\left(s_2^{jk}\right) \equiv u_2^{jk}, \ j, k \in \{L, H\}.$$

Angenommen nun, dass sich beide Parteien auf eine zweiperiodige Zusammenarbeit mit bindendem langfristigen Entlohnungsvertrag $(S_1(y_1), S_2(y_1, y_2))$ verpflichten können, dann ist der entsprechende Gleichgewichtsvertrag die Lösung des folgenden Optimierungsproblems:[85]

$$\max_{s_1^H, s_1^L, s_2^{HH}, s_2^{LL}, s_2^{HL}, s_2^{LH}} E\left(y_1 + y_2 - S_1 - S_2 | e_1^H, e_2^H\right) \tag{3.61}$$

unter den Nebenbedingungen

$$EU_1\left[S_2, e_2^H | y_1 = y_1^j\right] \geq EU_1\left[S_2, e_2^L | y_1 = y_1^j\right] \text{ für alle } j \in \{L, H\} \tag{3.62}$$

$$EU_0\left(S_1, S_2, e_1^H, e_2^H\right) \geq EU_0\left(S_1, S_2, e_1^L, e_2^H\right) \tag{3.63}$$

$$EU_0\left(S_1, S_2, e_1^H, e_2^H\right) \geq 2\overline{u}, \tag{3.64}$$

wobei e_t^i für $e_t = e^i$ steht, $i \in \{L, H\}$. (3.62) umfasst zwei Anreizbedingungen für den Arbeitseinsatz der zweiten Periode. Zum Zeitpunkt der Aktionswahl für die zweite Periode ist die Realisation von y_1 bereits bekannt. Die Entlohnungsfunktion für die zweite Periode muss daher so gestaltet werden, dass der Agent es für jede mögliche Realisation von y_1 vorteilhaft findet, den hohen Arbeitseinsatz zu leisten. Gegeben der Agent wählt gemäß (3.62) $e_2 = e^H$, fordert (3.63), dass es für den Agenten auch in der ersten Periode optimal sein muss, den hohen Einsatz zu bringen. Teilnahmebedingung (3.64) sichert schließlich, dass der Agent ex ante mindestens seinen Reservationsnutzen, bezogen auf die Gesamtdauer der Beziehung, erhält.

Unter Beachtung der oben definierten Notation kann der Optimierungskalkül des Prinzipals geschrieben werden als:

$$\max_{s_1^H, s_1^L, s_2^{HH}, s_2^{LL}, s_2^{HL}, s_2^{LH}} \left\{ f_1^H \left[y_1^H - s_1^H - f_2^H s_2^{HH} - \left(1 - f_2^H\right) s_2^{LH}\right] + \right. \tag{Z'}$$

$$\left. \left(1 - f_1^H\right)\left[y_1^L - s_1^L - f_2^H s_2^{HL} - \left(1 - f_2^H\right) s_2^{LL}\right] + f_2^H y_2^H + \left(1 - f_2^H\right) y_2^L \right\}$$

u.d.N.

$$u_2^{Hj} - u_2^{Lj} \geq \frac{c^H - c^L}{f_2^H - f_2^L} \text{ für alle } j \in \{L, H\} \tag{IC2'}$$

$$u_1^H - u_1^L + f_2^H\left(u_2^{HH} - u_2^{HL}\right) + \left(1 - f_2^H\right)\left(u_2^{LH} - u_2^{LL}\right) \geq \frac{c^H - c^L}{f_1^H - f_1^L} \tag{IC1'}$$

$$f_1^H u_1^H + \left(1 - f_1^H\right) u_1^L + f_1^H\left(f_2^H u_2^{HH} + \left(1 - f_2^H\right) u_2^{LH}\right) + \tag{T'}$$

$$\left(1 - f_1^H\right)\left(f_2^H u_2^{HL} + \left(1 - f_2^H\right) u_2^{LL}\right) \geq 2\left(c^H + \overline{u}\right).$$

Proposition 3.8 *(„Memory“, Lambert (1983), Prop. 3)*
Im langfristigen Gleichgewichtsvertrag $\left(S_1^C(y_1), S_2^C(y_1, y_2)\right)$ bei perfekter Selbstbindungskraft ist $S_2^C(y_1, y_2)$ eine nicht-triviale Funktion von y_1.

Nach Proposition 3.8 weist der langfristige Gleichgewichtsvertrag bei perfekter Selbstbindungskraft Erinnerung (*memory*) auf, d.h. die optimale Entlohnungsfunktion der zweiten Periode variiert in y_1. Dieser Effekt ist auf die additiv in die Perioden separierbaren

85 Siehe dazu detailliert Abschnitt 3.3 sowie *Lambert* (1983) und *Laffont/Martimort* (2002).

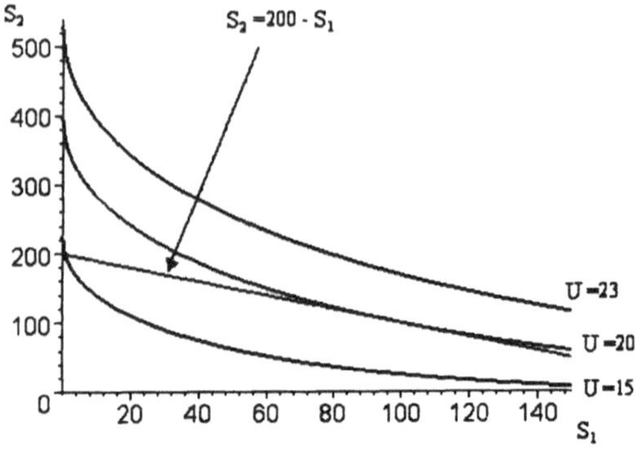

Abbildung 3.8: Indifferenzkurven bei Konsumglättung

(Einkommens)- Nutzenfunktionen u_t zurückzuführen. Die Konkavität der beiden Nutzenfunktionen u_t impliziert konvexe Indifferenzkurven in der (S_1, S_2)-Einkommensebene mit der Folge, dass der Agent in jeder Periode konsumieren möchte (*consumption smoothing*). Dieses wird beispielhaft anhand von Abbildung 3.8 deutlich, in der ein sicherer Geldbetrag von € 200 so auf die Perioden 1und 2 aufgeteilt wird, dass der Nutzen eines Agenten mit $U = u_1(S_1) + u_2(S_2) = \sqrt{S_1} + \sqrt{S_2}$ maximal wird. Im Beispiel ist es optimal, in jeder Periode € 100 zu zahlen. Im Gegensatz dazu wären bei einer multiplikativ separierbaren exponentiellen Nutzenfunktion die Indifferenzkurven linear, so dass jede beliebige Aufteilungsregel zum gleichen Nutzen führte.

In Bezug auf das langfristige Risiko-Anreiz-Problem impliziert Konsumglättung, den riskanten Output der ersten Periode auf beide Perioden zu verteilen. Diese Idee soll im Folgenden anhand eines konstruierten Beispiels veranschaulicht werden:

Beispiel 3.1 *Der Output für Periode 1 beträgt mit Wahrscheinlichkeit $\frac{1}{2}$ € 2500 und mit der Gegenwahrscheinlichkeit $\frac{1}{2}$ null Euro. Der Output für Periode 2 ist null Euro. Anreizkonflikte werden vernachlässigt. Es wird exogen angenommen, dass die Teilnahme des Agenten ausschließlich über lineare Erfolgsbeteiligungen gesichert werden muss (was ohne Anreizprobleme zwar nicht der optimalen Risikoteilung entspricht, aber notwendig ist, um in einem einfachen Beispiel ohne Anreizkonflikte den gewünschten Effekt zu verdeutlichen). Der Agent hat die Nutzenfunktion $U = \sqrt{S_1} + \sqrt{S_2}$ und akzeptiert einen langfristigen Vertrag (S_1, S_2) nur dann, wenn er mindestens einen Erwartungsnutzen von 20 erreicht. Angenommen, der Prinzipal ignoriert Verträge mit Erinnerung und implementiert einen Vertrag, der dem Agenten einen Anteil von s_1 am Periodenoutput y_1 verspricht, d.h. $S_1 = s_1 y_1$ (da y_2 annahmegemäß null ist, ist S_2 bei Verträgen ohne*

Erinnerung stets null und folglich auch $\sqrt{S_2} = 0$). Der optimale Anteil muss

$$E\left[\sqrt{s_1 y_1}\right] = \frac{1}{2}\sqrt{s_1 \cdot 2500} = 20$$

erfüllen, also $s_1 = 0.64$. Der resultierende payoff des Prinzipals beträgt dann $E\left((1 - s_1)\, y_1\right) = 450$. Der Prinzipal kann aber nun seinen Zielfunktionswert dadurch verbessern, dass er einen Teil der Erfolgsbeteiligung an y_1 in Periode 2 auszahlt. Sei s_{12} die Beteiligung an y_1, die in Periode 2 ausgezahlt wird. Dann sind die Entlohnungsfunktionen definiert als $S_1 = s_1 y_1$ und $S_2 = s_{12} y_1$ und das entsprechende Optimierungsproblem zur Bestimmung der optimalen Anteile lautet:

$$\max_{s_1, s_{12}} E\left((1 - s_1 - s_{12})\, y_1\right) = 1250\,(1 - s_1 - s_{12})$$
$$\text{u.d.N.} \quad E\left[\sqrt{s_1 y_1} + \sqrt{s_{12} y_1}\right] = \frac{1}{2}\left[\sqrt{s_1 2500} + \sqrt{s_{12} 2500}\right] \geq 20.$$

Als optimale Lösung erhält man $s_1 = s_{12} = \frac{4}{25}$ mit dem optimalen Zielfunktionswert 850. Indem der Prinzipal den Output der ersten Periode auf beide Perioden verteilt, kann er die Teilnahme des Agenten zu geringeren Kosten als bei einem Vertrag ohne Erinnerung erreichen.

Im Folgenden ist zu untersuchen, inwieweit die memory-Anforderung aus Proposition 3.8 bei mangelnder Selbstbindung der Akteure noch erfüllt werden kann. Dabei wird zunächst der Fall eines langfristigen Vertrages mit Nachverhandlungsmöglichkeit betrachtet. Sofern der full commitment Vertrag nicht nachverhandlungssicher ist, kann der ex ante optimale Risiko-Anreiz-trade-off nicht implementiert werden und mit der Nachverhandlung sind Wohlfahrtseinbußen verbunden. Da diese Agency-Kosten per Annahme nicht durch asymmetrische Information im Nachverhandlungszeitpunkt ausgelöst werden können, müssten sie allein auf die gegenüber dem LEN-Modell veränderte Nutzenfunktion des Agenten und somit auf ineffiziente intertemporale Konsumglättung zurückzuführen sein. Dies ist aber nicht der Fall:

Proposition 3.9 *Der optimale langfristige Vertrag $\left(S_1^C, S_2^C\right)$ bei perfekter Selbstbindungskraft ist nachverhandlungssicher.*

Beweis. Folgt aus *Chiappori et al.* (1994) oder *Laffont/Martimort* (2002), ch. 8. Definiert man $Eu_2\left(y_1^j\right) = f_2^H u_2^{Hj} + \left(1 - f_2^H\right) u_2^{Lj} - c^H$ als erwarteten Nutzen des Agenten für die zweite Periode, gegeben $e_2 = e^H$ und $y_1 = y_1^j$, $j \in \{L, H\}$, dann können Anreizbedingung (IC1') für die erste Periode und Teilnahmebedingung (T') des full commitment-Problems wie folgt formuliert werden:

$$u_1^H - u_1^L + Eu_2\left(y_1^H\right) - Eu_2\left(y_1^L\right) \geq \frac{c^H - c^L}{f_1^H - f_1^L} \quad \text{(IC1'')}$$
$$f_1^H u_1^H + \left(1 - f_1^H\right) u_1^L + f_1^H Eu_2\left(y_1^H\right) + \left(1 - f_1^H\right) Eu_2\left(y_1^L\right) \geq 2\overline{u} + c^H. \quad \text{(T'')}$$

Sowohl (IC1") als auch (T") hängen nicht davon ab, wie S_2 in y_2 variiert, sondern nur von $Eu_2\left(y_1^H\right)$ und $Eu_2\left(y_1^L\right)$. Folglich ist es ex ante optimal S_2, gegeben y_1, ausschließlich zur Steuerung der zweiten Periode zu verwenden - also sequentiell optimal zu handeln -, so dass Nachverhandlungen eines langfristigen Ausgangsvertrages ex ante effizient sind. ■

Proposition 3.9 in Verbindung mit Proposition 3.2 impliziert somit, dass sowohl im LEN-Modell als auch bei additiv intertemporal separierbarer Nutzenfunktion keine Wohlfahrtseinbußen aufgrund von Nachverhandlungen entstehen, wenn die Performancemaße der zweiten Periode nicht informativ über den Einsatz der ersten Periode sind. Während es aber unter LEN-Bedingungen eine Äquivalenz von langfristigen Verträgen mit Nachverhandlungsmöglichkeit und kurzfristigen, einperiodigen Verträgen gibt[86], führen diese beiden Vertragsregime bei Notwendigkeit zu intertemporaler Konsumglättung zu unterschiedlichen Gleichgewichtslösungen:

Proposition 3.10 *(Spot contracts, Chiappori et al. (1994), Prop. 1)*[87] *Können die Parteien nur kurzfristige, einperiodige Verträge abschließen, entspricht der Gleichgewichtsvertrag für jede Periode genau dem statischen Gleichgewichtsvertrag dieser Periode, d.h. dem Vertrag, der resultierte, wenn man die entsprechende Periode isoliert betrachtete.*

Korollar 3.2 *Können die Vertragsparteien nur kurzfristige, einperiodige Verträge abschließen, resultiert stets ein Wohlfahrtsverlust gegenüber dem full commitment-Optimum mit memory.*

Das Korollar folgt unmittelbar aus den Propositionen 3.8 und 3.10. Im full commitment-Optimum ist S_2 eine nicht-triviale Funktion von y_1. Zur Bestimmung des Gleichgewichts bei kurzfristigen Verträgen sind zwei unabhängige, statische Agency-Probleme zu lösen. Der optimale kurzfristige Vertrag für die zweite Periode ist somit unabhängig von y_1. Folglich ist der full commitment-Gleichgewichtsvertrag nicht durch zwei einperiodige Verträge implementierbar.

Der Nachteil, nur kurzfristige Verträge abschließen zu können, liegt darin begründet, dass der Output der ersten Periode nicht mehr auf beide Perioden verteilt werden kann. Zum Zeitpunkt des Vertragsabschlusses für die zweite Periode ist der Prinzipal nur noch an

86 Siehe den vorherigen Abschnitt. Ist das Performancemaß der zweiten Periode informativ über e_1, gilt die Äquivalenz nur für faire, kurzfristige Verträge, siehe Proposition 3.7.

87 *Chiappori et al. (1994)* unterscheiden zwischen long-term commitment, short-term commitment und spot commitment. Long-term commitment entspricht dabei dem in dieser Arbeit verwendeten Begriff der perfekten Selbstbindung (full commitment) und spot commitment kennzeichnet den Fall, dass nur einperiodige Verträge geschlossen werden können. Short-term commitment dagegen umfasst alle Vertragsformen zwischen long-term und spot commitment, was insbesondere bei Beziehungen, die mehr als zwei Perioden umfassen, relevant ist.

dem optimalen Risiko-Anreiz-trade-off für die zweite Periode interessiert, dieser ist aber aufgrund der getroffenen Annahmen völlig unabhängig vom Output der ersten Periode. Bei langfristigen Verträgen mit Nachverhandlungen tritt dieses Problem nicht auf, da der Prinzipal ex ante den nachverhandlungssicheren full commitment-Vertrag mit *memory* implementieren kann. Wir betrachten abschließend ein Beispiel:

Beispiel 3.2 *Der Nutzen aus Arbeitseinkommen des Agenten sei* $u_t = \sqrt{S_t}, t = 1, 2$, *für das Arbeitsleid gelte* $c^H = 50, c^L = 0$ *und der Reservationsnutzen des Agenten entspricht für jede Periode* $\overline{u} = 200$. *Des Weiteren wird folgende Outputverteilung unterstellt:*

$$\text{In Periode1:} \left\{ \begin{array}{lll} €\,/\,e_1 & e^L & e^H \\ 80000 & 1/3 & 2/3 \\ 60000 & 2/3 & 1/3 \end{array} \right.$$

$$\text{In Periode 2:} \left\{ \begin{array}{lll} €\,/\,e_2 & e^L & e^H \\ 100000 & 1/2 & 3/4 \\ 50000 & 1/2 & 1/4 \end{array} \right. .$$

In der Schreibweise aus (3.60) sind die Wahrscheinlichkeiten entsprechend gegeben durch: $f_1^H = \frac{2}{3}, f_1^L = \frac{1}{3}, f_2^H = \frac{3}{4}$*und* $f_2^L = \frac{1}{2}$. *Das Optimierungsproblem bei perfekter Selbstbindungskraft der Akteure erhält man, indem man die Beispieldaten in (Z')-(T') einsetzt*[88] *und anschließend vereinfacht:*

$$\max_{s_1^H, s_1^L, s_2^{HH}, s_2^{HL}, s_2^{LH}, s_2^{LL}} Z = \frac{482500}{3} - \frac{2}{3}s_1^H - \frac{1}{3}s_1^L - \frac{1}{2}s_2^{HH} - \frac{1}{4}s_2^{HL} - \frac{1}{6}s_2^{LH} - \frac{1}{12}s_2^{LL} \quad (Z")$$

unter den Nebenbedingungen

$$\left\{ \begin{array}{l} \sqrt{s_2^{HL}} - \sqrt{s_2^{LL}} \geq 200 \\ \sqrt{s_2^{HH}} - \sqrt{s_2^{LH}} \geq 200 \end{array} \right. \quad (IC2")$$

$$\sqrt{s_1^H} - \sqrt{s_1^L} + \frac{3}{4}\left(\sqrt{s_2^{HH}} - \sqrt{s_2^{HL}}\right) + \frac{1}{4}\left(\sqrt{s_2^{LH}} - \sqrt{s_2^{LL}}\right) \geq 150 \quad (IC1")$$

$$\frac{2}{3}\sqrt{s_1^H} + \frac{1}{3}\sqrt{s_1^L} + \frac{1}{2}\sqrt{s_2^{HH}} + \frac{1}{4}\sqrt{s_2^{HL}} + \frac{1}{6}\sqrt{s_2^{LH}} + \frac{1}{12}\sqrt{s_2^{LL}} \geq 500. \quad (T")$$

88 Aufgrund der Wurzel-Nutzenfunktionen müsste für jede Entscheidungsvariable eine Nicht-Negativitätsbedingung berücksichtigt werden. Da diese Bedingungen im vorliegenden Kontext nicht ökonomisch motiviert sind (wie z.B. bei Problemen mit beschränkter Haftung), ist das Beispiel so gewählt worden, dass keine der Nicht-Negativitätsbedingungen im Optimum bindet und man auf die explizite Formulierung dieser verzichten kann.

Die optimale Lösung ist[89]

$$\begin{cases} s_1^H = 75625 \\ s_1^L = 40000 \end{cases}, \begin{cases} s_2^{HH} = 105625 \\ s_2^{HL} = 62500 \\ s_2^{LH} = 15625 \\ s_2^{LL} = 2500 \end{cases} \textit{und } Z^C = \frac{77500}{3}.$$

Nimmt man an, dass die Parteien nur einperiodige Verträge abschließen können, sind die beiden folgenden statischen Agency-Probleme zu lösen[90]:

Periode 1:

$$\begin{aligned} \max_{s_1^H, s_1^L} Z_1 &= \frac{2}{3}\left(80000 - s_1^H\right) + \frac{1}{3}\left(60000 - s_1^L\right) \\ &\text{unter den Nebenbedingungen} \\ &\sqrt{s_1^H} - \sqrt{s_1^L} \geq 150 && (\mathrm{IC}_1) \\ &\frac{2}{3}\sqrt{s_1^H} + \frac{1}{3}\sqrt{s_1^L} \geq 250. && (\mathrm{T}_1) \end{aligned}$$

Periode 2:

$$\begin{aligned} \max_{s_2^H, s_2^L} Z_2 &= \frac{3}{4}\left(100000 - s_2^H\right) + \frac{1}{4}\left(50000 - s_2^L\right) \\ &\text{unter den Nebenbedingungen} \\ &\sqrt{s_2^H} - \sqrt{s_2^L} \geq 200 \\ &\frac{3}{4}\sqrt{s_2^H} + \frac{1}{4}\sqrt{s_2^L} \geq 250. \end{aligned}$$

Als Lösung erhält man (der Index ^{K} steht für „kurzfristig")

$$\begin{cases} s_1^H = 90000 \\ s_1^L = 22500 \end{cases} \text{und } Z_1^K = \frac{17500}{3},$$

$$\begin{cases} s_2^H = 90000 \\ s_2^L = 10000 \end{cases} \text{und } Z_2^K = 17500.$$

Vergleicht man den ex ante erwarteten payoff des Prinzipals bei langfristig bindenden Verträgen $\left(Z^C\right)$ mit demjenigen bei kurzfristigen Verträgen $\left(Z^K = Z_1^K + Z_2^K\right)$, erkennt man, dass der Wohlfahrtsverlust aufgrund mangelnder langfristiger Selbstbindungskraft € 2500 beträgt.

89 Man kann durch Definition von $\sqrt{s_t^{ij}} \equiv u_t^{ij}$ das gesamte Programm zunächst in ein Problem mit linearen Nebenbedingungen und konkaver Zielfunktion überführen. Verwendet man den Lagrangeansatz unter Beachtung (im Optimum) bindender Nebenbedingungen, erhält man die optimalen Werte für u_t^{ij}, die dann entsprechend der obigen Definition wieder in optimale Lohnzahlungen s_t^{ij} transformiert werden können.

90 Statische Agency-Probleme dieser Form und ihre Lösungstechnik werden ausführlich in *Antle/Demski* (1988) behandelt.

3.9.2 Zugang zum Kapitalmarkt

Bisher wurde ein möglicher Kapitalmarktzugang der Akteure ausgeblendet: Die Nutzenfunktion des Agenten war über Arbeitseinkommen und Arbeitseinsatz definiert, was bedeutet, dass der Agent in jeder Periode exakt sein Arbeitseinkommen konsumiert. Bei der im LEN-Modell verwendeten multiplikativ separierbaren exponentiellen Nutzenfunktion ist die Berücksichtigung von Spar- und Kreditaufnahmeentscheidungen unerheblich: Der Entscheider ist zwischen allen Zahlungsströmen mit gleichem Barwert indifferent, unabhängig davon, in welcher Periode die einzelnen Zahlungen anfallen. Zudem sind keine Vermögenseffekte zu berücksichtigen, d.h. die Arbeitseinsatzentscheidungen in jeder Periode sind unabhängig von der aktuellen Vermögenssituation des Entscheiders. Wenn aber der Agent eine Präferenz für Konsumglättung hat und zudem über Kapitalmarktzugang verfügt, sind seine Kapitalmarktentscheidungen bei der Analyse des Risiko-Anreiz-Problems zu berücksichtigen. Dabei ist zwischen beobachtbaren und unbeobachtbaren Kapitalmarktentscheidungen zu unterscheiden.

Malcomson/Spinnewyn (1988) betrachten ein zweiperiodiges Modell, in dem das Vermögen des Agenten beobachtbar ist und Kapitalaufnahme und Kapitalanlage ausschließlich[91] durch Verträge mit dem Prinzipal erfolgen. Die beiden Perioden sind wiederum unabhängig voneinander. Analog zu den Überlegungen des vorherigen Abschnitts ist der Gleichgewichtsvertrag bei full commitment sequentiell optimal, d.h. renegotiation-proof.[92] Aber auch wenn die Akteure nur einperiodige Verträge abschließen können, kann (unter bestimmten Regularitätsbedingungen) die full commitment-Lösung implementiert werden, und zwar obwohl die ex ante effiziente Lösung *memory*[93] beinhaltet. Der Unterschied zum vorangegangenen Abschnitt besteht darin, dass der Prinzipal über die Steuerung der Sparentscheidungen des Agenten *memory* auch bei kurzfristigen Verträgen implementieren kann.[94] Dieses ist deshalb möglich, weil der Reservationsnutzen des Agenten nach der ersten Periode von der Sparentscheidung der Vorperiode abhängt.

Sind die Konsum- und Sparentscheidungen des Agenten private Information und nicht kontrahierbar, führen diese zu asymmetrischer Information am Ende der ersten Periode. Entsprechend den Überlegungen der vorherigen Abschnitte bewirkt diese asymmetrische Informationsverteilung ein endogenes *adverse selection*-Problem, sofern die entsprechende Information payoff-relevant ist. Sind Vermögenseffekte zu berücksichtigen, beeinflusst die

91 Diese Annahme ist, wie von den Autoren später in der Arbeit gezeigt wird, nicht entscheidend für die Ergebnisse.

92 Siehe *Malcomson/Spinnewyn* (1988), Proposition 1, in der gezeigt wird, dass die ex ante effiziente (second-best)-Allokation kein commitment von Seiten des Prinzipals erfordert.

93 Memory meint hier, dass die Konsumentscheidung des Agenten in Periode t vom Output in $t-1$ abhängt.

94 Vgl. auch *Fudenberg/Holmström/Milgrom* (1990), die eine Menge von hinreichenden Kriterien charakterisieren, für die eine Sequenz von kurzfristigen Verträgen zur gleichen Lösung führt wie ein langfristiger Vertrag.

Sparentscheidung des Agenten in Periode 1 sein Verhalten und damit auch seinen payoff in Periode 2.[95] In diesem Fall ist der full commitment-Gleichgewichtsvertrag im Allgemeinen nicht mehr nachverhandlungssicher[96].

95 Vgl. *Chiappori et al.* (1994).
96 Ebenda.

Kapitel 4

Nachverhandlungen bei beobachtbaren, aber nicht verifizierbaren Größen

4.1 Einführung

Abweichend von der Annahme vollständiger Verträge des vorherigen Kapitels, wird in diesem Kapitel berücksichtigt, dass es Größen gibt, die zwar von den Vertragsparteien beobachtet, aber von Dritten nicht verifiziert werden können. Die Implementierungstheorie[1] (Mechanismus Design) hat gezeigt, dass unter bestimmten Voraussetzungen nicht verifizierbare Informationen den Vertragspartnern über Revelationsmechanismen entlockt werden können[2], so dass im Gleichgewicht die gleiche Allokation erzielt wird wie für den Fall, dass die Information tatsächlich verifizierbar wäre. Da die in der Implementierungstheorie verwendeten Mechanismen sehr komplex und für die Analyse praktischer ökonomischer Probleme kaum geeignet sind[3], wird der Terminus „beobachtbar, aber nicht verifizierbar" nachfolgend im Sinne der Literatur unvollständiger Verträge (*incomplete contracts*) verstanden: Die vom Gericht nicht beobachtbaren Größen können auch nicht über Revelationsmechanismen indirekt verifiziert werden.[4] Da im Folgenden nicht alle gemeinsam von den Vertragsparteien ex post beobachtbaren Umweltzustände auch verifizierbar sind, könnte man von einem Vertragsumfeld mit unvollständigen Verträgen sprechen. Obwohl

1 Vgl. dazu ausführlich *Maskin/Sjöström* (2002).

2 *Hermalin/Katz* (1991) geben folgendes Beispiel für einen Offenlegungsmechanismus: Das Gericht bestellt beide Parteien ein und fragt diese simultan nach der (ursprünglich nicht verifizierbaren) Information. Wenn sich die Antworten der Spieler unterscheiden, werden beide Parteien extrem hart bestraft, so dass ein Nash-Gleichgewicht existiert, in dem beide Parteien wahrheitsgemäß die Information preisgeben.

3 Siehe *Tirole* (1999), S. 755. *Hermalin/Katz* (1991) kritisieren, dass die Idee, das Gericht als direkten Revelationsmechanismus zu verwenden, der Realität entgegensteht.

4 Siehe *Tirole* (1999), S. 755.

eine einheitliche begriffliche Abgrenzung in der Literatur noch nicht gegeben ist[5], sind mit unvollständigen Verträgen doch überwiegend mit spezifischen Investitionen und Eigentumsrechten einhergehende Probleme verbunden, bei denen die Vertragsparteien ex ante lediglich eine Kontrollstruktur festlegen können.[6] Da in den Untersuchungen dieses Kapitels aber weiterhin performancebasierte Entlohnungsverträge möglich sind, wird der Begriff unvollständiger Verträge vermieden und stattdessen von Nachverhandlungen mit beobachtbaren, aber nicht verifizierbaren Größen gesprochen.

Nicht verifizierbare Maße sind in der Agency-Literatur insbesondere bei der Analyse von subjektiver Performancemessung durch relationale (informelle) Verträge betrachtet worden.[7] Dabei zeigt sich, dass aufgrund von Reputationseffekten auch informelle Verträge eine Anreizwirkung entfalten können. *Baker/Gibbons/Murphy* (1994) und *Budde* (2004) betrachten eine mehrperiodige Agency-Beziehung, in der sowohl verifizierbare als auch nicht verifizierbare Performancemaße zur Verfügung stehen. Zielsetzung ist es, die nicht verifizierbare Information durch informelle Verträge zur Anreizsteuerung zu nutzen. Im Einklang mit dieser Literatur werden in diesem Kapitel ebenfalls mehrperiodige Anreizbeziehungen mit objektiven und subjektiven Performancemaßen betrachtet. Dabei wird aber nicht versucht, relationale Verträge zu implementieren[8], sondern untersucht, ob und unter welchen Bedingungen die subjektive Information durch Nachverhandlungen (implizit) Bestandteil des Gleichgewichtsvertrages werden kann und wie die resultierende Allokation im Vergleich zur Ausgangssituation zu beurteilen ist, in der ausschließlich verifizierbare Performancemaße zur Verfügung stehen.

4.2 Beobachtbarer, aber nicht verifizierbarer Arbeitseinsatz

4.2.1 Vorbemerkungen

Hidden-action-Modelle mit vollständigen Verträgen, wie in Kapitel 3 behandelt, stellen den Prinzipal hinsichtlich der verfügbaren Information auf eine Stufe mit der vertragsdurchsetzenden Instanz:[9] Sowohl der Prinzipal als auch das im Streitfall zuständige Ge-

5 Siehe *Tirole* (1999) für einen Überblick zum Stand der Forschung auf dem Gebiet unvollständiger Verträge sowie die Aussage von *Hart/Moore* (1999) „at some level this is all a matter of semantics“ bei der Diskussion unterschiedlicher Definitionen von unvollständigen Verträgen.

6 Vgl. *Grossman/Hart* (1986), *Hart* (1988) und *Hart/Moore* (1990).

7 Vgl. *Bull* (1987), *Baker/Gibbons/Murphy* (1994), *Levin* (2003), *MacLeod* (2003), *Budde* (2004), *Rajan/Reichelstein* (2004) und *Hayes/Schaefer* (2004).

8 Die Durchsetzbarkeit der relationalen Verträge erfolgt bei *Baker/Gibbons/Murphy* (1994) und *Budde* (2004) über die Implementierung eines Gleichgewichts in trigger-Strategien in einem unendlich oft wiederholten Spiel.

9 Siehe *Hermalin/Katz* (1991).

richt können den Arbeitseinsatz des Agenten nicht beobachten, sondern nur die Performancemaße. Diese Annahme ist insofern unplausibel, als der Prinzipal in den meisten Fällen sowohl räumlich als auch inhaltlich näher mit der Arbeit des Managers verbunden ist als das Gericht. Deshalb wird in diesem Abschnitt angenommen, dass der Prinzipal die Aktionen des Agenten perfekt beobachten kann, nicht jedoch das Gericht. Diese Annahme stellt im Vergleich zum Standard-Modell das andere Extrem dar, weil es den Prinzipal in Bezug auf die verfügbare Information auf eine Stufe mit dem Agenten stellt. Für die meisten Arbeitsverhältnisse ist vermutlich davon auszugehen, dass der Prinzipal zwar mehr Information als das Gericht hat, aber doch weniger als der Agent.[10] Die Unterstellung perfekt beobachtbaren Arbeitseinsatzes durch den Prinzipal ist aber zumindest dann gerechtfertigt, wenn die beiden Akteure sehr eng zusammenarbeiten oder wenn man Arbeitseinsatz mit physischer Anwesenheit am Arbeitsplatz gleichsetzt. Im letzteren Fall könnte der Arbeitgeber den Einsatz des Agenten z.B. über eine Stechuhr erfassen lassen. Als explizite Bemessungsgrundlage für einen Entlohnungsvertrag kommt die so erfasste Arbeitszeit aber möglicherweise aufgrund fehlender Verifizierbarkeit nicht in Betracht.[11] In jedem Fall liefert die Analyse perfekt beobachtbaren Einsatzes theoretisch wertvolle Einsichten, die in den nachfolgenden Abschnitten (in denen die Annahme über die Beobachtbarkeit gelockert wird) aufgegriffen werden können.

Bull (1987), dessen Beitrag Ausgangspunkt vieler Arbeiten zum Thema relationaler Verträge ist (siehe dazu Abschnitt 4.1), betrachtet den Spezialfall, dass das subjektive Performancemaß dem beobachteten Arbeitseinsatz des Managers entspricht. Dabei zeigt sich, dass unter bestimmten Bedingungen über einen Reputationsmechanismus tatsächlich diejenige Lösung nachgebildet werden kann, die resultierte, könnte auf das subjektive Maß explizit kontrahiert werden. Auch bei *Hermalin/Katz* (1991) (im Folgenden HK) ist der Arbeitseinsatz des Agenten beobachtbar, aber nicht verifizierbar. Im Gegensatz zu *Bull* (1987) liegt das Augenmerk ihrer Untersuchung nicht auf der Anreizwirkung von informellen Verträgen, sondern auf der (impliziten) vertraglichen Implementierung des Arbeitseinsatzes durch Nachverhandlungen. Da HKs Arbeit wichtige Anhaltspunkte für die nachfolgende Analyse langfristiger Anreizbeziehungen mit Nachverhandlung liefert, werden die wesentlichen Aspekte ihrer Untersuchung zunächst kurz dargestellt.

4.2.2 Ausgangspunkt: Hermalin/Katz (1991)

HKs Arbeit lässt sich als Gegenpol zu der im vorherigen Kapitel diskutierten Arbeit von *Fudenberg/Tirole* (1990) ansehen: Betrachtet wird eine einperiodige Agency-Beziehung, in der der risikoneutrale Prinzipal den Ausgangsvertrag nachverhandeln kann, nachdem

10 Ebenda. Siehe dazu auch die Abschnitte 4.3 und 4.4.

11 Ähnlich auch *Bull* (1987).

der Manager seinen Arbeitseinsatz geleistet hat, aber bevor das Ergebnis realisiert wird. Da nach geleistetem Arbeitseinsatz kein Anreizproblem mehr besteht, hat der optimale Vertrag im Nachverhandlungszeitpunkt nur noch für optimale Risikoallokation zu sorgen. Der sequentiell optimale Vertrag für einen risikoaversen Agenten besteht deshalb aus einer Fixzahlung. Wenn der Arbeitseinsatz private Information des Agenten ist, wie in *Fudenberg/Tirole* (1990), gilt das renegotiation-proof-Prinzip. Ohne Beschränkung der Allgemeinheit kann der Prinzipal den nachverhandlungssicheren endgültigen Vertrag (die Fixzahlung) als Ausgangsvertrag implementieren mit der Folge, dass der Agent im Gleichgewicht (in reinen Strategien) keinen bzw. den mit den niedrigsten Kosten verbundenen Einsatz leistet. Dieses Ergebnis ändert sich aber fundamental, wenn man wie HK annimmt, dass der Arbeitseinsatz des Agenten vom Prinzipal beobachtet werden kann.

Sei $U(S,e) = u(S) - C(e)$ die Nutzenfunktion des Agenten, $f(y;e)$ die nach dem Arbeitseinsatz des Agenten parametrisierte Dichtefunktion des Performancemaßes y und $E(\pi;e)$ das erwartete Bruttoergebnis des Prinzipals. Die Funktionen sollen die in Abschnitt 3.2 formulierten Eigenschaften aufweisen.[12] Der Reservationsnutzen des Agenten sei null. Zur Bestimmung der first-best Lösung maximiert der Prinzipal seinen Überschuss unter Berücksichtigung der (wie üblich bindenden) Teilnahmebedingung

$$\max_{S,e} E(\pi;e) - \int_Y S(y)\, f(y;e)\, dy \tag{4.1}$$

$$\int_Y u(S(y))\, f(y;e)\, dy = C(e)\,. \tag{4.2}$$

Unter first-best-Annahmen besteht kein Anreizproblem. Die einzige Aufgabe der Entlohnungsfunktion $S(y)$ ist es, die Teilnahmebedingung des Agenten für die gewünschte Aktion unter Beachtung optimaler Risikoallokation zwischen den beiden Parteien zu erfüllen. Da $u(\cdot)$ annahmegemäß streng konkav ist, entsprechen für jede zu implementierende Aktion e die minimalen erwarteten Entlohnungskosten unter first-best-Annahmen einer Fixzahlung[13] $\overline{S}$ mit $u(\overline{S}) = C(e)$ bzw. $\overline{S} = u^{-1}(C(e))$ (HK bezeichnen diese minimalen Entlohnungskosten als „first-best-Kosten" der Aktion e). Das first-best-Problem kann dann vereinfacht wie folgt geschrieben werden:

$$e^{FB} \in \operatorname*{argmax}_{e} E(\pi;e) - u^{-1}(C(e))\,.$$

Für die second-best-Lösung bei perfekter Selbstbindungskraft muss man Optimierungsprogramm $\{(4.1), (4.2)\}$ noch um die Anreizbedingung erweitern

$$e \in \operatorname*{argmax}_{e'} \int_Y u(S(y))\, f(y;e')\, dy - C(e')\,. \tag{4.3}$$

12 HK verwenden eine diskrete Ergebnisverteilung sowie einen diskreten Aktionenraum. Nachfolgend wird im Einklang mit der bisherigen Analyse eine stetige Formulierung präsentiert.

13 Dies lässt sich direkt aus Jensens Ungleichung ableiten, die besagt, dass für streng konkave Funktionen $u(y)$ $E(u(y)) < u(E(y))$ gilt, siehe *Sydsæter/Strøm/Berck* (1999), S. 181.

Wie in *Fudenberg/Tirole* (1990), verlangt sequentiell optimale Risikoteilung im Nachverhandlungszeitpunkt, dass der Ausgangsvertrag in eine Fixzahlung umgewandelt wird, wobei zu berücksichtigen ist, dass der Agent dem neuen Vertrag nur zustimmt, wenn dieser ihn nicht schlechter stellt als der Ausgangsvertrag. Gegeben der Agent hat die Aktion e gewählt und der Prinzipal hat e beobachtet, entspricht der sequentiell optimale Vertrag einer Fixzahlung in Höhe des Sicherheitsäquivalents der ursprünglichen Entlohnung bei der Aktion e[14]

$$\overline{S}^{R*}(e) = u^{-1}\left[\int_Y u(S(y))\, f(y;e)\, dy\right] \left(= u^{-1}\left[C(e)\right]\right). \tag{4.4}$$

Dieses bedeutet aber, dass der Prinzipal den Agenten ex post perfekt versichern kann, ohne dabei die Anreize des Ausgangsvertrages zu zerstören: Wenn zunächst der Ausgangsvertrag $S(y)$ vereinbart wird und der Agent antizipiert, dass der endgültige Vertrag in Abhängigkeit von der gewählten Aktion e $\overline{S}^{R*}(e)$ sein wird, dann ist sein ex ante erwarteter Nutzen gegeben durch $u\left(\overline{S}^{R*}(e)\right) - C(e) = \int_Y u(S(y))\, f(y;e)\, dy - C(e)$. Die rechte Seite dieser Gleichung entspricht aber exakt dem ex ante erwarteten Nutzen des Agenten, wenn der Ausgangsvertrag $S(y)$ nicht nachverhandelt wird. Die Nachverhandlungsmöglichkeit des Prinzipals hat folglich weder Einfluss auf die ex ante Teilnahmebedingung (4.2) noch auf die Anreizbedingung (4.3).

Proposition 4.1 *(Hermalin/Katz (1991), Prop. 1) Wenn die Aktion des Agenten beobachtbar ist und der Prinzipal im Nachverhandlungszeitpunkt ein take-it-or-leave-it Angebot macht, wird durch die Nachverhandlungsmöglichkeit die Menge der implementierbaren Aktionen nicht verändert. Zudem ist jede implementierbare Aktion mit Nachverhandlungen zu first-best Kosten zu induzieren.*

Sofern die first-best-Aktion e^{FB} implementierbar ist, wird gemäß Proposition 4.1 im Gleichgewicht mit Nachverhandlungen die first-best-Lösung erzielt.[15] Kann e^{FB} nicht implementiert werden, wird im Gleichgewicht eine second-best Aktion zu first-best-Kosten induziert.

Die wesentliche Erkenntnis aus der Analyse von HK ist, dass bei beobachtbarem, aber nicht verifizierbarem Arbeitseinsatz im Gegensatz zu *Fudenberg/Tirole* (1990) kein renegotiation-proof-Prinzip zur Anwendung kommt. Vielmehr kann der Prinzipal durch Nachverhandlungen jede implementierbare Aktion zu first-best Kosten induzieren. Damit stellt

14 Dieses folgt daraus, dass die Akzeptanzbedingung für den neuen (Fix)-Vertrag $u\left(\overline{S}^{R}\right) - C(e) \geq \int_Y u(S(y))\, f(y;e)\, dy - C(e)$ im Optimum bindet.

15 Die Idee ist, dass durch den Ausgangsvertrag die first-best Anreize induziert werden und im Nachverhandlungszeitpunkt die Umwandlung in eine Fixzahlung gemäß (4.4) folgt. Die first-best Aktion e^{FB} ist aber über den Ausgangsvertrag nur dann implementierbar, wenn es keine andere Strategie des Agenten gibt, die zu derselben Dichte $f\left(y;e^{FB}\right)$ führt und gleichzeitig mit weniger Arbeitsleid verbunden ist, siehe HK, S. 1742-1743.

sich der Prinzipal bei beobachtbarem Einsatz mit Nachverhandlungen stets besser als ohne diese Möglichkeit, sofern nicht die mit dem geringsten Disnutzen verbundene Aktion implementiert wird.[16] HK (S. 1741) betonen folgenden Unterschied zwischen den Gleichgewichten bei perfekter Selbstbindung und bei Nachverhandlungen: Während im ersten Fall die Entlohnung auf die *Realisation* von y konditioniert wird, hängt der endgültige Vertrag bei Nachverhandlungen $\overline{S}^{R*}(e) = u^{-1}\left[\int_Y u(S(y))\, f(y;e)\, dy\right]$ von der *Verteilung* von y ab. Da der endgültige Vertrag gemäß (4.4) von dem durch den Ausgangsvertrag induzierten Erwartungsnutzen abhängt, bestimmt der Ausgangsvertrag implizit die Drohpunkte im Nachverhandlungszeitpunkt.

4.2.3 Nachverhandlungen in langfristigen Beziehungen

In diesem Abschnitt betrachten wir das in Abschnitt 3.2 formulierte Grundmodell unter der Annahme, dass der Arbeitseinsatz des Agenten vom Prinzipal beobachtet, nicht aber von Dritten verifiziert werden kann. Dabei sind zwei wesentliche Unterschiede zu der Analyse von HK zu beachten: Zum einen liegt der folgenden Untersuchung ein zweiperiodiges Modell zugrunde, zum anderem wird in HK nachverhandelt, nachdem der Arbeitseinsatz geleistet wurde, aber bevor das Performancemaß realisiert worden ist, wohingegen Nachverhandlungen im zweiperiodigen Kontext am Ende der ersten Periode stattfinden, nachdem die Performancemaße und die Aktionen der ersten Periode beobachtet worden sind.

Zielsetzung der folgenden Analyse ist es, grundlegende Unterschiede zum hidden action-Fall mit unbeobachtbarem Einsatz aus Abschnitt 3.4 zu verdeutlichen und gleichzeitig eine Abgrenzung von der Untersuchung von HK vorzunehmen. Da der Prinzipal bei perfekter Selbstbindungskraft per Definition nur zu Beginn des Spiels durch Abgabe der Vertragsofferte handelt, ist die full commitment-Gleichgewichtslösung (siehe Abschnitt 3.3) unabhängig davon, ob der Prinzipal den Einsatz des Managers beobachten kann oder nicht. Die gleiche Überlegung trifft auch auf den Arbeitseinsatz der zweiten Periode zu: Die Aktionswahl e_2 ist die letzte strategische Handlung des Gesamtspiels, so dass die Frage, ob diese vom Prinzipal beobachtbar ist oder nicht, die Allokation nicht beeinflusst, sofern e_2 (wie stets angenommen) nicht verifizierbar ist. Entscheidend ist deshalb allein die Beobachtbarkeit des Arbeitseinsatzes der ersten Periode.

Beginnen wir mit der Analyse des Spiels im Nachverhandlungszeitpunkt. Das Optimierungsproblem zur Bestimmung des sequentiell optimalen Entlohnungsvertrages für eine gegebene Beobachtung (y_1, e_1) lässt sich analog zu (3.7)-(3.9) im Grundmodell formulieren, wobei die Vermutung $\widehat{e}_1$ durch die tatsächliche Beobachtung e_1 des Prinzipals zu

16 Zudem fordern HK noch explizit, dass sich der Träger der Verteilung nicht mit dem Arbeitseinsatz des Agenten verschiebt (non moving support), was aber in der vorliegenden Untersuchung (siehe Abschnitt 3.2) stets für alle Verteilungen vorausgesetzt wurde.

ersetzen ist:

$$\max_{e_2^R, S_2^R} E(\pi|y_1, e_1) - S_1(y_1) - E(S_2^R|y_1, e_1) \tag{4.5}$$

u.d.N.

$$e_2^R \in \underset{e_2'}{\operatorname{argmax}}\, EU_1(V^R, e_1, e_2', y_1) \tag{4.6}$$

$$EU_1(V^R, e_1, e_2^R, y_1) \geq EU_1(V, e_1, e_2, y_1), \tag{4.7}$$

wobei wie im Grundmodell e_2^R die optimale Reaktion auf S_2^R ist und e_2 den optimalen Einsatz bezeichnet, wenn V der endgültige Vertrag wäre. Bezeichne nachfolgend mit $S_2^{R*}(y_1, y_2|e_1)$ die sequentiell optimale Entlohnungsfunktion als Funktion von y_1 und e_1.[17]

Im Optimum muss die Teilnahmebedingung (4.7) für alle Beobachtungen (y_1, e_1) binden:

$$EU_1(S_1, S_2^{R*}, e_1, e_2^{R*}, y_1) = EU_1(S_1, S_2, e_1, e_2, y_1) \text{ für alle } (y_1, e_1).$$

Folglich gilt auch[18]

$$\int_{Y_1} EU_1(S_1, S_2^{R*}, e_1, e_2^{R*}, y_1)\, f_1(y_1; e_1)\, dy_1 = \int_{Y_1} EU_1(S_1, S_2, e_1, e_2, y_1)\, f_1(y_1; e_1)\, dy_1 \;\forall\, e_1$$

$$\Leftrightarrow$$

$$EU_0(S_1, S_2^{R*}, e_1, e_2^{R*}) = EU_0(S_1, S_2, e_1, e_2) \text{ für alle } e_1. \tag{4.8}$$

Da ex post für jede Aktion e_1 die erwarteten Nutzenniveaus aus $V^R = (S_1, S_2^{R*})$ und $V = (S_1, S_2)$ für alle y_1 übereinstimmen, müssen folglich auch die ex ante erwarteten Nutzenniveaus unter beiden Verträgen für jede Aktion e_1 übereinstimmen. Die Nachverhandlungsmöglichkeit des Prinzipals hat also (analog zu HK) weder Einfluss auf die ex ante Teilnahmebedingung noch auf die Anreize der ersten Periode, weil der ex ante erwartete Nutzen des Agenten gemäß (4.8) durch die Nachverhandlung nicht berührt wird. Im Gegensatz zu HK ist aber nach der Nachverhandlung in $t = 1$ noch der Arbeitseinsatz für die zweite Periode zu induzieren. Für die Aktionswahl der zweiten Periode ist dabei ausschließlich der endgültige Vertrag relevant.

Im Gegensatz zum Grundmodell mit unbeobachtbarem Einsatz ist bei beobachtbarem Arbeitseinsatz mit der Nachverhandlung keine Beschränkung der Menge der implementierbaren Aktionen verbunden: Durch den Ausgangsvertrag kann jede beliebige implementierbare Aktion in Periode 1 induziert werden und der revidierte Vertrag kann dann genutzt werden, um die (sequentiell) optimale Aktion in Periode 2 zu induzieren, ohne dabei die Anreize der ersten Periode zu zerstören und ohne die ex ante Teilnahmebedingung zu beeinflussen.

17 Diese erhält man, indem man Optimierungsprogramm (4.5)-(4.7) für alle (y_1, e_1) löst.

18 $EU_0 = \int_{Y_1} \int_{Y_2} U(\cdot)\, f(y_1, y_2)\, dy_2 dy_1 = \int_{Y_1} \underbrace{\left[\int_{Y_2} U(\cdot)\, f_2(y_2|y_1)\, dy_2\right]}_{EU_1} f_1(y_1)\, dy_1.$

Proposition 4.2 *Bei beobachtbarem, aber nicht verifizierbarem Arbeitseinsatz des Agenten ist die Nachverhandlungsmöglichkeit des Prinzipals, gemessen an der full commitment Gleichgewichtslösung, schwach vorteilhaft.*

Beweis. Angenommen, in $t = 0$ ist der full commitment-Vertrag $V^C = \left(S_1^C, S_2^C\right)$ vereinbart worden. Da Nachverhandlungen die Anreize der ersten Periode nicht beeinflussen, ist e_1^C auch bei Nachverhandlungen die Gleichgewichtsaktion in Periode 1. Sei $Z_1^C\left(y_1, e_1^C\right)$ der auf $\left(y_1, e_1^C\right)$ konditionierte payoff des Prinzipals in $t = 1$, wenn V^C der endgültige Vertrag ist und $Z_1^*\left(y_1, e_1^C\right)$ der entsprechende payoff, wenn $V^R = \left(S_1^C, S_2^{R*}\left(y_1, y_2 | e_1^C\right)\right)$ der endgültige Vertrag ist. Offensichtlich muss $Z_1^*\left(y_1, e_1^C\right) \geq Z_1^C\left(y_1, e_1^C\right)$ für alle y_1 gelten, denn andernfalls wäre S_2^{R*} nicht sequentiell optimal. Für den ex ante erwarteten Profit des Prinzipals gilt dann

$$Z^* = \int_{Y_1} Z_1^*\left(y_1, e_1^C\right) f_1\left(y_1; e_1^C\right) dy_1 \geq \int_{Y_1} Z_1^C\left(y_1, e_1^C\right) f_1\left(y_1; e_1^C\right) dy_1 = Z^C,$$

so dass Nachverhandlungen, gemessen am full commitment-Optimum, ex ante schwach präferiert werden. ■

Während im Grundmodell Nachverhandlungen (schwach) ineffizient sind, dreht sich dieses Resultat bei beobachtbarem Einsatz um. Hintergrund dieses Ergebnisses ist, dass aufgrund der Beobachtbarkeit seines Arbeitseinsatzes dem Agenten bewusst ist, dass der revidierte Vertrag ihn im Nachverhandlungszeitpunkt für jede geleistete Aktion so stellt als wäre der Ausgangsvertrag auch der endgültige Vertrag. Damit gibt es keine Rückwirkungen von Nachverhandlungen auf die Anreize der ersten Periode, so dass die Nachverhandlungsmöglichkeit aus der ex ante Perspektive nicht schaden kann. Der potentielle Vorteil gegenüber der full commitment-Situation besteht darin, dass durch Nachverhandlungen der Entlohnungsvertrag an die Beobachtung der tatsächlichen Arbeitsleistung e_1 angepasst werden kann und somit im Gleichgewicht möglicherweise implizit auf e_1 kontrahiert werden kann. Unter welchen Bedingungen dieser Vorteil zum Tragen kommt, wird im nächsten Abschnitt untersucht.

4.2.4 Informationsgehalt und Performancemessung

In diesem Abschnitt wird auf Basis des in Abschnitt 3.5.1 spezifizierten LEN-Modells untersucht, unter welchen Bedingungen sich Nachverhandlungen ex ante lohnen und wie diese Bedingungen zu interpretieren sind. Der Rückgriff auf das LEN-Modell ermöglicht einen direkten Vergleich zu den Ergebnissen des Grundmodells aus Abschnitt 3.5.3 und bietet zudem die Gelegenheit, Performancemaße und deren Informationsgehalt in unterschiedlicher Weise abzubilden.

Ausgehend von der Analyse in Abschnitt 3.5.3 wird zunächst das optimale Vertragsangebot des Prinzipals im Nachverhandlungszeitpunkt bestimmt. Dabei ist aus der Analyse des Grundmodells bekannt, dass der durch $\mathbf{s}_2^R$ gesteuerte ex post Risiko-Anreiz-trade-off unabhängig vom Einsatz $\mathbf{e}_1$ des Agenten ist.[19] Folglich entspricht die sequentiell optimale Beteiligung für die zweite Periode bei beobachtbarem Einsatz derjenigen aus dem Grundmodell, (3.29),

$$\mathbf{s}_2^{R*} = \left[\mathbf{b}_2\mathbf{b}_2^T + r\left[\boldsymbol{\Sigma}_{22} - \boldsymbol{\Sigma}_{21}\boldsymbol{\Sigma}_{11}^{-1}\boldsymbol{\Sigma}_{12}\right]\right]^{-1}\mathbf{b}_2\mathbf{g}_2. \tag{4.9}$$

Die sequentiell optimale Fixzahlung für die zweite Periode erhält man, indem man in (3.30) und (3.31) für $\widehat{\mathbf{e}}_1$ die tatsächliche Beobachtung $\mathbf{e}_1$ einsetzt

$$\begin{aligned} F_2^{R*}(\mathbf{e}_1) &= \mathbf{s}_2^T E\left[\mathbf{y}_2(\mathbf{e}_2) \mid \mathbf{y}_1, \mathbf{e}_1\right] - \left(\mathbf{s}_2^{R*}\right)^T E\left[\mathbf{y}_2\left(\mathbf{e}_2^{R*}\right) \mid \mathbf{y}_1, \mathbf{e}_1\right] \\ &\quad + \frac{1}{2}\left(\mathbf{e}_2^{R*}\right)^T \mathbf{e}_2^{R*} - \frac{1}{2}\mathbf{e}_2^T\mathbf{e}_2 + F_2 + \\ &\quad \frac{r}{2}\left[Var\left(\left(\mathbf{s}_2^{R*}\right)^T \mathbf{y}_2 \mid \mathbf{y}_1\right) - Var\left(\mathbf{s}_2^T\mathbf{y}_2 \mid \mathbf{y}_1\right)\right] \end{aligned} \tag{4.10}$$

bzw.

$$\begin{aligned} F_2^{R*}(\mathbf{e}_1) &= \left(\mathbf{s}_2^T - \left(\mathbf{s}_2^{R*}\right)^T\right)\left[\boldsymbol{\beta}\mathbf{e}_1 + \boldsymbol{\Sigma}_{21}\boldsymbol{\Sigma}_{11}^{-1}\left(\mathbf{y}_1 - \mathbf{b}_1\mathbf{e}_1\right)\right] \\ &\quad + \frac{1}{2}\mathbf{s}_2^T\mathbf{b}_2\mathbf{b}_2^T\mathbf{s}_2 - \frac{1}{2}\left(\mathbf{s}_2^{R*}\right)^T\mathbf{b}_2\mathbf{b}_2^T\mathbf{s}_2^{R*} + F_2 \\ &\quad + \frac{r}{2}\left\{\left(\mathbf{s}_2^{R*}\right)^T\left[\boldsymbol{\Sigma}_{22} - \boldsymbol{\Sigma}_{21}\boldsymbol{\Sigma}_{11}^{-1}\boldsymbol{\Sigma}_{12}\right]\mathbf{s}_2^{R*} - \mathbf{s}_2^T\left[\boldsymbol{\Sigma}_{22} - \boldsymbol{\Sigma}_{21}\boldsymbol{\Sigma}_{11}^{-1}\boldsymbol{\Sigma}_{12}\right]\mathbf{s}_2\right\}, \end{aligned} \tag{4.11}$$

wobei wiederum $\mathbf{e}_2^{R*} = \mathbf{b}_2^T\mathbf{s}_2^{R*}$ die optimale Aktionswahl ist, wenn $\left(\mathbf{s}_2^{R*}, F_2^{R*}\right)$ die endgültige Entlohnung für Periode 2 ist und $\mathbf{e}_2 = \mathbf{b}_2^T\mathbf{s}_2$ die entsprechende Aktionswahl, wenn der Ausgangsvertrag der endgültige Vertrag ist. Die sequentiell optimale Fixzahlung F_2^{R*} hängt im Gegensatz zu $\mathbf{s}_2^{R*}$ unter bestimmten Bedingungen von der Beobachtung $\mathbf{e}_1$ ab. Diese Bedingungen und ihre Implikationen werden in Proposition 4.3 zusammengefasst.

Proposition 4.3 *Notwendige Bedingung dafür, dass der Prinzipal von der Nachverhandlungsmöglichkeit bei beobachtbarem, aber nicht verifizierbarem Einsatz profitiert, ist, dass* $\mathbf{y}_2$ *informativ über* $\mathbf{e}_1$ *ist, d.h.* $\boldsymbol{\beta} \neq \boldsymbol{\Sigma}_{21}\boldsymbol{\Sigma}_{11}^{-1}\mathbf{b}_1$.

Beweis. Sei Γ ein Gleichgewicht, in dem $V = (S_1, S_2)$ in $t = 1$ durch $V^{R*} = \left(S_1, S_2^{R*}\right)$ ersetzt wird. Wenn $S_2^{R*} = F_2^{R*} + \left(\mathbf{s}_2^{R*}\right)^T\mathbf{y}_2$ nicht von $\mathbf{e}_1$ abhängt, kann V^{R*} als nachverhandlungssicherer Ausgangsvertrag implementiert werden, der exakt die gleiche Allokation herbeiführt wie Γ (dieses folgt analog zum Beweis des renegotiation-proof-Prinzips im Grundmodell, Proposition 3.1 in Verbindung mit Lemma 3.2). Da Nachverhandlungen bei beobachtbarem Arbeitseinsatz niemals nachteilig sein können, muss in diesem

19 Vgl. dazu auch die Herleitung von $\mathbf{s}_2^{R*}$ in Anhang A.2.

Fall das full commitment-Gleichgewicht resultieren. Notwendige Bedingung für eine strikte Vorteilhaftigkeit ist folglich, dass S_2^{R*} eine nicht-triviale Funktion von $\mathbf{e}_1$ ist. $\mathbf{s}_2^{R*}$ ist unabhängig von $\mathbf{e}_1$ und F_2^{R*} ist gemäß (4.11) nur dann eine nicht-triviale Funktion von $\mathbf{e}_1$, wenn $\boldsymbol{\beta} \neq \boldsymbol{\Sigma}_{21}\boldsymbol{\Sigma}_{11}^{-1}\mathbf{b}_1$ gilt. Letztere Ungleichung ist die Bedingung dafür, dass $\mathbf{y}_2$ informativ über $\mathbf{e}_1$ ist (siehe Anmerkung 3.1). ∎

Während im Fall des unbeobachtbaren Einsatzes über $\mathbf{e}_1$ informative Performancemaße $\mathbf{y}_2$ eine notwendige Bedingung für das Auftreten von Wohlfahrtseinbußen durch Nachverhandlungen sind (oder äquivalent, fehlender Informationsgehalt hinreichend für das Vermeiden eines Wohlfahrtsverlustes ist), ist Informationsgehalt von $\mathbf{y}_2$ über $\mathbf{e}_1$ bei beobachtbarem Einsatz notwendig für eine Paretoverbesserung durch Nachverhandlungen (oder äquivalent, fehlender Informationsgehalt ist hinreichend dafür, dass sich Nachverhandlungen nicht lohnen). Dieses lässt sich wie folgt erklären: Impliziert die Bedingung im ersten Fall, dass der Agent im Nachverhandlungszeitpunkt die payoff-relevante Zukunft besser einschätzen kann als der Prinzipal, ist sie im zweiten Fall, bei symmetrischer Information der Akteure im Nachverhandlungszeitpunkt, notwendig dafür, dass es sich für die Akteure lohnt, die Information $\mathbf{e}_1$ in $t = 1$ vertraglich zu nutzen. Wie im Grundmodell lässt sich dieses anhand der bedingten Dichtefunktion $f_2(\mathbf{y}_2; \mathbf{e}_2|\mathbf{y}_1, \mathbf{e}_1)$ verdeutlichen, die die relevante (symmetrische) Information der Akteure im Nachverhandlungszeitpunkt kennzeichnet. Wenn $f_2(\mathbf{y}_2; \mathbf{e}_2|\mathbf{y}_1, \mathbf{e}_1) \equiv f_2(\mathbf{y}_2; \mathbf{e}_2|\mathbf{y}_1)$ gilt, also die bedingte Dichte f_2 für alle möglichen $\mathbf{e}_1$ identisch ist, dann ist die neue Information $(\mathbf{e}_1)$ im Nachverhandlungszeitpunkt nicht payoff-relevant. Damit lohnt es sich auch nicht, $\mathbf{e}_1$ in $t = 1$ vertraglich zu berücksichtigen. Wenn die Performancemaße $\mathbf{y}_2$ aber informativ über $\mathbf{e}_1$ sind, d.h. $f_2(\mathbf{y}_2; \mathbf{e}_2|\mathbf{y}_1, \mathbf{e}_1') \neq f_2(\mathbf{y}_2; \mathbf{e}_2|\mathbf{y}_1, \mathbf{e}_1'')$ für $\mathbf{e}_1' \neq \mathbf{e}_1''$, dann ist es optimal, die Information $\mathbf{e}_1$ in den sequentiell rationalen Vertrag aufzunehmen, da sie payoff-relevant ist.

Bei HK ist die sequentiell optimale Entlohnungsfunktion $\overline{S}^{R*}(e)$ eine nicht-triviale Funktion des Arbeitseinsatzes. Dieses liegt daran, dass der durch den Ausgangsvertrag induzierte Erwartungsnutzen $\int_Y u(S(y)) f(y; e)\, dy - C(e)$ des Agenten im Nachverhandlungszeitpunkt stets von e abhängt. Im Gegensatz dazu finden Nachverhandlungen im vorliegenden Modell statt, nachdem der Agent bereits für die erste Periode entlohnt worden ist. In diesem Fall hängt der Erwartungsnutzen des Agenten, bedingt auf die Information im Nachverhandlungszeitpunkt, (und damit gleichzeitig der sequentiell optimale Vertrag) nur dann von $\mathbf{e}_1$ ab, wenn die bedingte Wahrscheinlichkeitsverteilung von $\mathbf{y}_2$ von $\mathbf{e}_1$ beeinflusst wird, also $\mathbf{y}_2$ informativ über $\mathbf{e}_1$ ist. Informative Performancemaße $\mathbf{y}_2$ sind somit eine notwendige Bedingung für die strikte Vorteilhaftigkeit der Nachverhandlungsmöglichkeit, aber keine hinreichende, denn wie in HK, wo für den Extremfall, dass der mit dem niedrigsten Arbeitsleid verbundene Einsatz implementiert werden soll, mit der Nachverhandlungsmöglichkeit keine Vorteile verbunden sind, gibt es auch im vorliegenden Modellrahmen Spezialfälle, für die obwohl $\mathbf{y}_2$ informativ über $\mathbf{e}_1$ ist, die full commitment-Lösung erzielt wird.[20]

Im Folgenden wird die Bedingung $\boldsymbol{\beta} \neq \boldsymbol{\Sigma}_{21}\boldsymbol{\Sigma}_{11}^{-1}\mathbf{b}_1$ hinsichtlich Risikoteilung und Anreizsteuerung näher analysiert und interpretiert. Dazu wird zunächst das Optimierungsprogramm des Prinzipals zur Bestimmung des Gleichgewichts des Gesamtspiels entwickelt.

Beide Akteure antizipieren die endgültige Entlohnungsfunktion für die zweite Periode, $S_2^{R*} = F_2^{R*} + \left(\mathbf{s}_2^{R*}\right)^T \mathbf{y}_2$, wie durch (4.9) und (4.10) bzw. (4.11) gegeben, und den korrespondierenden Einsatz $\mathbf{e}_2^{R*} = \mathbf{b}_2^T\mathbf{s}_2^{R*}$. Der Prinzipal maximiert dann seinen ex ante erwarteten Überschuss über die Vertragsparameter des Ausgangsvertrages

$$\max_{\mathbf{s}_1,\mathbf{s}_2,F_1,F_2} E(\pi) - E\left(\mathbf{s}_1^T\mathbf{y}_1 + F_1 + \left(\mathbf{s}_2^{R*}\right)^T \mathbf{y}_2 + F_2^{R*}\right). \tag{4.12}$$

Dabei hat er als Restriktionen die Anreizbedingung für die erste Periode sowie die ex ante Teilnahmebedingung zu berücksichtigen. Als Anreizbedingung erhält man

$$\mathbf{e}_1 = \underset{\mathbf{e}_1'}{\operatorname{argmax}} \begin{bmatrix} CE_0 = E\left[\mathbf{s}_1^T\mathbf{y}_1 + F_1 + \left(\mathbf{s}_2^{R*}\right)^T \mathbf{y}_2 + F_2^{R*}\right] - \frac{1}{2}\left[\left(\mathbf{e}_1'\right)^T \mathbf{e}_1' + \left(\mathbf{e}_2^{R*}\right)^T \mathbf{e}_2^{R*}\right] - \\ \frac{r}{2}Var\left(\mathbf{s}_1^T\mathbf{y}_1 + \left(\mathbf{s}_2^{R*}\right)^T \mathbf{y}_2 + F_1 + F_2^{R*}\right) \end{bmatrix}.$$

Unter Vernachlässigung von die Optimierung nicht beeinflussenden Termen, kann das zu maximierende ex ante Sicherheitsäquivalent auch geschrieben werden als:

$$\begin{aligned} CE_0 &= E\left[\mathbf{s}_1^T\mathbf{y}_1 + E\left[\mathbf{s}_2^T\mathbf{y}_2(\mathbf{e}_2)\,|\mathbf{y}_1, \mathbf{e}_1'\right]\right] - \frac{1}{2}\left(\mathbf{e}_1'\right)^T \mathbf{e}_1' \\ &= \mathbf{s}_1^T\mathbf{b}_1\mathbf{e}_1' + \mathbf{s}_2^T\left[\mathbf{b}_2\mathbf{e}_2 + \boldsymbol{\beta}\mathbf{e}_1'\right] - \frac{1}{2}\left(\mathbf{e}_1'\right)^T \mathbf{e}_1', \end{aligned} \tag{4.13}$$

wobei der Term $E\left[\mathbf{s}_2^T\mathbf{y}_2(\mathbf{e}_2)\,|\mathbf{y}_1, \mathbf{e}_1'\right] = \mathbf{s}_2^T\left[\mathbf{b}_2\mathbf{e}_2 + \boldsymbol{\beta}\mathbf{e}_1' + \boldsymbol{\Sigma}_{21}\boldsymbol{\Sigma}_{11}^{-1}\left(\mathbf{y}_1 - \mathbf{b}_1\mathbf{e}_1'\right)\right]$ mit $\mathbf{e}_2 = \mathbf{b}_2^T\mathbf{s}_2$ über die Fixzahlung F_2^{R*} Eingang in die Anreizbedingung für die erste Periode erhält. Konkret ergibt sich aus der Maximierung von (4.13) folgende Aktionswahl

$$\mathbf{e}_1 = \mathbf{b}_1^T\mathbf{s}_1 + \boldsymbol{\beta}^T\mathbf{s}_2.$$

Dabei wird deutlich, dass, wie in Abschnitt 4.2.3 allgemein gezeigt, die Nachverhandlungsmöglichkeit die Anreize in Periode 1 nicht beeinflusst: Die optimale Aktionswahl $\mathbf{e}_1$ hängt ausschließlich von den Parametern des Ausgangsvertrages ab.

Damit der Agent ex ante teilnimmt, muss zudem folgende Partizipationsbedingung erfüllt sein:

$$\begin{bmatrix} CE_0 = E\left[\mathbf{s}_1^T\mathbf{y}_1 + \left(\mathbf{s}_2^{R*}\right)^T \mathbf{y}_2 + F_1 + F_2^{R*}\right] - \frac{1}{2}\left[\mathbf{e}_1^T\mathbf{e}_1 + \left(\mathbf{e}_2^{R*}\right)^T \mathbf{e}_2^{R*}\right] - \\ \frac{r}{2}Var\left(\mathbf{s}_1^T\mathbf{y}_1 + \left(\mathbf{s}_2^{R*}\right)^T \mathbf{y}_2 + F_1 + F_2^{R*}\right) \end{bmatrix} \geq 0.$$

20 Diese Spezialfälle sind in allgemeiner Form nicht zu interpretieren, siehe dazu auch Abschnitt 3.5.3, insbesondere Fußnote 48 in Kapitel 3.

Implementiert man die bindende Partizipationsbedingung in die Zielfunktion des Prinzipals, ergibt sich folgendes Problem[21]

$$\max_{\mathbf{s}_1,\mathbf{s}_2} \mathbf{g}_1^T\mathbf{e}_1+\mathbf{g}_2^T\mathbf{e}_2^{R*}-\frac{1}{2}[\mathbf{e}_1^T\mathbf{e}_1+\left(\mathbf{e}_2^{R*}\right)^T\mathbf{e}_2^{R*}]-\frac{r}{2}Var(\mathbf{s}_1^T\mathbf{y}_1+(\mathbf{s}_2^{R*})^T\mathbf{y}_2+F_1+F_2^{R*}) \quad (4.14)$$
$$\text{u.d.N. } \mathbf{e}_1=\mathbf{b}_1^T\mathbf{s}_1+\boldsymbol{\beta}^T\mathbf{s}_2.$$

In Anhang B.1 wird gezeigt, dass sich der Varianzterm aus (4.14) wie folgt schreiben lässt:

$$Var(\mathbf{s}_1^T\mathbf{y}_1+\left(\mathbf{s}_2^{R*}\right)^T\mathbf{y}_2+F_1+F_2^{R*})=Var\left(\mathbf{s}_1^T\mathbf{y}_1+\mathbf{s}_2^TE\left(\mathbf{y}_2\left(\mathbf{e}_2\right)|\mathbf{y}_1,\mathbf{e}_1\right)\right)+Var(\left(\mathbf{s}_2^{R*}\right)^T\mathbf{y}_2|\mathbf{y}_1)$$
$$=\left(\mathbf{s}_1^T+\mathbf{s}_2^T\boldsymbol{\Sigma}_{21}\boldsymbol{\Sigma}_{11}^{-1}\right)\boldsymbol{\Sigma}_{11}\left(\mathbf{s}_1+\boldsymbol{\Sigma}_{11}^{-1}\boldsymbol{\Sigma}_{12}\mathbf{s}_2\right)+\left(\mathbf{s}_2^{R*}\right)^T\left(\boldsymbol{\Sigma}_{22}-\boldsymbol{\Sigma}_{21}\boldsymbol{\Sigma}_{11}^{-1}\boldsymbol{\Sigma}_{12}\right)\mathbf{s}_2^{R*}.$$

Damit kann das Gesamtproblem des Prinzipals formal wie folgt zerlegt werden:

$$\underbrace{\left\{\begin{array}{c}\max\limits_{\mathbf{s}_1,\mathbf{s}_2} \mathbf{g}_1^T\mathbf{e}_1-\frac{1}{2}\mathbf{e}_1^T\mathbf{e}_1-\frac{r}{2}Var\left(\mathbf{s}_1^T\mathbf{y}_1+\mathbf{s}_2^TE\left(\mathbf{y}_2\left(\mathbf{e}_2\right)|\mathbf{y}_1,\mathbf{e}_1\right)\right)\\ \text{u.d.N: } \mathbf{e}_1=\mathbf{b}_1^T\mathbf{s}_1+\boldsymbol{\beta}^T\mathbf{s}_2\end{array}\right\}}_{\text{Optimierungsproblem für Periode 1 (OP 1)}}+ \quad (4.15)$$

$$\underbrace{\left\{\mathbf{g}_2^T\mathbf{e}_2^{R*}-\frac{1}{2}\left(\mathbf{e}_2^{R*}\right)^T\mathbf{e}_2^{R*}-\frac{r}{2}Var\left(\left(\mathbf{s}_2^{R*}\right)^T\mathbf{y}_2|\mathbf{y}_1\right)\right\}}_{\text{Überschuss für die zweite Periode bei sequentiell optimalem Risiko-Anreiz-trade-off } (Z_2^*)}. \quad (4.16)$$

Man erkennt, dass sich das Problem des Prinzipals bei Nachverhandlungen mit beobachtbarem Einsatz in zwei Teilprobleme zerlegen lässt. Der zweite Teil (Z_2^*) entspricht dem erwarteten Überschuss des Prinzipals für die zweite Periode bei Antizipation, dass V^{R*} der endgültige Vertrag sein wird. Da der sequentiell optimale Risiko-Anreiz-trade-off für Periode 2 unabhängig von der Aktion der ersten Periode ist, stimmt Z_2^* mit dem entsprechenden Überschuss für die zweite Periode im Grundmodell bei unbeobachtbarem Einsatz

21 Hier wurden die Anreizbedingung für die erste Periode sowie die ex ante Teilnahmebedingung auf Basis des endgültigen Vertrages formuliert. Da Nachverhandlungen die Anreize der ersten Periode sowie den ex ante erwarteten Nutzen des Agenten nicht beeinflussen, könnte man alternativ die obigen Restriktionen auch unter der Annahme formulieren, dass der Ausgangsvertrag der endgültige Vertrag wäre. Man erhält dann als Anreizbedingung für die erste Periode entsprechend

$$\begin{aligned}\mathbf{e}_1 &= \underset{\mathbf{e}_1'}{\text{argmax}}\left[\begin{array}{c}E\left[\mathbf{s}_1^T\mathbf{y}_1+\mathbf{s}_2^T\mathbf{y}_2+F_1+F_2\right]-\frac{1}{2}\left[\left(\mathbf{e}_1'\right)^T\mathbf{e}_1'+\mathbf{e}_2^T\mathbf{e}_2\right]-\\ \frac{r}{2}Var\left(\mathbf{s}_1^T\mathbf{y}_1+\mathbf{s}_2^T\mathbf{y}_2+F_1+F_2\right)\end{array}\right]\\ &= \mathbf{b}_1^T\mathbf{s}_1+\boldsymbol{\beta}^T\mathbf{s}_2\end{aligned}$$

sowie als Partizipationsbedingung

$$\left[\begin{array}{c}E\left[\mathbf{s}_1^T\mathbf{y}_1+\mathbf{s}_2^T\mathbf{y}_2+F_1+F_2\right]-\frac{1}{2}\left[\mathbf{e}_1^T\mathbf{e}_1+\mathbf{e}_2^T\mathbf{e}_2\right]-\\ \frac{r}{2}Var\left(\mathbf{s}_1^T\mathbf{y}_1+\mathbf{s}_2^T\mathbf{y}_2+F_1+F_2\right)\end{array}\right]\geq 0,$$

mit $\mathbf{e}_2=\mathbf{b}_2^T\mathbf{s}_2$. Substituiert man aus der bindenden Partizipationsbedingung in die Zielfunktion (4.12) des Prinzipals, resultiert ebenfalls Ausdruck (4.14).

überein. Das Problem im Grundmodell bestand aber darin, dass der sequentiell optimale Entlohnungsvertrag ex ante ineffizient ist, sofern er die ex ante effizienten Anreize für die erste Periode zerstört.

Diese Problematik tritt bei beobachtbarem, aber nicht kontrahierbarem Einsatz des Agenten nicht auf. Da Nachverhandlungen die Anreize der ersten Periode nicht beeinflussen, kann der sequentiell optimale Risiko-Anreiz-trade-off ohne negative Rückwirkung auf die erste Periode implementiert werden. Formal erkennt man dies daran, dass das Problem der ersten Periode (beschrieben durch OP 1 in (4.15)) nicht von den sequentiell optimalen Entlohnungsparametern der zweiten Periode abhängt. Wie weiter oben schon bemerkt, resultiert der Term $E(\mathbf{y}_2(\mathbf{e}_2)|\mathbf{y}_1, \mathbf{e}_1)$ in OP 1 ursprünglich aus der sequentiell optimalen Fixzahlung F_2^{R*}. Innerhalb dieser war zwischen dem optimalen Einsatz $\mathbf{e}_2 = \mathbf{b}_2^T\mathbf{s}_2$ bei Beibehaltung des Ausgangsvertrages und der optimalen Aktionswahl $\mathbf{e}_2^{R*} = \mathbf{b}_2^T\mathbf{s}_2^{R*}$ bei revidiertem Vertrag zu unterscheiden. Innerhalb des Optimierungsproblems OP 1 muss diese Unterscheidung nicht explizit kenntlich gemacht werden; wir setzen $\mathbf{e}_2 = \mathbf{b}_2^T\mathbf{s}_2$ voraus und schreiben $\widehat{\mathbf{y}}_2 \equiv E(\mathbf{y}_2|\mathbf{y}_1, \mathbf{e}_1)$.[22]

Das Optimierungsproblem OP 1 korrespondiert gedanklich mit einem statischen, einperiodigen Anreizproblem mit den Aktionen $\mathbf{e}_1$ und den beiden Performancemaßsystemen $\mathbf{y}_1$ und $\widehat{\mathbf{y}}_2 = E(\mathbf{y}_2|\mathbf{y}_1, \mathbf{e}_1)$ im LEN-Modell: Seien F, $\mathbf{s}_1$ und $\mathbf{s}_2$ die entsprechenden Entlohnungsparameter, dann ist das Sicherheitsäquivalent des Agenten innerhalb dieses einperiodigen Problems gegeben durch

$$F + E\left[\mathbf{s}_1^T\mathbf{y}_1 + \mathbf{s}_2^T\widehat{\mathbf{y}}_2\right] - \frac{1}{2}\mathbf{e}_1^T\mathbf{e}_1 - \frac{r}{2}Var\left[\mathbf{s}_1^T\mathbf{y}_1 + \mathbf{s}_2^T\widehat{\mathbf{y}}_2\right]. \tag{4.17}$$

Da die Varianz keinen Einfluss auf die Aktionswahl hat, resultiert als Anreizbedingung $\mathbf{e}_1 = \mathbf{b}_1^T\mathbf{s}_1 + \boldsymbol{\beta}^T\mathbf{s}_2$. Der Nettoüberschuss des Prinzipals beträgt

$$\mathbf{g}_1^T\mathbf{e}_1 - E\left(F + \mathbf{s}_1^T\mathbf{y}_1 + \mathbf{s}_2^T\widehat{\mathbf{y}}_2\right).$$

Berücksichtigt man, dass im Optimum das Sicherheitsäquivalent (4.17) bei optimaler Aktionswahl dem Reservationslohn (von null) entsprechen muss, lässt sich das Gesamtproblem des Prinzipals vereinfacht schreiben als

$$\begin{aligned}&\max_{\mathbf{s}_1,\mathbf{s}_2} \mathbf{g}_1^T\mathbf{e}_1 - \frac{1}{2}\mathbf{e}_1^T\mathbf{e}_1 - \frac{r}{2}Var\left[\mathbf{s}_1^T\mathbf{y}_1 + \mathbf{s}_2^T\widehat{\mathbf{y}}_2\right]\\ &\text{u.d.N. } \mathbf{e}_1 = \mathbf{b}_1^T\mathbf{s}_1 + \boldsymbol{\beta}^T\mathbf{s}_2\end{aligned}$$

und entspricht damit genau OP 1 aus (4.15).

Im Gleichgewicht bei Nachverhandlungen kann also die sequentiell optimale Lösung für die zweite Periode induziert werden, ohne das Problem der ersten Periode zu beeinflussen

22 $E[\mathbf{y}_2(\mathbf{e}_2)|\mathbf{y}_1, \mathbf{e}_1] = [\mathbf{b}_2\mathbf{e}_2 + \boldsymbol{\beta}\mathbf{e}_1 + \boldsymbol{\Sigma}_{21}\boldsymbol{\Sigma}_{11}^{-1}(\mathbf{y}_1 - \mathbf{b}_1\mathbf{e}_1)]$ mit $\mathbf{e}_2 = \mathbf{b}_2^T\mathbf{s}_2$. Da der Term $\mathbf{b}_2\mathbf{e}_2 = \mathbf{b}_2\mathbf{b}_2^T\mathbf{s}_2$ die Lösung von OP 1 nicht beeinflusst, kann er stets vernachlässigt werden.

und anschließend kann der Ausgangsvertrag vollständig dazu verwendet werden, das Problem der ersten Periode zu lösen, wobei implizit die Performancemaße $\widehat{\mathbf{y}}_2 = E[\mathbf{y}_2|\mathbf{y}_1, \mathbf{e}_1]$ (anstatt $\mathbf{y}_2$) zur Verfügung stehen.[23] Die implizite Verwendung von $\widehat{\mathbf{y}}_2$ ist darauf zurückzuführen, dass nur der endgültige Vertrag $V^{R*} = \left(F_1 + \mathbf{s}_1^T \mathbf{y}_1; F_2^{R*} + \left(\mathbf{s}_2^{R*}\right)^T \mathbf{y}_2\right)$ auszahlungsrelevant wird. Die Bemessungsgrundlage $\mathbf{y}_2$ wird im Nachverhandlungszeitpunkt, gegeben die Information $(\mathbf{y}_1, \mathbf{e}_1)$, mit $E(\mathbf{y}_2|\mathbf{y}_1, \mathbf{e}_1)$ bewertet und da der Agent durch den revidierten Vertrag im Gleichgewicht exakt so gestellt werden muss wie durch den ursprünglichen Vertrag, geht die erfolgsabhängige Entlohnung $\mathbf{s}_2^T \mathbf{y}_2$ des Ausgangsvertrages als $\mathbf{s}_2^T E(\mathbf{y}_2|\mathbf{y}_1, \mathbf{e}_1)$ in die Gleichgewichtslösung ein.

Das Ergebnis von HK, dass der endgültige Vertrag nicht mehr von der Realisation der Zufallsvariablen y abhängt, sondern nur noch von deren Verteilung, kommt auf subtilere Weise auch im vorliegenden Modell zum Ausdruck: Für das Problem der ersten Periode ist nicht die Realisation von $\mathbf{y}_2$ von Bedeutung, sondern deren Erwartung, bedingt auf den Informationsstand im Nachverhandlungszeitpunkt.

Im Folgenden werden auf Basis von typisierenden Beispielen die durch OP 1 implizit charakterisierten trade-offs näher analysiert.

Es sei $y_1 = e_1 + \eta_1$, $y_2 = \beta e_1 + e_2 + \eta_2$ und $E(\pi) = e_1 + e_2$. Die Zufallsvariablen (η_1, η_2) sind bivariat standardisiert normalverteilt mit Korrelationskoeffizient ρ. Die Zielfunktion zur Bestimmung des full commitment-Gleichgewichts ist dann gemäß (3.25) gegeben durch

$$\max_{s_1, s_2} s_1 + \beta s_2 + s_2 - \frac{(s_1 + \beta s_2)^2}{2} - \frac{s_2^2}{2} - \frac{r}{2}\left(s_1^2 + s_2^2 + 2 s_1 s_2 \rho\right). \tag{4.18}$$

Bestimmt man über die Optimalitätsbedingungen erster Ordnung die Gleichgewichtsbeteiligungen (vgl. (3.27))

$$\begin{aligned} s_1^C &= \frac{-1 + r(\rho - 1) + \beta(1 + r\rho)}{Q} \\ s_2^C &= \frac{1 + r(\beta + 1 - \rho)}{Q}, \text{ mit } Q = 1 + r^2\left(1 - \rho^2\right) + r\left(\beta^2 + 2 - 2\beta\rho\right) \end{aligned} \tag{4.19}$$

und setzt diese wiederum in die obige Zielfunktion ein, erhält man als Überschuss

$$Z^C = \frac{1}{2} \frac{\beta^2 r + 2r(1 - \rho)(1 + \beta) + 2}{Q}. \tag{4.20}$$

Für die Bestimmung des Gleichgewichts mit Nachverhandlungsmöglichkeit bei beobachtbarem Einsatz ist zusätzlich das Performancemaß[24]

$$\widehat{y}_2 = E(y_2|y_1, e_1) = s_2 + \beta e_1 + \rho(y_1 - e_1)$$

23 Für $\boldsymbol{\beta} = \boldsymbol{\Sigma}_{21}\boldsymbol{\Sigma}_{11}^{-1}\mathbf{b}_1$ ist die Lösung von OP 1 nicht eindeutig, weil $\mathbf{y}_2$ nicht informativ über $\mathbf{e}_1$ ist und damit $\widehat{\mathbf{y}}_2 = E(\mathbf{y}_2|\mathbf{y}_1, \mathbf{e}_1)$ nicht zur Steuerung der ersten Periode benötigt wird. Wollte man das Gleichgewicht in diesem Fall über (4.15) ermitteln, könnte man ohne Beschränkung der Allgemeinheit $\mathbf{s}_2 = \mathbf{s}_2^{R*}$ setzen. Da gemäß Proposition 4.3 für $\boldsymbol{\beta} = \boldsymbol{\Sigma}_{21}\boldsymbol{\Sigma}_{11}^{-1}\mathbf{b}_1$ das full commitment-Gleichgewicht erzielt wird, kann man in diesem Fall aber auch gleich das full commitment-Problem lösen.

24 Wobei s_2 ohne Beschränkung der Allgemeinheit vernachlässigt werden kann, siehe auch Fn. 22.

zu berücksichtigen. Nach Proposition 4.3 ist die full commitment-Lösung nachverhandlungssicher, wenn y_2 keinen Informationsgehalt über e_1 hat, $\boldsymbol{\beta} = \boldsymbol{\Sigma}_{21}\boldsymbol{\Sigma}_{11}^{-1}\mathbf{b}_1$, also wenn im vorliegenden Beispiel $\beta = \rho$ gilt. Notwendige Bedingung für die Vorteilhaftigkeit von Nachverhandlungen ist folglich $\beta \neq \rho$, was nachfolgend angenommen wird.

Die sequentiell optimale Beteiligungsrate für die zweite Periode (4.9) ist im Beispiel gegeben durch

$$s_2^{R*} = \frac{1}{1 + r\left(1 - \rho^2\right)}$$

und der erwartete Überschuss für die zweite Periode beträgt gemäß (4.16)

$$Z_2^* = \frac{1}{2}\frac{1}{1 + r\left(1 - \rho^2\right)} = \frac{1}{2}s_2^{R*}. \tag{4.21}$$

Für die erste Periode erhält man folgendes Optimierungsproblem (OP 1)

$$\begin{aligned} &\max_{s_1,s_2} e_1 - \frac{e_1^2}{2} - \frac{r}{2}\left(s_1 + s_2\rho\right)^2 \\ &\text{u.d.N. } e_1 = s_1 + \beta s_2. \end{aligned} \tag{4.22}$$

Wir betrachten dieses Optimierungsproblem nachfolgend für zwei Spezialfälle. Zunächst sei angenommen, dass $\rho = 0$ und $\beta > 0$ gelte. Nachdem man die Anreizbedingung in die Zielfunktion eingesetzt hat, wird (4.22) zu

$$\max_{s_1,s_2} Z_1 = s_1 + s_2\beta - \frac{\left(s_1 + s_2\beta\right)^2}{2} - \frac{r}{2}s_1^2.$$

Dieses Problem hat die Lösung $s_1^* = 0$ und $s_2^* = \frac{1}{\beta}$ mit dem optimalen Zielfunktionswert $Z_1^* = \frac{1}{2}$. Man erkennt, dass im Gleichgewicht in der ersten Periode die first-best-Lösung erreicht wird:[25] Damit korrespondiert die Lösung für die erste Periode mit dem Ergebnis von HK, welches besagt, dass im Gleichgewicht des einperiodigen Spiels die first-best-Lösung erreicht wird (sofern die first-best Aktion implementierbar ist). Diese first-best-Lösung wurde dadurch erreicht, dass als endgültiger Vertrag eine vom Arbeitseinsatz abhängige Fixzahlung implementiert werden konnte. Im vorliegenden Modellrahmen hingegen wird die first-best-Lösung in Periode 1 erreicht, weil der Entlohnungsvertrag neben y_1 implizit auch auf $\widehat{y}_2$ bedingt werden kann. Da für $\rho = 0$ $\widehat{y}_2 = E\left(y_2|y_1, e_1\right) = s_2 + \beta e_1$ aus der ex ante Perspektive keine Zufallsvariable mehr ist, steht faktisch ein risikoloses Performancemaß zur Verfügung. Im Gleichgewicht ist es optimal, zur Anreizsteuerung ausschließlich das risikolose Maß zu nutzen, so dass der Agent kein Risiko trägt und die first-best-Lösung resultiert.[26] Dieses ist aber nur möglich, weil die Aktion e_1 langfristige Auswirkungen hat, $\beta > 0$, und damit $\widehat{y}_2$ sensitiv bezüglich e_1 ist.

25 Die first-best-Lösung für Periode 1 erhält man durch Maximierung von $e_1 - e_1^2/2$ über e_1.

26 Da auf ein risikoloses Maß kontrahiert werden kann, könnte die first-best-Lösung auch über einen *forcing contract* implementiert werden, der vertraglich den gewünschten Arbeitseinsatz und gleichzeitig die Sanktionen für den Fall des Abweichens festschreibt.

Als zweiter Spezialfall wird das Problem der ersten Periode (4.22) für $\beta = 0$ und $\rho \neq 0$ analysiert. Als zu maximierende Zielfunktion ergibt sich nach Substitution der Anreizbedingung

$$\max_{s_1, s_2} Z_1 = s_1 - \frac{s_1^2}{2} - \frac{r}{2}(s_1 + s_2\rho)^2, \tag{4.23}$$

mit der Lösung $s_1^* = 1$ und $s_2^* = -\frac{1}{\rho}$ und $Z_1^* = \frac{1}{2}$. Wiederum wird in Periode 1 die first-best-Lösung erzielt. Allerdings ist jetzt die Interpretation des vorherigen Falls nicht mehr zutreffend, da $\widehat{y}_2 = E(y_2|y_1, e_1) = s_2 + \rho(y_1 - e_1)$ aus der ex ante Perspektive kein risikoloses Maß ist, sondern von y_1 abhängt. Dass dennoch die first-best-Lösung implementiert wird, kann wie folgt erklärt werden: Da $\widehat{y}_2$ nicht sensitiv bezüglich e_1 ist (man beachte, dass $y_1 = e_1 + \eta_1$ und deswegen $E(\widehat{y}_2) = s_2$ gilt), wird die Beteiligungsrate s_2 im Optimum ausschließlich dazu genutzt, die Varianz der Entlohnung $(s_1 + s_2\rho)^2$ zu minimieren. Gegeben s_1, wird die Varianz für $s_2 = -\frac{s_1}{\rho}$ minimal, wobei die resultierende minimale Varianz $\left(s_1 - \frac{s_1}{\rho}\rho\right)^2 = 0$ beträgt. Kombiniert man die beiden risikobehafteten Maße $\widehat{y}_2$ und y_1 optimal, kann vollständig das Risiko der Entlohnung eliminiert werden und gleichzeitig können über $s_1 = 1$ die first-best Anreize induziert werden.

Der Wohlfahrtsgewinn durch die Nachverhandlungsmöglichkeit beträgt für $\beta = 0$ und $\rho \neq 0$

$$\Delta = (Z_1^* + Z_2^*) - Z^C = \frac{1}{2}\frac{r(\rho+1)^2(-r(1-\rho)-1)}{(-1-r(1-\rho^2))(r\rho+r+1)} \text{ für } \rho \neq 0.$$

Δ ist für $\rho = -1$ null und ansonsten positiv. Für $\rho = -1$ wird sowohl im Spiel mit Nachverhandlungsmöglichkeit $\left(s_1^* = 1, s_2^* = 1, s_2^{R*} = 1, Z_1^* + Z_2^* = 1\right)$ als auch bei perfekter Selbstbindung $\left(s_1^C = s_2^C = 1, Z^C = 1\right)$ im Gesamtspiel die first-best-Lösung erzielt. Dieses ist darauf zurückzuführen, dass für $\rho = -1$ mit Wahrscheinlichkeit 1 eine lineare Beziehung mit der Steigung -1 zwischen y_1 und y_2 besteht, so dass durch das Induzieren der first-best-Einsatzniveaus $e_1 = e_2 = 1$ gleichzeitig das Risiko der Beziehung perfekt gehedgt wird. Allerdings liegt für $\rho = -1$ gar keine zweidimensionale Normalverteilung von (y_1, y_2) mehr vor[27], sondern die ursprünglich zweidimensionale Verteilung fällt zu einer eindimensionalen Verteilung zusammen[28], weshalb solche Fälle bei der Formulierung des LEN-Modells in Abschnitt 3.5.1 ausgeschlossen worden sind.

Anhand der beiden obigen Spezialfälle konnte beispielhaft verdeutlicht werden, dass in der ersten Periode die first-best-Lösung erzielt wird, sofern die Performancemaße der zweiten Periode informativ über den Einsatz der ersten Periode sind, d.h., wenn $\beta \neq \rho$ gilt.[29] Dieses Ergebnis lässt sich in seiner Allgemeinheit aber nicht mehr aufrechterhalten,

27 Dieses erkennt man daran, dass für $\rho = -1$ die gemeinsame Dichtefunktion $f(y_1, y_2)$ nicht definiert ist bzw. die entsprechende Kovarianzmatrix nicht positiv definit ist.

28 Siehe *Fisz* (1976), S. 191.

29 Die allgemeine Lösung von (4.22) für $\rho \neq \beta$ ist: $s_1^* = \frac{-p}{\beta - p}$, $s_2^* = \frac{1}{\beta - p}$, $Z_1^* = \frac{1}{2}$ und $e_1^* = e_1^{FB} = 1$, so dass immer (nicht nur für die betrachteten Spezialfälle) die first-best-Lösung in Periode 1 erreicht wird.

wenn multi-task-Probleme in der ersten Periode zu berücksichtigen sind, was nachfolgend verdeutlicht wird.

Es sei $y_1 = e_{11} + e_{12} + \eta_1$, $y_2 = \beta_1 e_{11} + \beta_2 e_{12} + \eta_2$ und $E(\pi) = g_{11}e_{11} + g_{12}e_{12}$, wobei die Zufallsvariablen (η_1, η_2) identisch zu dem obigen Beispiel verteilt sind. Da im Folgenden nur das Problem der ersten Periode von Interesse ist, wird auf die Modellierung von Arbeitseinsatz in der zweiten Periode verzichtet. $\widehat{y}_2$ ist dann definiert als

$$\widehat{y}_2 = E(y_2 | y_1, e_{11}, e_{12}) = \beta_{11}e_{11} + \beta_{12}e_{12} + \rho(y_1 - e_{11} - e_{12}).$$

Wenn $\widehat{y}_2$ von (e_{11}, e_{12}) unabhängig ist, also $\beta_{11} = \rho$ und $\beta_{12} = \rho$ gilt, resultiert im Gleichgewicht bei Nachverhandlungen mit beobachtbarem Einsatz gemäß Proposition 4.3 die full commitment-Lösung. Für die weitere Analyse wird deshalb angenommen, dass zumindest eine der obigen Identitäten nicht erfüllt ist. Das Optimierungsproblem für Periode 1 (OP 1) im Spiel mit Nachverhandlungsmöglichkeit lautet dann

$$\begin{aligned} &\max_{s_1, s_2} Z_1 = g_{11}e_{11} + g_{12}e_{12} - \frac{e_{11}^2}{2} - \frac{e_{12}^2}{2} - \frac{r}{2}(s_1 + s_2\rho)^2 \\ &\text{u.d.N. } e_{11} = s_1 + \beta_{11}s_2 \\ &\qquad\quad e_{12} = s_1 + \beta_{12}s_2. \end{aligned} \tag{4.24}$$

Setzt man die beiden Anreizbedingungen in die Zielfunktion (4.24) ein und löst man anschließend das System der Optimalitätsbedingungen $\left\{\frac{\partial Z_1}{\partial s_1} = 0, \frac{\partial Z_1}{\partial s_2} = 0\right\}$ nach den Entscheidungsvariablen auf, erhält man[30]

$$s_1^* = \frac{(\beta_{11} - \beta_{12})(\beta_{11}g_{12} - \beta_{12}g_{11}) - r\rho[\beta_{11}g_{11} + \beta_{12}g_{12} - \rho(g_{11} + g_{12})]}{Q_2} \tag{4.25}$$

$$s_2^* = \frac{r[\beta_{11}g_{11} + \beta_{12}g_{12} - \rho(g_{11} + g_{12})] - (\beta_{11} - \beta_{12})(g_{12} - g_{11})}{Q_2}$$

$$\text{mit } Q_2 = (\beta_{11} - \beta_{12})^2 + r\left[\beta_{11}^2 + \beta_{12}^2 - 2\rho(\beta_{11} + \beta_{12} - \rho)\right], \tag{4.26}$$

wobei Q_2 nur definiert ist, wenn (wie angenommen) nicht gleichzeitig $\beta_{11} = \rho$ und $\beta_{12} = \rho$ gilt.

Analog zu dem vorangegangenen Beispiel, in dem der Agent in Periode 1 nur eine Aufgabe hatte, wird zunächst wieder angenommen, dass die Performancemaße der Perioden unkorreliert sind, $\rho = 0$. Dann steht mit $\widehat{y}_2 = \beta_{11}e_{11} + \beta_{12}e_{12}$ ein risikoloses Maß zur Verfügung. Im Ausgangsbeispiel mit nur einer Aktion war es optimal, die Anreize ausschließlich über dieses risikolose Maß zu steuern, so dass die first-best-Lösung resultierte. Diese Interpretation ist im multi-task-Fall aber nicht ohne Weiteres möglich, weil über *ein* Performancemaß ($\widehat{y}_2$) nur dann *zwei* first-best Aktionen[31] ($e_{11}^{FB} = g_{11}$ und $e_{12}^{FB} = g_{12}$)

30 Die optimalen Beteiligungsraten s_1^* und s_2^* stellen einen Spezialfall der in *Datar/Cohen Kulp/Lambert* (2001), Proposition 1, ermittelten Anreizgewichte dar.

31 Zur Bestimmung der first-best-Lösung wird $g_{11}e_{11} + g_{12}e_{12} - \frac{e_{11}^2}{2} - \frac{e_{12}^2}{2}$ über e_{11} und e_{12} maximiert.

motiviert werden können, wenn $\widehat{y}_2$ kongruent[32] zum Bruttoergebnis des Prinzipals ist.[33] Für $\rho = 0$ werden die optimalen Beteiligungsraten aus (4.25) zu

$$s_1^* = \frac{(\beta_{11} - \beta_{12})(\beta_{11}g_{12} - \beta_{12}g_{11})}{(\beta_{11} - \beta_{12})^2 + r\left(\beta_{11}^2 + \beta_{12}^2\right)}, s_2^* = \frac{r(\beta_{11}g_{11} + \beta_{12}g_{12}) - (\beta_{11} - \beta_{12})(g_{12} - g_{11})}{(\beta_{11} - \beta_{12})^2 + r\left(\beta_{11}^2 + \beta_{12}^2\right)}.$$

Man erkennt, dass unter zwei Bedingungen das Performancemaß y_1 nicht Bestandteil des Gleichgewichtsvertrages ist, also $s_1^* = 0$ gilt, und die Anreizsteuerung ausschließlich über $\widehat{y}_2$ erfolgt: Zum einen, wenn $\beta_{11}=\beta_{12} \equiv \beta$ gilt und zum anderen, wenn die Relation $\frac{\beta_{11}}{\beta_{12}} = \frac{g_{11}}{g_{12}}$ erfüllt ist.

Im ersten Fall entspricht die optimale Anreizrate für die zweite Periode $s_2^* = \frac{1}{2}\frac{g_{11}^2+g_{12}^2}{\beta}$ und die korrespondierenden Gleichgewichtsaktionen sind gegeben durch $e_{11} = e_{12} = \frac{1}{2}(g_{11} + g_{12})$. Da für $\beta_{11} = \beta_{12} \equiv \beta$ die Grenzbeitragsvektoren von y_1, $(1, 1)$, und $\widehat{y}_2$, (β, β), linear abhängig sind, kann jeder Einsatzvektor, der durch y_1 und $\widehat{y}_2$ implementierbar ist, auch allein durch $\widehat{y}_2$ induziert werden. Da y_1 risikobehaftet ist, werden im Optimum jegliche Anreize über $\widehat{y}_2$ gesteuert. Dabei wird aber nur die first-best-Lösung erreicht, wenn $g_{11} = g_{12}$ gilt, ansonsten wird eine second-best-Lösung aufgrund mangelnder Kongruenz von $\widehat{y}_2$ zum Bruttoergebnis des Prinzipals erzielt. Die second-best-Aktionen dieser second-best-Lösung werden aber zu first-best-Kosten[34] induziert, da der Agent im Gleichgewicht kein Risiko trägt.

Wenn die Grenzbeitragsvektoren von y_1 und $\widehat{y}_2$ linear unabhängig sind, $\beta_{11} \neq \beta_{12}$, kann durch zusätzliche Verwendung des Performancemaßes y_1 die Menge der induzierbaren Aktivitätsniveaus erweitert werden. Diese Möglichkeit ist aber im Gleichgewicht unerheblich, wenn die Bedingung $\frac{\beta_{11}}{\beta_{12}} = \frac{g_{11}}{g_{12}}$ erfüllt ist, da dann das Performancemaß $\widehat{y}_2$ perfekt kongruent zum Bruttoergebnis des Prinzipals ist, d.h. die first-best-Aktionen allein über $\widehat{y}_2$ induziert werden können. Da das Performancemaß $\widehat{y}_2$ risikolos ist, wird dann im Gleichgewicht die first-best-Lösung erzielt. Sind aber die Grenzbeitragsvektoren von y_1 und $\widehat{y}_2$ linear unabhängig und ist gleichzeitig $\widehat{y}_2$ inkongruent zum Bruttoergebnis, ist es optimal, y_1 in den Vertrag aufzunehmen, so dass der Agent im Gleichgewicht einen Teil des mit y_1 verbundenen Risikos trägt.

Wie im Ausgangsbeispiel mit eindimensionaler Aktion des Agenten, wird abschließend noch der Fall korrelierter Performancemaße, $\rho \neq 0$, bei gleichzeitig nur kurzfristig wirksamem Arbeitseinsatz, $\beta_{11} = \beta_{12} = 0$, betrachtet. Dabei gelten zunächst die gleichen Überlegungen wie im Ausgangsbeispiel: Da $\widehat{y}_2$ nicht sensitiv bezüglich des Arbeitseinsatzes der ersten Periode ist, wird die Beteiligungsrate s_2 im Optimum so gewählt, dass,

32 Vgl. dazu auch Abschnitt 3.5.4 und die dort zitierte Literatur.

33 Auch die forcing contract-Interpretation scheidet jetzt aus, da man von der Beobachtung $\widehat{y}_2$ nicht auf die einzelnen Aktionsniveaus e_{11} und e_{12} schließen kann.

34 Die first-best-Kosten von Aktion e_{1i} im LEN-Modell sind $e_{1i}^2/2$. Vgl. auch Fn. 31.

gegeben s_1, die Varianz der Entlohnung minimal wird, d.h. $s_2 = -\frac{s_1}{\rho}$, so dass im Gleichgewicht die Entlohnung des Agenten nicht mehr riskant ist. Die optimalen Arbeitsanreize werden dann anschließend ausschließlich über das Performancemaß y_1 durch die Beteiligung s_1 induziert. Nur wenn das Performancemaß y_1 kongruent zum Bruttoergebnis ist, $\frac{g_{11}}{g_{12}} = \frac{1}{1}$, wird die first-best-Lösung erreicht, in allen anderen Fällen resultiert eine „risikofreie" second-best-Lösung.

Die generelle Einsicht aus diesem Abschnitt ist, dass sich bei beobachtbarem Einsatz durch Nachverhandlungen die Probleme der ersten und der zweiten Periode separieren lassen, wobei gleichzeitig die Beobachtung des Arbeitseinsatzes der ersten Periode anreizwirksam genutzt werden kann, sofern dieser relevant für die zweite Periode ist: Man kann die Performancemaße der zweiten Periode, $\mathbf{y}_2$, ausschließlich zur Steuerung der Aktionen der zweiten Periode verwenden, ohne dass es zu Rückwirkungen auf die Anreize der ersten Periode kommt. Anschließend stehen zur Koordination des Problems der ersten Periode die Performancemaße $\mathbf{y}_1$ und implizit die bedingten Erwartungswerte $\widehat{\mathbf{y}}_2$ der Performancemaße der zweiten Periode zur Verfügung. Wenn die Performancemaße $\mathbf{y}_2$ nicht informativ über den Arbeitseinsatz der ersten Periode sind (was im vorliegenden Modell äquivalent dazu ist, dass $\widehat{\mathbf{y}}_2$ nicht von $\mathbf{e}_1$ abhängt), wird $\mathbf{y}_2$ bzw. $\widehat{\mathbf{y}}_2$ zur Steuerung der ersten Periode nicht benötigt. In diesem Fall wird die erste Periode durch $\mathbf{y}_1$ und die zweite Periode durch $\mathbf{y}_2$ gesteuert und im Gleichgewicht resultiert die full commitment-Lösung. Ist $\mathbf{y}_2$ informativ über $\mathbf{e}_1$, dann bestünde unter full commitment-Annahmen ein trade-off bei der Verwendung von $\mathbf{y}_2$: $\mathbf{y}_2$ soll Anreize für die zweite Periode setzen, ist aber gleichzeitig wertvoll bei der Steuerung der ersten Periode (siehe *Holmströms* (1979) informativeness-Prinzip bzw. die Erweiterung von *Feltham/Xie* (1994)). Dieser trade-off besteht im Spiel mit Nachverhandlungsmöglichkeit nicht, da die Performancemaße der zweiten Periode im Prinzip zweimal zur Verfügung stehen: In der ursprünglichen Form, $\mathbf{y}_2$, zur Steuerung der zweiten Periode und als bedingter Erwartungswert $\widehat{\mathbf{y}}_2$ für die erste Periode. In Abhängigkeit von der Spezifität des Problems (single-task/multi-task, Korrelation, Kongruenz etc.) kann bei über den Einsatz der ersten Periode informativen Performancemaßen $\mathbf{y}_2$ in Periode 1 die first-best-Lösung, eine second-best-Lösung in der die Aktionen zu first best-Kosten induziert werden oder aber eine risikobehaftete second-best-Lösung erzielt werden, wobei sich der Prinzipal niemals schlechter stellt als ohne die Nachverhandlungsmöglichkeit.

4.2.5 Nachverhandlungen versus kurzfristige Verträge

In Abschnitt 3.8 wurde gezeigt, dass im Grundmodell unter LEN-Annahmen langfristige Verträge mit Nachverhandlungen und kurzfristige, faire Verträge die gleiche Gleichgewichtslösung herbeiführen. In diesem Abschnitt werden Nachverhandlungen und kurzfristige Verträge bei beobachtbarem, aber nicht verifizierbarem Einsatz verglichen. Dabei wird in Bezug auf die Performancemaße und das Bruttoergebnis die gleiche Modellierung verwendet wie in Abschnitt 3.8:

$$\begin{aligned} y_1 &= e_1 + \eta_1, \quad y_2 = e_2 + \eta_2 \\ & E(\pi) = e_1 + e_2, \end{aligned}$$

wobei die Zufallsvariablen (η_1, η_2) standardnormalverteilt sind mit Korrelationskoeffizient ρ.

Aus dem vorangegangenen Abschnitt, (4.15) und (4.16), ist bekannt, dass sich der Gleichgewichtsüberschuss des Prinzipals im Spiel mit Nachverhandlungsmöglichkeit durch folgendes Optimierungsprogramm ermitteln lässt (die Anreizbedingung $e_1 = s_1$ ist schon in die Zielfunktion substituiert worden):

$$\max_{s_1, s_2} \underbrace{s_1 - \frac{s_1^2}{2} - \frac{r}{2}(s_1 + s_2\rho)^2}_{\text{OP 1}} + \underbrace{\frac{1}{2} s_2^{R*}}_{Z_2^*}, \tag{4.27}$$
$$\text{mit } s_2^{R*} = \frac{1}{1 + r(1-\rho^2)}.$$

Bei unbeobachtbarem Arbeitseinsatz existiert bei kurzfristigen Verträgen kein Gleichgewicht, sofern das Performancemaß y_2 informativ über e_1 ist, d.h $\rho \neq 0$ gilt (Proposition 3.6): Wenn der Prinzipal vermutet, dass der Agent in beiden Perioden teilnimmt und einen entsprechenden Vertrag für die erste Periode anbietet, ist es für den Agenten optimal, nach der ersten Periode zu gehen (*take the money and run*). Um ein Gleichgewicht bei kurzfristigen Verträgen zu stützen, musste deshalb die zusätzliche Annahme getroffen werden, dass der Prinzipal dem Agenten in $t = 1$ einen fairen Vertrag anbietet. Da bei beobachtbaren Aktionen das Problem inkonsistenter Vermutungen nicht besteht (der Prinzipal sieht ja, was der Agent leistet), können die oben geschilderten Probleme nicht auftreten, so dass das Fairnesskonzept im Weiteren nicht benötigt wird.

Im Folgenden wird zunächst die Gleichgewichtslösung bei kurzfristigen Verträgen ermittelt und anschließend der Lösung bei Nachverhandlungen (4.27) gegenübergestellt.
Wenn (s_2, F_2) die Vertragsparameter des kurzfristigen Vertrages für die zweite Periode sind, ist das ex post Sicherheitsäquivalent des Agenten, gegeben die Information in $t = 1$, (wie in (3.52)) gegeben durch

$$CE_1 = s_2 e_2 + F_2 + \rho(y_1 - e_1) - \frac{e_2^2}{2} - \frac{r}{2} s_2^2 (1 - \rho^2).$$

Die Aktionswahl für Periode 2 ist somit $e_2 = s_2$. Das Problem zur Bestimmung des optimalen Vertrages für die zweite Periode lautet dann

$$\begin{aligned}&\max_{s_2,F_2} e_2 - E\left(s_2 y_2 + F_2 | y_1, e_1\right)\\&\text{u.d.N.}\\&CE_1 \geq 0\\&e_2 = s_2.\end{aligned}$$

Setzt man die bindende Teilnahmebedingung und die Anreizbedingung in die Zielfunktion ein, ergibt sich als relevante Zielgröße für die Entscheidung über s_2 (unter Vernachlässigung von Konstanten)

$$\max_{s_2} s_2 - \frac{s_2^2}{2} - \frac{r}{2} s_2^2 \left(1-\rho^2\right),$$

mit der Lösung $s_2^K = s_2^{R*}$ (der Index K steht nachfolgend für kurzfristig), so dass in der zweiten Periode genau der gleiche Risiko-Anreiz-trade-off resultiert wie im Spiel mit Nachverhandlungsmöglichkeit. Löst man schließlich $CE_1 = 0$ nach F_2 auf, erhält man als optimale Fixzahlung

$$F_2^K = \frac{-s_2^{R*2}}{2} - s_2^{R*} \rho \left(y_1 - e_1\right) + \frac{r}{2} s_2^{R*2} \left(1-\rho^2\right).$$

Bei Antizipation des optimalen Vertrages für die zweite Periode $\left(s_2^{R*}, F_2^K\right)$ bestimmt der Agent nun seine optimale Aktion für die erste Periode durch Maximierung des ex ante Sicherheitsäquivalents

$$\begin{aligned}CE_0 &= E\left(s_1 y_1 + F_1 + s_2^{R*} y_2 + F_2^K\right) - \frac{e_1^2}{2} - \frac{s_2^{R*2}}{2} - \frac{r}{2} Var\left(F_1 + s_1 y_1 + F_2^K + s_2^{R*} y_2\right)\\&= s_1 e_1 + F_1 + \frac{r}{2} s_2^{R*2} \left(1-\rho^2\right) - \frac{e_1^2}{2} - \frac{r}{2} \underbrace{Var\left(s_1 y_1 - s_2^{R*} \rho y_1 + s_2^{R*} y_2\right)}_{= s_1^2 + s_2^{R*2}(1-\rho^2)}\\&= s_1 e_1 + F_1 - \frac{e_1^2}{2} - \frac{r}{2} s_1^2.\end{aligned}$$

D.h. bei antizipiertem optimalen Vertrag für die zweite Periode entspricht das ex ante Sicherheitsäquivalent aus den Verträgen beider Perioden genau dem Sicherheitsäquivalent aus dem Vertrag der ersten Periode, es gibt also keine Rückwirkungen des Vertrages der zweiten Periode auf die erste Periode. Der optimale Arbeitseinsatz in Periode 1 ist entsprechend $e_1 = s_1$.

Der ex ante erwartete Überschuss des Prinzipals aus beiden Perioden besteht aus der Differenz von erwartetem Bruttoüberschuss abzüglich erwarteter Entlohnung bei antizipiertem Vertrag für Periode 2

$$e_1 + e_2^{R*} - E\left(s_1 y_1 + s_2^{R*} y_2 + F_1 + F_2^K\right).$$

Unter Berücksichtigung von $e_1 = s_1$, $e_2^{R*} = s_2^{R*}$ und der bindenden Teilnahmebedingung $CE_0\,(e_1 = s_1) = 0$ maximiert der Prinzipal

$$\max_{s_1} s_1 - \frac{s_1^2}{2} - \frac{r}{2}s_1^2 + \frac{1}{2}s_2^{R*}. \tag{4.28}$$

Vergleicht man dieses Problem mit demjenigen aus dem Spiel mit Nachverhandlung, (4.27), wird zunächst deutlich, dass unter beiden Vertragsregimen in der zweiten Periode die gleiche Allokation erzielt wird, $\frac{1}{2}s_2^{R*}$. Ein Unterschied besteht aber hinsichtlich der Steuerung der ersten Periode, der wie folgt erklärt werden kann: Im Gleichgewicht bei kurzfristigen Verträgen werden (wie bei Nachverhandlungen) die Probleme der ersten und der zweiten Periode perfekt separiert. $\frac{1}{2}s_2^{R*}$ ist der ex ante erwartete maximale Überschuss für die zweite Periode, wenn man das Performancemaß y_2, bedingt auf die Information y_1, ausschließlich zur Steuerung der zweiten Periode einsetzt und $\left(s_1 - \frac{s_1^2}{2} - \frac{r}{2}s_1^2\right)$ ist der (noch nicht optimierte) Überschuss der ersten Periode, wenn diese ausschließlich durch y_1 gesteuert wird. Im Gegensatz dazu steht, wie im vorherigen Abschnitt ausführlich dargelegt, im Spiel mit Nachverhandlungsmöglichkeit in der ersten Periode neben y_1 noch (implizit) $\widehat{y}_2$ als Performancemaß zur Verfügung. Aus dem vorherigen Abschnitt ist ebenfalls bekannt, dass $\widehat{y}_2$ nur wertvoll für das Problem der ersten Periode ist, wenn y_2 informativ über e_1 ist. Im vorliegenden Fall ist y_2 informativ über e_1, wenn $\rho \neq 0$ gilt und wie man durch Vergleich von (4.27) und (4.28) erkennt, sind die beiden Vertragsregime für $\rho = 0$ identisch. Für $\rho \neq 0$ hingegen wird (von Spezialfällen abgesehen) der Gleichgewichtsüberschuss des Prinzipals bei Nachverhandlungen größer sein als bei kurzfristigen Verträgen, weil ein zusätzliches, informatives Leistungsmaß für die erste Periode zur Verfügung steht. Dieses zusätzliche Maß wird dadurch gewonnen, dass der Prinzipal durch den langfristigen Ausgangsvertrag bereits ein Nutzenniveau für die zweite Periode vorgeben kann: Wenn im langfristigen Ausgangsvertrag V die Zahlung s_2y_2 für die zweite Periode vereinbart wird, hängt der antizipierte endgültige Vertrag V^R von $s_2\widehat{y}_2$ ab, da V^R dem Agenten im Gleichgewicht im Nachverhandlungszeitpunkt für jedes (y_1, e_1) exakt das mit V verbundene Nutzenniveau garantiert.

Vergleicht man die Lösung bei kurzfristigen Verträgen mit dem full commitment-Optimum, stellt man fest, dass die vollständige Separation bei kurzfristigen Verträgen je nach Problemstellung vorteilhaft oder nachteilig sein kann. Im Anhang zu diesem Abschnitt wird gezeigt, dass die Differenz der Gleichgewichtsüberschüsse $\left(Z^K - Z^C\right)$ positiv (negativ) (null) ist, wenn der Korrelationskoeffizient ρ positiv (negativ) (null) ist. Aus der ex ante Perspektive steigt die a priori Varianz der gesamten Entlohnung des Agenten mit ρ, so dass der Prinzipal positive Korrelationen gern „vermeiden“ würde. Genau dieses wird bei kurzfristigen Verträgen erreicht, da die Korrelation ρ nur über die a posteriori Varianz $Var\,(y_2|y_1) = 1 - \rho^2$ berücksichtigt wird. Umgekehrt ist die Interpretation für $\rho < 0$. In diesem Fall ist die Korrelation ex ante wünschenswert, weil Versicherungseffekte genutzt werden können. Für $\rho = 0$ hat y_2 keinen Informationsgehalt über e_1, die Perioden sind also voneinander unabhängig, so dass bei kurzfristigen Verträgen die full commitment-Lösung erzielt wird.

4.3 Partiell beobachtbarer Arbeitseinsatz

Im vorangegangenen Abschnitt wurde unterstellt, dass der Prinzipal den Arbeitseinsatz des Agenten perfekt beobachten kann. Diese Annahme ist insbesondere bei mehrdimensionalem Aufgabenspektrum nicht sehr realistisch, da sie verlangt, dass der Prinzipal alle Aktivitäten des Agenten perfekt beobachten kann. Sinnvoller ist es vielmehr, davon auszugehen, dass der Prinzipal einige Aktionen beobachten kann, andere aber nicht. So kann er möglicherweise beobachten, welche Investitionsprojekte ein Investitionsmanager ausgewählt hat und welche Mittel dabei eingesetzt worden sind; der Einsatz bei der Suche[35] nach geeigneten Projekten bleibt aber unbeobachtbar. In diesem Abschnitt wird ein multi-task-Modell eingeführt, in dem der Prinzipal nur eine Teilmenge der Aktivitäten des Agenten beobachten kann. Die Analyse führt dabei das Grundproblem (alle Aktionen unbeobachtbar) und die Annahme des vorherigen Abschnitts (alle Aktionen beobachtbar) im LEN-Modell zusammen, so dass die Ergebnisse der korrespondierenden Abschnitte 3.5.3 und 4.2.4 direkt ausgenutzt werden können.

Für die folgende Untersuchung wird der Einsatzvektor der ersten Periode wie folgt partitioniert

$$\mathbf{e}_1 = \begin{pmatrix} \mathbf{e}_1^B \\ \mathbf{e}_1^U \end{pmatrix},$$

wobei $\mathbf{e}_1^B$ die n_1^B beobachtbaren und $\mathbf{e}_1^U$ die n_1^U unbeobachtbaren Aktionen bezeichnet, $n_1^B + n_1^U = n_1$. Für die Aktionen der zweiten Periode, $\mathbf{e}_2$, braucht keine Unterscheidung in beobachtbar/unbeobachtbar getroffen zu werden, weil an die beobachtete Aktion weder Konsequenzen geknüpft werden können, noch der Vertrag an die Beobachtung angepasst werden kann (vgl. auch Abschnitt 4.2.3). Aus der bisherigen Analyse ist bekannt, dass die Performancemaße der zweiten Periode unter Normalverteilungs-Annahmen informativ über den Arbeitseinsatz der ersten Periode sind, wenn $\boldsymbol{\beta} \neq \boldsymbol{\Sigma}_{21}\boldsymbol{\Sigma}_{11}^{-1}\mathbf{b}_1$ gilt, andernfalls sind sie nicht informativ. Für die weitere Analyse ist es sinnvoll, die $m_2 \times n_1$ Matrix $\boldsymbol{\beta}$ sowie die $m_1 \times n_1$ Matrix $\mathbf{b}_1$ von Grenzbeiträgen für den Einsatz der ersten Periode ebenfalls zu zerlegen

$$\boldsymbol{\beta} = \left(\boldsymbol{\beta}^B,\ \boldsymbol{\beta}^U\right), \mathbf{b}_1 = \left(\mathbf{b}_1^B,\ \mathbf{b}_1^U\right),$$

wobei $\boldsymbol{\beta}^i$ eine $m_2 \times n_1^i$ und $\mathbf{b}_1^i$ eine $m_1 \times n_1^i$ Matrix ist, $i \in \{B, U\}$. Die Bedingung für

35 Ein Investitionssteuerungsproblem mit Suchanstrengungen des Agenten analysiert *Reichelstein* (2002).

informative Performancemaße $\mathbf{y}_2$ lässt sich dann auch schreiben als

$$(\boldsymbol{\beta}^B,\ \boldsymbol{\beta}^U) \neq \boldsymbol{\Sigma}_{21}\boldsymbol{\Sigma}_{11}^{-1}\left(\mathbf{b}_1^B,\ \mathbf{b}_1^U\right). \tag{4.29}$$

Definition 4.1 *Die Performancemaße der zweiten Periode sind a) informativ über* $\mathbf{e}_1^B$*, wenn* $\boldsymbol{\beta}^B \neq \boldsymbol{\Sigma}_{21}\boldsymbol{\Sigma}_{11}^{-1}\mathbf{b}_1^B$*, b) informativ über* $\mathbf{e}_1^U$*, wenn* $\boldsymbol{\beta}^U \neq \boldsymbol{\Sigma}_{21}\boldsymbol{\Sigma}_{11}^{-1}\mathbf{b}_1^U$ *und c) informativ über* $\mathbf{e}_1$*, wenn die Bedingungen aus a) und b) erfüllt sind.*

Informationsgehalt im Sinne der obigen Definitionen a) und b) ist äquivalent dazu, dass die bedingte Verteilung $f_2\left(\mathbf{y}_2; \cdot|\mathbf{y}_1, \mathbf{e}_1^B, \mathbf{e}_1^U\right)$ eine nicht-triviale Funktion von a) $\mathbf{e}_1^B$ bzw. b) $\mathbf{e}_1^U$ ist. Um die obigen Bedingungen beispielhaft zu verdeutlichen sei angenommen, es gäbe in der ersten Periode drei Leistungsmaße y_{11}, y_{12} und y_{13} und der Agent muss seinen Arbeitseinsatz $\mathbf{e}_1$ auf drei Aufgaben verteilen, $\mathbf{e}_1^B = \left(e_{11}^B, e_{12}^B\right)^T$ und $\mathbf{e}_1^U = e_{13}^U$. In der zweiten Periode steht nur ein Performancemaß zur Verfügung, y_2. $(y_{11}, y_{12}, y_{13}, y_2)$ sind gemeinsam standardisiert normalverteilt, wobei $Corr\,(y_{11}, y_2) = \rho$ gelte und ansonsten alle Zufallsvariablen paarweise unkorreliert sind, d.h.

$$\boldsymbol{\Sigma}_{11} = \begin{pmatrix} 1 & 0 & 0 \\ 0 & 1 & 0 \\ 0 & 0 & 1 \end{pmatrix} \text{ und } \boldsymbol{\Sigma}_{21} = \begin{pmatrix} \rho, & 0, & 0 \end{pmatrix}.$$

Schließlich sind die Grenzbeitragsvektoren[36] gegeben durch

$$\mathbf{b}_1 = \left(\begin{pmatrix} b_{11}^B & b_{12}^B \\ b_{21}^B & b_{22}^B \\ b_{31}^B & b_{32}^B \end{pmatrix}, \begin{pmatrix} b_{13}^U \\ b_{23}^U \\ b_{33}^U \end{pmatrix}\right), \boldsymbol{\beta} = \left(\begin{pmatrix} \beta_1^B, & \beta_2^B \end{pmatrix}, \begin{pmatrix} \beta_3^U \end{pmatrix}\right).$$

Performancemaß y_2 ist dann informativ über

$$\mathbf{e}_1^B, \text{ wenn } \begin{pmatrix} \beta_1^B \\ \beta_2^B \end{pmatrix} \neq \begin{pmatrix} \rho b_{11}^B \\ \rho b_{12}^B \end{pmatrix}$$

$$\mathbf{e}_1^U, \text{ wenn } \beta_3^U \neq \rho b_{13}^U$$

$$\mathbf{e}_1, \text{ wenn } \begin{pmatrix} \beta_1^B \\ \beta_2^B \\ \beta_3^U \end{pmatrix} \neq \begin{pmatrix} \rho b_{11}^B \\ \rho b_{12}^B \\ \rho b_{13}^U \end{pmatrix}.$$

Aus der Synthese der Propositionen 3.2 und 4.3 kann nun zunächst folgendes Ergebnis abgeleitet werden:

36 Formal präzise müssten die Elemente der Matrix $\mathbf{b}_1$ mit b_{1ij} bezeichnet werden. Da $\mathbf{b}_2$ im Beispiel ohne Bedeutung ist, wurde zur Vereinfachung der Notation auf den ersten Subindex, die „1“, verzichtet.

	$\mathbf{y}_2$ uninformativ über $(\mathbf{e}_1^B, \mathbf{e}_1^U)$	$\mathbf{y}_2$ nur informativ über $\mathbf{e}_1^B$	$\mathbf{y}_2$ nur informativ über $\mathbf{e}_1^U$	$\mathbf{y}_2$ informativ über $(\mathbf{e}_1^B, \mathbf{e}_1^U)$
NV sind	äquivalent zu full commitment	ex ante (schwach) vorteilhaft	ex ante (schwach) ineffizient	?

Tabelle 4.1: Informationsgehalt bei partiell beobachtbarem Einsatz

Proposition 4.4 *Bei Nachverhandlungen mit partiell beobachtbarem Arbeitseinsatz gilt: a) Wenn $\mathbf{y}_2$ nicht informativ über $\mathbf{e}_1$ ist, wird die full commitment-Lösung erzielt. b) Wenn $\mathbf{y}_2$ nicht informativ über $\mathbf{e}_1^B$ ist, aber informativ über $\mathbf{e}_1^U$, gilt das renegotiation-proof-Prinzip und Nachverhandlungen sind ex ante (gemessen am full commitment Gleichgewicht) schwach ineffizient. c) Wenn $\mathbf{y}_2$ keinen Informationsgehalt über $\mathbf{e}_1^U$ hat, aber informativ über $\mathbf{e}_1^B$ ist, sind Nachverhandlungen gegenüber der full commitment-Lösung schwach vorteilhaft.*

Beweis. Der Beweis folgt aus der Verbindung von Proposition 3.2 mit Proposition 4.3: ad a) Hat $\mathbf{y}_2$ keinen Informationsgehalt über $\mathbf{e}_1$, $\boldsymbol{\beta} = \boldsymbol{\Sigma}_{21}\boldsymbol{\Sigma}_{11}^{-1}\mathbf{b}_1$, wird sowohl bei ausschließlich unbeobachtbaren Aktionen als auch im Fall, dass alle Aktionen beobachtbar sind, die full commitment-Lösung erzielt, was a) beweist. ad b) Notwendige Bedingung dafür, dass Nachverhandlungen bei beobachtbarem Einsatz ex ante (gemessen am full commitment-Optimum) vorteilhaft sind, ist, dass $\mathbf{y}_2$ informativ über den beobachtbaren Einsatz ist. Ist dies nicht der Fall, können die beobachtbaren Aktionen formal wie unbeobachtbare Aktionen behandelt werden. Wenn die Bedingungen aus b) gelten, liegt damit formal ein Spiel mit vollständig unbeobachtbarem Einsatz vor, in dem $\boldsymbol{\beta} \neq \boldsymbol{\Sigma}_{21}\boldsymbol{\Sigma}_{11}^{-1}\mathbf{b}_1$ gilt, so dass Nachverhandlungen ex ante schwach ineffizient sind. c) folgt, indem man die Argumentation des Beweises zu b) umkehrt. ■

Die einzige Konstellation, für die Proposition 4.4 keine Aussage enthält, ist die, dass $\mathbf{y}_2$ informativ über $\mathbf{e}_1^B$ und $\mathbf{e}_1^U$ ist; siehe auch die Systematisierung in Tabelle 4.1. Da die Auswirkungen von Nachverhandlungen in diesem Fall nicht mehr eindeutig sind, werden sie nachfolgend separat behandelt.

Dabei kann zunächst wieder auf die Resultate der Abschnitte 3.5.3 und 4.2.4 zurückgegriffen werden: Da die sequentiell optimale Anreizbeteiligung $\mathbf{s}_2^{R*}$ nicht vom Arbeitseinsatz der ersten Periode abhängt, ist sie unabhängig davon, welche Aktionen beobachtet werden und welche nicht und entspricht stets (3.29). Die sequentiell optimale Fixzahlung F_2^{R*} kann man aus (3.30) übernehmen, indem man für $\widehat{\mathbf{e}}_1$ $(\mathbf{e}_1^B, \widehat{\mathbf{e}}_1^U)$ einsetzt. Für eine gegebene

Vermutung $\widehat{\mathbf{e}}_1^U$ erhält man

$$\begin{aligned} F_2^{R*}\left(\mathbf{e}_1^B, \widehat{\mathbf{e}}_1^U\right) &= \mathbf{s}_2^T E\left[\mathbf{y}_2(\mathbf{e}_2) \mid \mathbf{y}_1, \mathbf{e}_1^B, \widehat{\mathbf{e}}_1^U\right] - \left(\mathbf{s}_2^{R*}\right)^T E\left[\mathbf{y}_2\left(\mathbf{e}_2^{R*}\right) \mid \mathbf{y}_1, \mathbf{e}_1^B, \widehat{\mathbf{e}}_1^U\right] \\ &+ \frac{1}{2}\left(\mathbf{e}_2^{R*}\right)^T \mathbf{e}_2^{R*} - \frac{1}{2}\mathbf{e}_2^T \mathbf{e}_2 + F_2 + \\ &\frac{r}{2}\left[Var\left(\left(\mathbf{s}_2^{R*}\right)^T \mathbf{y}_2 \mid \mathbf{y}_1\right) - Var\left(\mathbf{s}_2^T \mathbf{y}_2 \mid \mathbf{y}_1\right)\right]. \end{aligned} \tag{4.30}$$

Für die weitere Analyse wird das Modell zunächst wie folgt vereinfacht. Das erwartete Bruttoergebnis des Prinzipals sei $E(\pi) = e_1^B + e_1^U + e_2$ und das Performancemaßsystem sei gegeben durch[37]

$$\begin{aligned} y_1 &= e_1^B + e_1^U + \eta_1 \\ y_2 &= e_2 + \eta_2. \end{aligned}$$

(η_1, η_2) sind standardisiert normalverteilt mit Korrelationskoeffizient ρ. y_2 ist informativ über e_1^B und e_1^U, wenn die beiden Bedingungen (1) $\boldsymbol{\beta}^B \neq \boldsymbol{\Sigma}_{21}\boldsymbol{\Sigma}_{11}^{-1}\mathbf{b}_1^B$ *und* (2) $\boldsymbol{\beta}^U \neq \boldsymbol{\Sigma}_{21}\boldsymbol{\Sigma}_{11}^{-1}\mathbf{b}_1^U$ erfüllt sind. Im konkreten Fall ist $\boldsymbol{\beta}^B = \boldsymbol{\beta}^U = 0$, $\mathbf{b}_1^B = \mathbf{b}_1^U = 1$, $\boldsymbol{\Sigma}_{21} = \rho$ und $\boldsymbol{\Sigma}_{11}^{-1} = 1$, so dass die Bedingungen (1) und (2) identisch sind und durch $\rho \neq 0$ erfasst werden. Für $\rho \neq 0$ ist y_2 informativ über e_1^B *und* e_1^U.

Die sequentiell optimale Anreizrate beträgt für die obige Modellierung gemäß (3.29)

$$s_2^{R*} = \frac{1}{1 + r\left(1 - \rho^2\right)} \tag{4.31}$$

und die ex post optimale Fixzahlung, gegeben die Vermutung $\widehat{e}_1^U$, entspricht[38]

$$\begin{aligned} F_2^{R*} &= F_2 + \frac{s_2^2}{2} - \frac{s_2^{R*2}}{2} + \left(s_2 - s_2^{R*}\right)\rho\left(y_1 - e_1^B - \widehat{e}_1^U\right) \\ &+ \frac{r}{2}\left(s_2^{R*2} - s_2^2\right)\left(1 - \rho^2\right). \end{aligned} \tag{4.32}$$

Dabei sind (s_2, F_2) die Parameter des Ausgangsvertrages für die zweite Periode. Gegeben der Agent antizipiert, dass $V^R = \left(F_1, s_1; F_2^{R*}, s_2^{R*}\right)$ der endgültige Vertrag für die zweite Periode ist, dann entspricht sein ex ante Sicherheitsäquivalent

$$CE_0(V^R) = E(F_1 + s_1 y_1 + F_2^{R*} + s_2^{R*} y_2) - \frac{\left(e_1^B\right)^2}{2} - \frac{\left(e_1^U\right)^2}{2} - \frac{\left(e_2^{R*}\right)^2}{2} - \frac{r}{2} Var\left(s_1 y_1 + F_2^{R*} + s_2^{R*} y_2\right)$$

mit $e_2^{R*} = s_2^{R*}$. Setzt man F_2^{R*} wie in (4.32) gegeben in $CE_0\left(V^R\right)$ ein, erhält man nach Vereinfachung

$$s_1\left(e_1^B + e_1^U\right) + F_1 + \frac{s_2^2}{2} + \left(s_2 - s_2^{R*}\right)\rho\left(e_1^U - \widehat{e}_1^U\right) + F_2 - \frac{\left(e_1^B\right)^2}{2} - \frac{\left(e_1^U\right)^2}{2} - \frac{r}{2}\left(s_1^2 + s_2^2 + 2 s_1 s_2 \rho\right).$$

37 Da bei zwei Aktionen und einem Performancemaß in Periode 1 die Aktionen eindeutig über den Index U, B unterschieden werden können, ist eine weitere Differenzierung über den Subindex nicht notwendig.

38 Siehe (4.30) und (3.31) mit $\mathbf{e}_1 = \left(\mathbf{e}_1^B, \widehat{\mathbf{e}}_1^U\right)$.

Durch Ableiten dieses Ausdrucks nach e_1^B und e_1^U und anschließendem Nullsetzen erhält man die folgenden Anreizbedingungen für die erste Periode

$$\begin{aligned} e_1^B &= s_1 \\ e_1^U &= s_1 + \left(s_2 - s_2^{R*}\right)\rho. \end{aligned} \tag{4.33}$$

Gegeben der Prinzipal vermutet, dass der Agent seinen unbeobachtbaren Arbeitseinsatz entsprechend der obigen Anreizbedingung wählt, $\widehat{e}_1^U = s_1 + \left(s_2 - s_2^{R*}\right)\rho$, dann lässt sich das Optimierungsproblem über die Parameter des Ausgangsvertrages $(F_1, s_1; F_2, s_2)$ wie folgt formulieren

$$\begin{aligned} &\max_{s_1,F_1,s_2,F_2} E(\pi) - E\left(s_1 y_1 + F_1 + s_2^{R*} y_2 + F_2^{R*}\right) \\ &\text{u.d.N. (4.33)} \\ &CE_0\left(V^R, e_1^U, e_1^B\right) \geq 0. \end{aligned}$$

Setzt man die im Gleichgewicht bindende Teilnahmebedingung in die Zielfunktion ein, reduziert sich das obige Problem zunächst auf[39]

$$\begin{aligned} &\max_{s_1,s_2} e_1^B + e_1^U - \frac{\left(e_1^B\right)^2}{2} - \frac{\left(e_1^U\right)^2}{2} - \frac{r}{2}\left(s_1 + s_2\rho\right)^2 + \frac{1}{2}s_2^{R*} \\ &\text{u.d.N. (4.33).} \end{aligned} \tag{4.34}$$

Die obige Zielfunktion unterscheidet sich (mit Ausnahme der Abgrenzung zwischen e_1^B und e_1^U) nicht von derjenigen bei vollständig beobachtbarem Einsatz in Abschnitt 4.2.4: Der Term $\frac{1}{2}s_2^{R*}$ entspricht dem antizipierten Überschuss (Z_2^*) der zweiten Periode bei sequentiell optimaler Entlohnungsfunktion und die restlichen Glieder stimmen mit der Zielfunktion in OP 1 überein. Der entscheidende Unterschied zum Fall des vollständig beobachtbaren Arbeitseinsatzes liegt aber in den Anreizbedingungen: Obwohl nur die Performancemaße der ersten Periode sensitiv bezüglich der Aktionen der ersten Periode sind, hängen die Anreize der unbeobachtbaren Aktion von der Differenz der Beteiligungsraten s_2 und s_2^{R*} ab. Diese Rückwirkung der Nachverhandlung auf e_1^U geht durch die antizipierte Fixzahlung (4.30) über die Differenz

$$\mathbf{s}_2^T E\left[\mathbf{y}_2(\mathbf{e}_2), \cdot|\cdot\right] - \left(\mathbf{s}_2^{R*}\right)^T E\left[\mathbf{y}_2\left(\mathbf{e}_2^{R*}\right), \cdot|\cdot\right] = \left(s_2 - s_2^{R*}\right)\rho\left(y_1 - e_1^B - \widehat{e}_1^U\right)$$

in das Optimierungsproblem des Agenten ein. Wäre e_1^U beobachtbar, würden hingegen von diesem Term keine Anreizeffekte ausgehen, da dann $\left(y_1 - e_1^B - e_1^U\right) = \eta_1$ nicht mehr vom Arbeitseinsatz abhängt.

Bei der Bestimmung des Optimierungsprogramms (4.34) ist implizit unterstellt worden, dass der Agent seinen Arbeitseinsatz auf Basis des endgültigen Vertrages wählt, und dass

39 Der Term $\frac{1}{2}s_2^{R*}$ entspricht $s_2^{R*} - \frac{\left(s_2^{R*}\right)^2}{2} - \frac{r}{2}\left(s_2^{R*}\right)^2\left(1-\rho^2\right)$ unter der Berücksichtigung von (4.31).

der Prinzipal dieses vermutet. Dabei ist noch nicht geprüft worden, ob es, gegeben der Prinzipal vermutet $\widehat{e}_1^U$ gemäß (4.33), für den Agenten möglicherweise optimal ist, den Einsatz in Periode 1 auf Basis des Ausgangsvertrages zu wählen und im Nachverhandlungszeitpunkt das revidierte Angebot des Prinzipals abzulehnen. Diese Überprüfung musste aufgrund des renegotiation-proof-Prinzips weder im Grundmodell erfolgen, noch bei vollständig beobachtbaren Anstrengungen, da im letzteren Fall keine Vermutungen notwendig waren. Im vorliegenden Modellrahmen aber, in dem ein Teil der Aktivitäten beobachtbar ist und der andere nicht, müssen die möglichen Täuschungsanreize des Agenten bei der Formulierung der Anreizbedingung für e_1^U berücksichtigt werden.

Wenn der Prinzipal $\widehat{e}_1^U = e_1^U$ gemäß (4.33) vermutet, legt er ex ante die Summe der Fixzahlungen $F_1 + F_2$ des Ausgangsvertrages so fest, dass die Teilnahmebedingung $CE_0\left(V^R\right) \geq 0$ für diese Vermutung bindet:

$$F_1 + F_2 = \frac{\left(e_1^B\right)^2}{2} + \frac{\left(e_1^U\right)^2}{2} - \frac{s_2^2}{2} - s_1\left(e_1^B + e_1^U\right) + \frac{r}{2}\left(s_1^2 + s_2^2 + 2s_1s_2\rho\right). \tag{4.35}$$

Ergreift der Agent jetzt die in (4.33) spezifizierten Aktionen, ist sein ex ante Sicherheitsäquivalent null (denn genau so wurden die Fixzahlungen F_1, F_2 ja bestimmt).

Wenn hingegen der Ausgangsvertrag der endgültige Vertrag ist, lautet das ex ante Sicherheitsäquivalent des Agenten

$$CE_0(V) = F_1 + F_2 + s_1\left(e_{1A}^B + e_{1A}^U\right) + s_2e_2 - \frac{\left(e_{1A}^B\right)^2}{2} - \frac{\left(e_{1A}^U\right)^2}{2} - \frac{e_2^2}{2} - \frac{r}{2}\left(s_1^2 + s_2^2 + 2s_1s_2\rho\right),$$

wobei hier zur Abgrenzung von der Aktionswahl bei V^R die Aktionen der ersten Periode mit dem Index A (wie Ausgangsvertrag) versehen worden sind. Wenn der Agent plant, den revidierten Vertrag abzulehnen und den Ausgangsvertrag „durchlaufen“ zu lassen, wählt er seine Tätigkeiten in der ersten Periode wie folgt:

$$\begin{aligned} e_{1A}^B &= s_1 \\ e_{1A}^U &= s_1. \end{aligned} \tag{4.36}$$

Während für den beobachtbaren Einsatz der Ausgangsvertrag V die gleichen Anreize in Periode 1 induziert wie der antizipierte revidierte Vertrag[40], ist dies für die unbeobachtbare Aktivität nur dann der Fall, wenn $s_2 = s_2^{R*}$ gilt (bei der Ausgangsannahme $\rho \neq 0$). Für die zweite Periode ergibt sich die Aktionswahl $e_2 = s_2$.

Angenommen nun, die Vermutung des Prinzipals entspricht weiterhin (4.33), der Agent plant aber, den revidierten Vertrag abzulehnen und die Aktionen entsprechend (4.36) zu wählen, dann ist das resultierende ex ante Sicherheitsäquivalent des Agenten (indem man

40 Nachverhandlungen beeinflussen die Aktionswahl des beobachtbaren Einsatzes nicht, siehe dazu ausführlich den vorherigen Abschnitt.

die Anreizbedingungen (4.36), $e_2 = s_2$ und die Fixzahlungen (4.35) in $CE_0(V)$ einsetzt) gegeben durch

$$CE_0(V) = \frac{1}{2}\rho^2\left(s_2 - s_2^{R*}\right)^2.$$

Für $s_2 \neq s_2^{R*}$ gilt $CE_0(V) > 0$. Entsprechend stellt folgendes Lemma weitere Anforderungen an eine Gleichgewichtslösung:

Lemma 4.1 *Anreizkompatibilität des unbeobachtbaren Einsatzes in Periode 1 erfordert, dass Ausgangsvertrag und endgültiger Vertrag die gleichen Arbeitsanreize induzieren,* $\mathbf{e}_1^U = \mathbf{e}_{1A}^U$.

Beweis. Betrachte ein Gleichgewicht mit Ausgangsvertrag V, endgültigem Vertrag V^{R*} und Gleichgewichtseinsatz $\mathbf{e}_1^{U*}, \mathbf{e}_1^{B*}, \mathbf{e}_2^{R*}$. Da die Akzeptanzbedingung für den revidierten Vertrag im Gleichgewicht für alle $\mathbf{y}_1$ bindet, folgt

$$CE_1\left(V^{R*}, \mathbf{e}_1^{U*}, \mathbf{e}_1^{B*}, \mathbf{e}_2^{R*}\right) = CE_1\left(V, \mathbf{e}_1^{U*}, \mathbf{e}_1^{B*}, \mathbf{e}_2\right) \text{ für alle } \mathbf{y}_1$$

und somit auch

$$CE_0\left(V^{R*}, \mathbf{e}_1^{U*}, \mathbf{e}_1^{B*}, \mathbf{e}_2^{R*}\right) = CE_0\left(V, \mathbf{e}_1^{U*}, \mathbf{e}_1^{B*}, \mathbf{e}_2\right),$$

wobei $\mathbf{e}_2$ die optimale Aktion in Periode 2 ist, wenn V der endgültige Vertrag wäre. Sei $\mathbf{e}_{1A}^U = \underset{\mathbf{e}_1^U}{\operatorname{argmax}} CE_0\left(V, \mathbf{e}_1^U, \mathbf{e}_1^{B*}, \mathbf{e}_2\right)$ die eindeutig optimale unbeobachtbare Aktionswahl in Periode 1, wenn V auch der endgültige Vertrag wäre. Wenn nun $\mathbf{e}_{1A}^U \neq \mathbf{e}_1^{U*}$ gälte, muss auch

$$CE_0\left(V, \mathbf{e}_{1A}^U, \mathbf{e}_1^{B*}, \mathbf{e}_2\right) > CE_0\left(V, \mathbf{e}_1^{U*}, \mathbf{e}_1^{B*}, \mathbf{e}_2\right) \left(= CE_0\left(V^{R*}, \mathbf{e}_1^{U*}, \mathbf{e}_1^{B*}, \mathbf{e}_2^{R*}\right)\right)$$

gelten. Dann ist $\left(V, V^{R*}, \mathbf{e}_1^{U*}, \mathbf{e}_1^{B*}, \mathbf{e}_2^{R*}\right)$ aber kein Gleichgewicht. Für ein Gleichgewicht wird folglich $\mathbf{e}_{1A}^U = \mathbf{e}_1^{U*}$ gefordert. ■

Bezogen auf den obigen Modellrahmen bedeutet dies, dass, gegeben $\rho \neq 0$, nur für $s_2 = s_2^{R*}$ ein Gleichgewicht vorliegt. Gilt $s_2 \neq s_2^{R*}$, entsteht ähnlich zum Fall kurzfristiger Verträge das Problem, dass es für den Agenten optimal ist, von der Vermutung $\widehat{e}_1^U$ gemäß (4.33) des Prinzipals abzuweichen, so dass die Vermutung des Prinzipals falsch ist und kein Gleichgewicht existiert.[41] e_{1A}^U kann aber ebenfalls keine Gleichgewichtsaktion sein, da der Prinzipal bei richtiger Vermutung im Gleichgewicht einen revidierten Vertrag V^{R*} anbietet, den der Agent auch akzeptieren wird. Wenn aber V^{R*} der endgültige Vertrag ist, ist nicht e_{1A}^U die optimale Aktion, sondern e_1^U. Für $\rho = 0$ ist das Performancemaß der

41 Für $s_2 \neq s_2^{R*}$ ist es auch ex post optimal, den revidierten Vertrag abzulehnen: $CE_1\left(V^R\right) - CE_1(V) = -\left(s_2 - s_2^{R*}\right)^2 \rho^2 < 0$.

zweiten Periode nicht informativ über e_1^U, so dass Nachverhandlungen die Anreize für die unbeobachtbare Aktion nicht beeinflussen.

Die Bedingung $s_2 = s_2^{R*}$ impliziert für das betrachtete Beispiel, dass ein nachverhandlungssicherer Ausgangsvertrag implementiert werden muss. Interessanterweise wird dann im Gleichgewicht aufgrund des renegotiation-proof-Prinzips genau diejenige Lösung erzielt, die resultierte, wenn beide Aktionen unbeobachtbar wären. Daraus allgemein zu schließen, dass die beobachtbaren Aktionen formal wie unbeobachtbare Aktionen zu behandeln sind, wenn die Leistungsmaße der zweiten Periode informativ über $\mathbf{e}_1^B$ und $\mathbf{e}_1^U$ sind, ist allerdings nicht zulässig. Vielmehr ist dieses Ergebnis auf die konkrete Modellierung zurückzuführen: Es gibt nur ein Performancemaß in der zweiten Periode, y_2, das gleichzeitig informativ über e_1^U und e_1^B ist. Der Vorteil, den Ausgangsvertrag nachzuverhandeln und dabei implizit die beobachtbare Aktion e_1^B in den Gleichgewichtsvertrag aufnehmen zu können, verschwindet in diesem Fall, da gemäß Lemma 4.1 Anreizkompatibilität von e_1^U fordert, y_2 nachverhandlungssicher zu implementieren. Damit der beobachtbare Einsatz implizit in den Gleichgewichtsvertrag eingehen kann, muss es deshalb mindestens ein Performancemaß in der zweiten Periode geben, das informativ über $\mathbf{e}_1^B$ ist, ohne informativ über $\mathbf{e}_1^U$ zu sein. Bezeichne den Vektor der ausschließlich über $\mathbf{e}_1^B$ informativen Performancemaße mit $\mathbf{y}_2^B$ und die entsprechenden Anreizbeteiligungen mit $\mathbf{s}_2^B$. Da $E\left(\mathbf{y}_2^B, \cdot|\mathbf{y}_1, \mathbf{e}_1^B, \mathbf{e}_1^U\right)$ nicht mehr von $\mathbf{e}_1^U$ abhängt, gehen von diesem Term innerhalb der Fixzahlung F_2^{R*}, (4.30), keine Anreize auf $\mathbf{e}_1^U$ aus, so dass ohne Einfluss auf die Anreizkompatibilität von $\mathbf{e}_1^U$ $\mathbf{e}_1^B$ durch Nachverhandlung der Beteiligung an $\mathbf{y}_2^B$ implizit in den Entlohnungsvertrag aufgenommen werden kann. Dieses wird im folgenden Beispiel verdeutlicht.

Wie bisher kann der Agent seinen Arbeitseinsatz in der ersten Periode auf e_1^B und e_1^U aufteilen. Um das Beispiel auf das wesentliche Problem zu beschränken, wird in Periode 2 kein Arbeitseinsatz modelliert. Die Performancemaße sind definiert als

$$\begin{aligned} y_1 &= e_1^B + \eta_1 \\ y_{21} &= e_1^U + \eta_{21} \\ y_{22} &= \eta_{22}. \end{aligned}$$

Der Vektor $(\eta_1, \eta_{21}, \eta_{22})$ ist standardisiert normalverteilt mit $Corr\,(y_1, y_{21})$ $=Corr\,(y_{21}, y_{22})$ $= 0$ und $Corr\,(y_1, y_{22}) = \rho \neq 0$. Das Bruttoergebnis ist gegeben durch $E\,(\pi) = e_1^B + e_1^U$. Für das obige System aus Performancemaßen ist $\mathbf{y}_2 = (y_{21}, y_{22})^T$ informativ über $\mathbf{e}_1 = \left(e_1^B, e_1^U\right)^T$, da mit $\mathbf{b}_1^B = 1$, $\mathbf{b}_1^U = 0$,$\mathbf{\Sigma}_{21} = (0, \rho)^T$, $\mathbf{\Sigma}_{11} = 1$,

$$\boldsymbol{\beta} = \begin{pmatrix} 0 & 1 \\ 0 & 0 \end{pmatrix} \neq \underbrace{\begin{pmatrix} 0 & 0 \\ \rho & 0 \end{pmatrix}}_{=\mathbf{\Sigma}_{21}\mathbf{\Sigma}_{11}^{-1}\mathbf{b}_1}$$

gilt. Hier liegt allerdings ein besonderer Fall vor, in dem das Performancemaß y_{21} ausschließlich informativ über e_1^U ist (da $E(y_{21}|y_1,\cdot) = e_1^U$ nur von e_1^U, nicht aber von e_1^B abhängt) und y_{22} nur informativ über e_1^B ist (da $E(y_{22}|y_1,\cdot) = \rho\left(y_1 - e_1^B\right)$ ausschließlich von e_1^B abhängt, nicht aber von e_1^U).

Da in der zweiten Periode kein Arbeitseinsatz mehr induziert werden soll, ist es sequentiell rational, dem Agenten in der zweiten Periode kein Risiko aufzubürden

$$\mathbf{s}_2^{R*} = \begin{pmatrix} s_{21}^{R*} \\ s_{22}^{R*} \end{pmatrix} = \begin{pmatrix} 0 \\ 0 \end{pmatrix}.$$

Die sequentiell optimale Fixzahlung, gegeben die Vermutung $\widehat{e}_1^U$ und die Beobachtung e_1^B, erhält man analog zu der obigen Analyse, indem man die Daten des Beispiels in (4.30) mit $\mathbf{s}_2^{R*} = \mathbf{0}$ einsetzt

$$F_2^{R*} = s_{21}\widehat{e}_1^U + s_{22}\rho\left(y_1 - e_1^B\right) + F_2 - \frac{r}{2}\left(s_{21}^2 + s_{22}^2\left(1-\rho^2\right)\right).$$

Darin sind s_{21} und s_{22} die Beteiligungsraten des Ausgangsvertrages für die zweite Periode. Die Anreizbedingungen für die erste Periode, wenn V^R der endgültige Vertrag ist, erhält man wiederum, indem man das ex ante Sicherheitsäquivalent des Agenten unter Berücksichtigung von $\mathbf{s}_2^{R*} = \mathbf{0}$

$$\begin{aligned} CE_0\left(V^R\right) &= E\left(s_1y_1 + F_1 + F_2^{R*}\right) - \frac{\left(e_1^B\right)^2}{2} - \frac{\left(e_1^U\right)^2}{2} - \frac{r}{2}Var\left(s_1y_1 + F_2^{R*}\right) \\ &= s_1e_1^B + s_{21}\widehat{e}_1^U + F_1 + F_2 - \frac{\left(e_1^B\right)^2}{2} - \frac{\left(e_1^U\right)^2}{2} - \frac{r}{2}\left(s_1^2 + s_{21}^2 + s_{22}^2 + 2s_1s_{22}\rho\right) \end{aligned}$$

über die Aktionen e_1^B und e_1^U optimiert

$$\begin{aligned} e_1^B &= s_1 \\ e_1^U &= 0. \end{aligned}$$

Da es ex post optimal ist, das Performancemaß y_{21} nicht in die Entlohnungsfunktion aufzunehmen, $s_{21}^{R*} = 0$, kann im Gleichgewicht e_1^U nicht induziert werden. Um das Gleichgewicht zu stützen, muss gemäß Lemma 4.1 ebenfalls $s_{21} = 0$ gelten, da andernfalls der Ausgangsvertrag andere Anreize für e_1^U setzt als der endgültige Vertrag. Setzt man $\widehat{e}_1^B = e_1^B = s_{21} = 0$ in das ex ante Sicherheitsäquivalent des Agenten ein, wird dieses zu

$$CE_0\left(V^R\right) = s_1e_1^B + F_1 + F_2 - \frac{\left(e_1^B\right)^2}{2} - \frac{r}{2}\left(s_1^2 + s_{22}^2 + 2s_1s_{22}\rho\right). \tag{4.37}$$

Da y_{22} nicht über e_1^U informativ ist, braucht die Anreizrate s_{22} nicht nachverhandlungssicher implementiert zu werden, sondern kann dazu verwendet werden, die beobachtbare

Aktion implizit in den Vertrag aufzunehmen. Das Programm zur Bestimmung der optimalen Parameter des Ausgangsvertrages (s_1, s_{22}, F_1, F_2), gegeben $\mathbf{s}_2^{R*} = \mathbf{0}$ und $s_{21} = e_1^U = 0$, ist

$$\begin{aligned}&\max_{s_1, s_{22}, F_1, F_2} e_1^B - E\left(s_1 y_1 + F_1 + F_2^{R*}\right) \\ &\text{u.d.N. } e_1^B = s_1 \\ &CE_0\left(V^R, e_1^B\right) \geq 0.\end{aligned} \tag{4.38}$$

Durch Einsetzen der bindenden Teilnahmebedingung in die Zielfunktion erhält man das folgende reduzierte Problem

$$\begin{aligned}&\max_{s_1, s_{22}} e_1^B - \frac{\left(e_1^B\right)^2}{2} - \frac{r}{2}\left(s_1 + s_{22}\rho\right) \\ &\text{u.d.N. } e_1^B = s_1.\end{aligned} \tag{4.39}$$

Dieses Problem ist aus Abschnitt 4.2.4 bekannt: Indem der Prinzipal $s_{22} = -\frac{s_1}{\rho}$ setzt, wird der Varianzterm null und über $s_1 = 1$ wird der first-best Einsatz $e_1^B = 1$ implementiert, so dass der Gleichgewichtsüberschuss bei partiell beobachtbarem Einsatz $Z^{part} = \frac{1}{2}$ beträgt. Da im Gleichgewicht zwar die beobachtbare Aktion auf ihrem first-best-Niveau induziert wird, gleichzeitig aber e_1^U nicht motiviert werden kann, wird insgesamt die first-best-Lösung $(Z^{FB} = 1)$ verfehlt. Damit stellt sich der Prinzipal bei partiell beobachtbarem Einsatz auch schlechter als wenn beide Aktionen beobachtbar wären, da im letzteren Fall die first-best Lösung erzielt wird.[42] Im Gegensatz zum vorangegangen Beispiel übertrifft Z^{part} aber den Gleichgewichtsüberschuss des Grundmodells bei unbeobachtbaren Aktionen. Sind beide Aktionen unbeobachtbar müsste aufgrund des renegotiation-proof-Prinzips auch $s_{22} = 0$ gesetzt werden. Löst man Programm (4.39) für $s_{22} = 0$, resultiert als optimale Anreizbeteiligung $s_1 = \frac{1}{1+r}$ und als Überschuss $\frac{1}{2}\frac{1}{1+r} < \frac{1}{2}$.

Schließlich ist zu untersuchen, ob Nachverhandlungen bei partiell beobachtbarem Einsatz im Vergleich zum full commitment-Optimum vorteilhaft sind oder nicht. Aus (3.25) ergibt sich mit den Daten des Beispiels folgendes full commitment-Problem

$$\max_{s_1, s_{21}, s_{22}} s_1 + s_{21} - \frac{s_1^2}{2} - \frac{s_{21}^2}{2} - \frac{r}{2}\left(s_1^2 + s_{21}^2 + s_{22}^2 + 2 s_1 s_{22}\rho\right)$$

mit der Lösung (siehe (3.27))

$$\begin{aligned}s_1^C &= \frac{1}{1 + r\left(1 - \rho^2\right)}, s_{21}^C = \frac{1}{1+r}, s_{22}^C = -\frac{\rho}{1 + r\left(1 - \rho^2\right)} \\ Z^C &= \frac{1}{2}\frac{2r + 2 - r\rho^2}{(1+r)\left(1 + r\left(1 - \rho^2\right)\right)}.\end{aligned}$$

42 Wenn beide Aktionen beobachtbar sind, lautet die Zielfunktion des Prinzipals gemäß (4.15)

$$\max_{s_1, s_{21}, s_{22}} s_1 + s_{21} - \frac{s_1^2}{2} - \frac{s_{21}^2}{2} - \frac{r}{2}\left(s_1 + s_{22}\rho\right)^2.$$

Die Lösung ist $s_1 = s_{21} = 1$ und $s_{22} = -\frac{1}{\rho}$ und der Zielfunktionswert beträgt 1.

Die Differenz der Zielfunktionswerte $Z^C - Z^{part}$ beträgt dann

$$\Delta = \left(Z^C - Z^{part}\right) = \frac{1}{2} \frac{1 - r^2(1 - \rho^2)}{(1 + r)(1 + r(1 - \rho^2))}.$$

Der Nenner von Δ ist positiv. Der Zähler wird negativ, wenn r hinreichend groß wird $\left(r > \sqrt{\frac{1}{1-\rho^2}}\right)$. Dies ist auch einleuchtend. Der Gleichgewichtsüberschuss bei partiell beobachtbaren Aktionen ist im Modell unabhängig vom Risikoaversionskoeffizienten r: Die unbeobachtbare Aktion wird gar nicht motiviert und die beobachtbare Aktion wird auf dem first-best-Level induziert. Im full commitment-Problem können hingegen beide Aktionen motiviert werden, aber (von dem in Abschnitt 3.5.1 ausgeschlossen Fall $|\rho| = 1$ abgesehen) nicht zu first-best Kosten, so dass Z^C mit zunehmender Risikoaversion[43] des Agenten sinkt. Für das betrachtete Beispiel lohnen sich deshalb Nachverhandlungen bei partiell beobachtbarem Einsatz aus der ex ante Sicht, wenn der Agent hinreichend stark risikoavers ist.

4.4 Beobachtbare, aber nicht verifizierbare unpräzise Signale

Während im vorherigen Abschnitt zumindest noch ein Teil des Arbeitseinsatzes perfekt beobachtbar war, wird diese Annahme jetzt ganz aufgehoben und stattdessen angenommen, dass der Prinzipal lediglich ein unpräzises nicht verifizierbares Signal über den Arbeitseinsatz beobachten kann.[44] Beispielsweise kann eine interne Qualitätsstichprobe als ein unpräzises Signal über die Arbeitsleistung des Produktionsmanagers aufgefasst werden.

Betrachtet wird wie bisher eine zweiperiodige Beziehung im LEN-Modell mit Nachver-

43 $\frac{\partial Z^C}{\partial r} = -\frac{1}{2} \frac{\left(2+\rho^4-3\rho^2\right)r^2+4\left(1-\rho^2\right)r+2-\rho^2}{\left(\left(1+r\left(1-\rho^2\right)\right)\right)^2(1+r)^2} < 0.$

44 *Gillenkirch* (2004), Kapitel II, Abschnitt 3.5, untersucht die die Bedeutung nicht verifizierbarer Signale in einem zweiperiodigen Modell, in dem sich der Prinzipal ex ante nicht auf die Sollvorgaben (performance standards) für die zweite Periode verpflichten kann. Obwohl die fehlende Selbstbindungskraft des Prinzipals „annahmegemäß einzig in dieser Festlegung der Sollvorgaben der zweiten Periode erst zum Zeitpunkt $t = 1$" besteht (S. 84) und er die Beteiligungsraten der zweiten Periode „bereits zum Zeitpunkt $t = 0$ festlegen" kann (S. 83), werden in *Gillenkirchs* Modell die Beteiligungsraten der zweiten Periode dennoch sequentiell optimal gewählt (S. 90/91). Formal wird deshalb eine Agency-Beziehung mit kurzfristigen Verträgen analysiert (in der sich der Agent für beide Perioden binden kann). Wie in Abschnitt 4.2.5 demonstriert wurde, ist die Unterscheidung zwischen Nachverhandlungen und kurzfristigen Verträgen bei nicht verifizierbarer Information wesentlich, so dass die folgende Analyse von der *Gillenkirchs* abweicht.

handlungsmöglichkeit in $t = 1$. Die Performancemaße sind wie folgt definiert

$$\begin{aligned} y_1 &= b_1 e_1 + \eta_1 \\ y_2 &= b_2 e_2 + \eta_2 \\ & \quad b_1, b_2 > 0. \end{aligned}$$

Am Ende von Periode 1, unmittelbar vor der Nachverhandlungsmöglichkeit, wird intern ein Signal x erhoben. x kann von beiden Vertragsparteien beobachtet werden, ist aber nicht verifizierbar. Die Zufallsvariablen (η_1, η_2, x) sind standardisiert dreidimensional normalverteilt[45] mit Kovarianzmatrix

$$\sum_{(\eta_1,\eta_2,x)} = \begin{pmatrix} 1 & \sigma_{12} & \sigma_{1x} \\ \sigma_{12} & 1 & \sigma_{2x} \\ \sigma_{1x} & \sigma_{2x} & 1 \end{pmatrix},$$

wobei σ_{ij} die entsprechenden Korrelationskoeffizienten sind. Der Bruttoüberschuss des Prinzipals wird als $E[\pi] = e_1 + e_2$ angenommen. Der Arbeitseinsatz des Agenten ist für den Prinzipal unbeobachtbar.

Zur Ermittlung des Gleichgewichts wird wie üblich zunächst das optimale Vertragsangebot für die zweite Periode in $t = 1$, bedingt auf die Information, die die erste Periode hinterlassen hat, bestimmt. Der Prinzipal hat im Nachverhandlungszeitpunkt die Realisation von (y_1, x) beobachtet und der Agent kennt zudem noch sein in Periode 1 geleistetes Aktivitätsniveau e_1. Wenn $V = (F_1, s_1; F_2, s_2)$ die Vertragsparameter des Ausgangsvertrages sind und $V^R = \left(F_1, s_1; F_2^R, s_2^R\right)$ die Parameter des revidierten Vertrages, erfordert die Akzeptanz von V^R in $t = 1$

$$\begin{aligned} & s_2^R E\left[y_2\left(e_2^R\right)|y_1, x, e_1\right] + F_2^R - \frac{\left(e_2^R\right)^2}{2} - \frac{r}{2} Var\left[s_2^R y_2 | y_1, x\right] \\ \geq \; & s_2 E\left[y_2\left(e_2\right)|y_1, x, e_1\right] + F_2 - \frac{e_2^2}{2} - \frac{r}{2} Var\left[s_2 y_2 | y_1, x\right], \end{aligned} \tag{4.40}$$

wobei $e_2^R = s_2^R b_2$ die optimale Antwort des Agenten auf den revidierten Vertrag ist und $e_2 = s_2 b_2$ entsprechend der optimale Einsatz, den der Agent bei Fortführung des Ausgangsvertrages wählen würde. Das Optimierungsprogramm zur Bestimmung des sequentiell optimalen Vertrages für die zweite Periode lässt sich dann formulieren als

$$\begin{aligned} & \max_{s_2^R, F_2^R} e_2^R - E\left[s_2^R y_2\left(e_2^R\right)|y_1, x, \widehat{e}_1\right] - F_2^R \\ & \text{u.d.N. } e_2^R = s_2^R b_2 \\ & \qquad (4.40) \text{ mit } e_1 = \widehat{e}_1. \end{aligned}$$

45 Aus Gründen der Vereinfachung wird angenommen, dass der Agent den Erwartungswert von x nicht beeinflussen kann. Dies bedeutet allerdings nicht notwendigerweise, dass x nicht informativ über den Arbeitseinsatz ist.

Hierin bezeichnet $\widehat{e}_1$ wieder die Vermutung des Prinzipals über den Einsatz des Agenten in der ersten Periode. Setzt man die bindende Teilnahmebedingung und $e_2^R = s_2^R b_2$ in die Zielfunktion ein, erhält man unter Vernachlässigung von die Optimierung nicht beeinflussenden Konstanten folgendes Optimierungsproblem

$$\max_{s_2^R} Z_2 = s_2^R b_2 - \frac{\left(s_2^R b_2\right)^2}{2} - \frac{r}{2}\left(s_2^R\right)^2 Var\left[y_2|y_1,x\right]. \tag{4.41}$$

Da die bedingte Varianz bei Normalverteilungen nicht von den Werten der bedingenden Variablen abhängt, hängt der ex post Risiko-Anreiz-trade-off nicht von der tatsächlichen Beobachtung von x ab.[46] Aus der Optimalitätsbedingung $dZ_2/ds_2^R = b_2 - s_2^R b_2^2 - rs_2^R Var\left[y_2|y_1,x\right] = 0$ folgt die sequentiell optimale Beteiligungsrate

$$s_2^{R*} = \frac{b_2}{b_2^2 + rVar\left[y_2|y_1,x\right]}. \tag{4.42}$$

Die sequentiell optimale Fixzahlung resultiert, indem man s_2^{R*} in die im Optimum bindende Akzeptanzbedingung (4.40) einsetzt und dann für die gegebene Vermutung $\widehat{e}_1$ nach F_2^R auflöst

$$\begin{aligned} F_2^{R*} &= s_2 E\left[y_2\left(e_2\right)|y_1,x,\widehat{e}_1\right] - s_2^{R*} E\left[y_2\left(e_2^{R*}\right)|y_1,x,\widehat{e}_1\right] + F_2 \\ &+\frac{\left(e_2^{R*}\right)^2}{2} - \frac{\left(e_2\right)^2}{2} + \frac{r}{2}\left(\left(s_2^{R*}\right)^2 - s_2^2\right) Var\left[y_2|y_1,x\right]. \end{aligned} \tag{4.43}$$

F_2^{R*} ist dabei grundsätzlich über die Terme $E\left[\cdot|y_1,x,\widehat{e}_1\right]$ eine (lineare) Funktion von x und y_1, sofern im Ausgangsvertrag $s_2 \neq s_2^{R*}$ gilt, wobei

$$\begin{aligned} E\left[y_2|y_1,x\right] &= E\left(y_2\right) + m_1\left(y_1 - E\left(y_1\right)\right) + m_2\left(x - E\left(x\right)\right) \\ &= b_2 e_2 + m_1\left(y_1 - b_1 e_1\right) + m_2 x \\ Var\left[y_2|y_1,x\right] &= 1 - m_1\sigma_{12} - m_2\sigma_{2x} \\ m_1 &= \frac{\sigma_{1x}\sigma_{2x} - \sigma_{12}}{\sigma_{1x}^2 - 1}, m_2 = \frac{\sigma_{12}\sigma_{1x} - \sigma_{2x}}{\sigma_{1x}^2 - 1}. \end{aligned} \tag{4.44}$$

Da die sequentiell optimale Beteiligungsrate s_2^{R*} nicht von der tatsächlichen Realisation von x abhängt, könnte der Prinzipal diese bereits innerhalb des Ausgangsvertrages implementieren. Dieser Ausgangsvertrag wäre nachverhandlungssicher, weil er gemäß (4.41) das Risiko-Anreiz-Problem für die zweite Periode sequentiell optimal löst. Die Frage ist aber, ob es ausreicht, die Menge der nachverhandlungssicheren Verträge zu betrachten.

Lemma 4.2 *Für $m_2 = 0$ hat x keinen Einfluss auf die Gleichgewichtslösung des Spiels mit Nachverhandlungsmöglichkeit.*

46 In Abschnitt 4.5 wird der Fall betrachtet, dass der sequentiell optimale Vertrag für Periode 2 tatsächlich von dem beobachteten Wert des nicht verifizierbaren Signals abhängt.

Beweis. Gemäß (4.44) folgt aus $m_2 = 0$ [$\Leftrightarrow \sigma_{12}\sigma_{1x}=\sigma_{2x}$], dass $E[y_2|y_1,x] = b_2e_2 + \sigma_{12}(y_1-E(y_1)) = E(y_2|y_1)$, $Var(y_2|y_1,x) = 1-\sigma_{12}^2 = Var(y_2|y_1)$ und damit $f_2(y_2|y_1,x)= f_2(y_2|y_1)$. Folglich ist die sequentiell optimale Entlohnung $\left(F_2^{R*}, s_2^{R*}\right)$ unabhängig von x und x hat keinen Einfluss auf die Gleichgewichtslösung. ■

Ist x hingegen in $t = 1$ informativ über die künftige Performance ($m_2 \neq 0$), d.h. hängt die bedingte Verteilung von y_2, gegeben y_1, von x ab, dann ist x über die Fixzahlung F_2^{R*} Bestandteil des sequentiell optimalen Vertrages, sofern $s_2^{R*} \neq s_2$ gilt. Diese Abhängigkeit ist darauf zurückzuführen, dass für $m_2 \neq 0$ die Akzeptanzbedingung (4.40) und damit auch der „Steuerungsparameter“ F_2^{R*} dieser Bedingung von x abhängt. Im Folgenden ist zu untersuchen, welchen Einfluss die Beobachtung von x auf die Gleichgewichtslösung hat, wenn x informativ über y_2 ist, $m_2 \neq 0$.

Wenn der Agent Nachverhandlungen mit s_2^{R*} und F_2^{R*}, wie durch (4.42) und (4.43) gegeben, antizipiert, dann entspricht sein ex ante Sicherheitsäquivalent folgendem Ausdruck

$$CE_0\left(V^R, e_1\right) = E[s_1y_1+s_2^{R*}y_2\left(e_2^{R*}\right)+F_1+F_2^{R*}]-\frac{e_1^2}{2}-\frac{\left(e_2^{R*}\right)^2}{2}-\frac{r}{2}Var(s_1y_1+s_2^{R*}y_2+F_2^{R*})$$

$$\begin{aligned} &= s_1b_1e_1+\frac{s_2^2b_2^2}{2}+\left(s_2-s_2^{R*}\right)m_1b_1\left(e_1-\widehat{e}_1\right)-\frac{e_1^2}{2}+\frac{r}{2}\left(\left(s_2^{R*}\right)^2-s_2^2\right)Var\left(y_2|y_1,x\right) \qquad (4.45)\\ &\quad +F_1+F_2-\frac{r}{2}Var\left[\left(s_1+\left(s_2-s_2^{R*}\right)m_1\right)y_1+s_2^{R*}y_2+\left(s_2-s_2^{R*}\right)m_2x\right]. \end{aligned}$$

Die Aktionswahl für die erste Periode erhält man durch Optimierung des Sicherheitsäquivalents über e_1 als

$$\begin{aligned} e_1 &= \underset{e_1'}{\operatorname{argmax}}\, CE_0\left(V^R, e_1'\right) \qquad (4.46)\\ &= s_1b_1+\left(s_2-s_2^{R*}\right)b_1m_1. \end{aligned}$$

Wenn V^R der endgültige Vertrag ist und der Prinzipal vermutet, dass der Agent seinen Einsatz der ersten Periode gemäß (4.46) wählt, kann das Entscheidungsproblem über die Parameter des Ausgangsvertrages durch folgendes Programm dargestellt werden:

$$\begin{aligned} &\max_{s_1,F_1,s_2,F_2} E(\pi)-E\left(s_1y_1+F_1+s_2^{R*}y_2+F_2^{R*}\right)\\ &\text{u.d.N.}\\ &e_1 = s_1b_1+\left(s_2-s_2^{R*}\right)b_1m_1\\ &e_2^{R*} = b_2s_2^{R*}\\ &CE_0 \geq 0. \end{aligned}$$

Setzt man die Anreizbedingungen sowie die bindende Teilnahmebedingung in die Zielfunktion ein, vereinfacht sich das Problem mit $\delta = \left(s_2 - s_2^{R*}\right)$ zu[47]

$$\max_{s_1,\delta} (s_1 + \delta m_1) b_1 + s_2^{R*} b_2 - \frac{\left[(s_1 + \delta m_1) b_1\right]^2}{2} - \frac{\left(s_2^{R*} b_2\right)^2}{2} \tag{4.47}$$
$$-\frac{r}{2} Var\left((s_1 + \delta m_1) y_1 + s_2^{R*} y_2 + \delta m_2 x\right).$$

Im Gleichgewicht darf der Agent keinen Anreiz haben, von der Vermutung $\widehat{e}_1$ des Prinzipals abzuweichen. In Lemma 4.1 des vorherigen Abschnitts wurde gezeigt, dass im Gleichgewicht der Ausgangsvertrag die gleichen Anreize für die erste Periode induzieren muss wie der revidierte, endgültige Vertrag, da es für den Agenten andernfalls optimal ist, von der Vermutung des Prinzipals abzuweichen, den neuen Vertrag abzulehnen und den Einsatz auf Basis des Ausgangsvertrages zu wählen. Die gleichen Überlegungen gelten für das Gleichgewicht in diesem Abschnitt, so dass sich zusammen mit dem obigen Optimierungsproblem folgende Proposition ableiten lässt:

Proposition 4.5 *Angenommen, $m_2 \neq 0$. a) Im Gleichgewicht des Spiels mit Nachverhandlungsmöglichkeit muss $\delta = 0$ gelten, sofern das Performancemaß der zweiten Periode Informationsgehalt über die Aktion der ersten Periode hat, d.h. wenn $m_1 \neq 0$. b) Ist das Performancemaß y_2 nicht über die Aktion e_1 informativ, $m_1 = 0$, kann auf das nicht verifizierbare Signal x im Gleichgewicht de facto kontrahiert werden.*

Beweis. Siehe Anhang. ∎

Aus Lemma 4.2 ist bekannt, dass das Gleichgewicht nicht von x beeinflusst wird, sofern x nicht informativ über y_2 ist, $m_2 = 0$. Proposition 4.5 unterstellt deshalb $m_2 \neq 0$. Im Beweis zu Proposition 4.5, Teil a), wird zunächst gezeigt, dass der Agent für $s_2 \neq s_2^{R*}$ einen Anreiz hat, von der Vermutung (4.46) des Prinzipals abzuweichen, sofern y_2 informativ über den Arbeitseinsatz e_1 ist, also $m_1 \neq 0$ gilt.[48] Anreizkompatibilität verlangt in diesem Fall also, einen nachverhandlungssicheren Vertrag $s_2 = s_2^{R*}$ zu implementieren. Setzt man $s_2 = s_2^{R*}$ in das Optimierungsproblem (4.47) ein, wird δ null und x ist kein direkter Bestandteil des Gleichgewichtsvertrages mehr. Im Gegensatz zum Fall $m_2 = 0$ (siehe Lemma 4.2) ist aber die Gleichgewichtslösung bei $m_2 \neq 0$ nicht unabhängig von x, sondern wird über die a posteriori Varianz $Var\left(y_2|y_1, x\right)$ innerhalb von s_2^{R*} (4.42) von x beeinflusst.

Ist das Performancemaß y_2 hingegen nicht informativ über $e_1, m_1 = 0$, haben beide Vertragsparteien im Nachverhandlungszeitpunkt symmetrische Einschätzungen hinsichtlich

47 Für den Varianzterm gilt $Var\left(s_1 y_1 + s_2^{R*} y_2 + F_2^{R*}\right) = Var(s_1 y_1 + s_2^{R*} y_2 + \left(s_2 - s_2^{R*}\right)\left[m_1 y_1 + m_2 x\right]) = Var((s_1 + \delta m_1) y_1 + s_2^{R*} y_2 + \delta m_2 x)$.

48 y_2 hat Informationsgehalt über e_1, wenn $E\left(y_2|y_1, x\right) = b_2 e_2 + m_1\left(y_1 - b_1 e_1\right) + m_2 x$ von e_1 abhängt. Das ist immer der Fall, wenn $m_1 b_1 \neq 0$ gilt. Da per Annahme $b_1 > 0$, ist y_2 nur informativ, wenn $m_1 \neq 0$.

künftiger payoffs. Die Anreizkompatibilitätsbedingung für Periode 1 hängt jetzt ausschließlich vom Performancemaß y_1 der ersten Periode ab, $e_1 = s_1 b_1$, und zwar unabhängig davon, ob der Ausgangsvertrag auch der endgültige Vertrag ist oder nicht. In diesem Fall kann x durch die Nachverhandlung implizit in den Vertrag aufgenommen werden.

Zu untersuchen bleibt, ob sich der Prinzipal durch Beobachtung des zusätzlichen (nicht verifizierbaren) Signals besser oder schlechter stellt als in der Ausgangssituation ohne Beobachtung von x und wie die Allokation im Vergleich zur full commitment-Lösung ausfällt. Proposition 4.6 gibt Aufschluss darüber und zeigt, dass diese Fragestellung nicht trivial ist:

Proposition 4.6 *Sei Z^* der Gleichgewichtsüberschuss des Prinzipals im Spiel mit Nachverhandlungsmöglichkeit bei nicht verifizierbarem Signal x, Z^A der entsprechende Überschuss ohne Beobachtung von x und Z^C der Überschuss bei full commitment. Dann gilt*
a) für $m_2 = 0$: $Z^* = Z^A \leq Z^C$
und für $m_2 \neq 0$:
b1) $Z^* \geq Z^C \geq Z^A$, wenn $m_1 = 0$.
b2) Für $m_1 \neq 0$, in Abhängigkeit von den Parametern $(b_1, b_2, r, \sigma_{12}, \sigma_{1x}, \sigma_{2x})$, $Z^* \lesseqgtr Z^A$, wobei $Z^* \leq Z^C$ und $Z^A \leq Z^C$. Insbesondere gilt: Ein aufgrund des renegotiation-proof-Prinzips in der Ausgangssituation ohne Beobachtung von x zu hoch induzierter Einsatz e_2 ist hinreichend für $Z^A > Z^*$.

Beweis. Der Überschuss bei full commitment (Z^C) ist unabhängig davon, ob x beobachtet wird oder nicht, da x nicht kontrahierbar ist, der endgültige Vertrag geschlossen wird bevor x beobachtet wird und die Aktionswahl des Agenten unabhängig von x ist. Z^A ist per Definition der Überschuss bei Nachverhandlung ohne Beobachtung von x. Folglich gilt stets $Z^A \leq Z^C$ aufgrund des renegotiation-proof-Prinzips. Teil a) folgt unmittelbar aus Lemma 4.2: Da x für $m_2 = 0$ keinen Einfluss auf die Gleichgewichtslösung hat, muss $Z^A = Z^*$ gelten. Teil b1): Für $m_2 \neq 0$ und $m_1 = 0$ kann der Entlohnungsvertrag gemäß Proposition 4.5 de facto auf x kontrahiert werden. Für $m_1 = 0$ ist y_2 nicht über e_1 informativ. Aus Proposition 3.2 ist bekannt, dass die full commitment-Lösung erzielt wird, wenn y_2 nicht informativ über e_1 ist. Da x keinen Einfluss auf die Aktionswahl hat, ist der full commitment-Überschuss des Prinzipals mit den Performancemaßen (y_1, y_2, x) mindestens so hoch wie mit (y_1, y_2): Folglich $Z^* \geq Z^C$. Teil b2): Siehe Anhang. ■

Die wesentliche Einsicht aus Proposition 4.6 ist, dass der Wert eines nicht verifizierbaren Signals von dessen Informationsgehalt abhängt.[49] Wenn x uninformativ über den Output

49 Ein ähnliches Resultat erhält auch *Pirchegger* (2002) bei der Analyse von Vor- und Nachteilen des Repricing von Aktienoptionen. Repricing wird dabei als Vertragsnachverhandlung in einer langfristigen Agency-Beziehung modelliert. Wie im vorliegenden Modell findet die Nachverhandlung statt, nachdem der Einsatz der ersten Periode geleistet worden ist und nachdem ein nicht verifizierbares

der zweiten Periode ist, hat x keinen Einfluss auf die Gleichgewichtslösung, so dass der resultierende Überschuss des Prinzipals demjenigen aus dem Grundmodell entspricht. (Teil a) von Proposition 4.6). Ist x informativ über y_2, $m_2 \neq 0$, sind grundsätzlich zwei Fälle zu unterscheiden:

Fall 1 (Teil b1) von Proposition 4.6): Wenn die bedingte Verteilung von y_2, gegeben y_1 und x, nicht von der Aktion der ersten Periode abhängt, $m_1 = 0$, dann ist das Signal x wertvoll. Dieses ist darauf zurückzuführen, dass auf x implizit kontrahiert werden kann und gleichzeitig symmetrische Information im Nachverhandlungszeitpunkt vorherrscht, da y_2 keinen Informationsgehalt über e_1 hat. Damit entspricht das Gleichgewicht bei Beobachtbarkeit von x der full commitment-Lösung für den Fall, dass (y_1, y_2, x) als Bemessungsgrundlage für den Entlohnungsvertrag zur Verfügung stehen.

Fall 2 (Teil b2) von Proposition 4.6): Ist hingegen das Performancemaß y_2 informativ über den Einsatz in Periode 1, $m_1 \neq 0$, ist der Informationswert von x nicht eindeutig. Nach Proposition 4.5 erfordert Anreizkompatibilität für die Aktion des Agenten in Periode 1 in diesem Fall, dass der Ausgangsvertrag nachverhandlungssicher ist, $s_2 = s_2^{R*}$. Somit besteht der Unterschied zwischen der Situation mit und ohne Beobachtung von x im Gleichgewicht ausschließlich in der sequentiell optimalen Beteiligung für die zweite Periode. Sequentielle Optimalität stellt in beiden Fällen eine Nebenbedingung zum (y_1, y_2)-full commitment-Problem dar, so dass perfekte Selbstbindung stets (schwach) vorteilhaft ist. Die sequentiell optimalen Beteiligungsraten in der Ausgangssituation ohne x (im Folgenden s_2^{RA}) und in der Situation mit beobachtbarem x $\left(s_2^{R*}\right)$ unterscheiden sich einzig durch die bedingte Varianz von y_2. Da unter den Annahmen von Teil b2) von Proposition 4.6 $Var\left(y_2|y_1, x\right) < Var\left(y_2|y_1\right)$ gilt, ist die Anreizbeteiligung bei beobachtbarem x stets höher als in der Ausgangssituation, $s_2^{R*} > s_2^{RA}$. Analog zu den Auswirkungen von unproduktiven Aktivitäten in Abschnitt 3.7 kann das Induzieren stärkerer Arbeitsanreize in Periode 2, $s_2^{R*} > s_2^{RA} \Rightarrow e_2^{R*} > e_2^{RA}$, nur dann vorteilhaft sein, wenn in der Ausgangssituation zu wenig Arbeitseinsatz, verglichen mit perfekter Selbstbindung, induziert wird, $s_2^{RA} < s_2^C$. Dieses lässt sich gut anhand von Abbildung 4.1 nachvollziehen, in der für die angegebenen Parameter der Überschuss (Z) des Prinzipals in Abhängigkeit der Beteiligungsrate s_2 abgetragen ist.[50] s_2^{RA} liegt im Beispiel rechts vom Optimum s_2^C bei full commitment und induziert somit zu viel Einsatz in Periode 2. Da mit beobachtbarem x noch stärkere Anreize gesetzt werden und man sich somit noch weiter vom Optimum entfernt[51], gilt $Z^A > Z^*$. Das Signal x hat in diesem Fall also einen negativen Informationswert.[52]

Signal gemeinsam beobachtet worden ist. Ob Repricing vorteilhaft ist, hängt vom Informationsgehalt dieses Signals ab und zwar sowohl im Hinblick auf den Arbeitseinsatz des Agenten als auch bezüglich der künftigen Umweltentwicklung.

50 Bei optimaler Wahl von s_1.

51 Siehe zu den Eigenschaften der Funktion $Z\left(s_2\right)$ den Beweis von Proposition 4.6, Teil b2, im Anhang.

52 Für $b_1 = b_2 = 1 = g_1 = g_2$ (wie in Abb. 4.1) ist $\sigma_{12} > 0$ hinreichend für $s_2^{RA} > s_2^C$ und damit für $Z^A > Z^*$. Siehe dazu ausführlich Abschnitt 3.7.

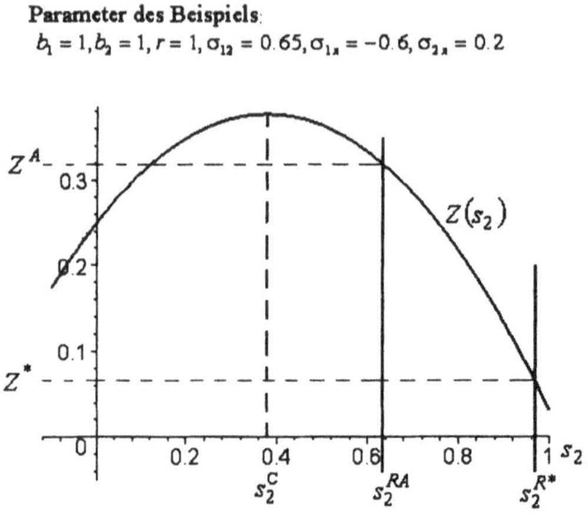

Abbildung 4.1: Negativer Wert des Signals x

Notwendige Bedingung für $Z^* > Z^A$ ist dementsprechend, dass in der Ausgangssituation die Beteiligungsrate aufgrund des renegotiation-proof-Prinzips zu niedrig gesetzt werden muss. Dieser Fall ist beispielhaft in Abbildung 4.2 dargestellt, wo in der Ausgangssituation zu wenig Einsatz e_2 in Periode 2 motiviert wird $\left(s_2^{RA} < s_2^C\right)$ und der Prinzipal sich durch das Beobachten des Signals x gegenüber der Ausgangssituation verbessert, weil die renegotiation-proof-Restriktion gelockert wird. Dennoch ist $s_2^{RA} < s_2^C$ nicht hinreichend für einen positiven Informationswert des Signals x. Dies erkennt man, wenn man gedanklich die eingezeichnete Nebenbedingung s_2^{R*} weit genug über das full commitment-Optimum hinaus nach rechts verschiebt. Diese Rechtsverschiebung erfolgt durch geeignete Variation der Korrelationskoeffizienten σ_{1x} und σ_{2x}.[53] Für $\sigma_{1x} = 0.1$ und $\sigma_{2x} = 0.76$ (anstatt 0.6 und 0.2) erhält man eine Beteiligungsrate von $s_2^{R*} = 1.028$ (siehe die gepunktete Gerade rechts in der Grafik) und einen Zielfunktionswert von $Z^* < Z^A$.

Das wesentliche Resultat aus Proposition 4.6, dass der Wert zusätzlicher (nicht verifizierbarer) Information positiv oder negativ (oder auch null) sein kann, findet man in der Literatur auch unter einer anderen Form beschränkter Selbstbindungskraft des Prinzipals, nämlich im Fall des beidseitigen (*double*) moral hazard. Kennzeichnend für double moral hazard ist, dass der Prinzipal nicht nur für die Vertragsgestaltung zuständig ist, sondern auch (unbeobachtbare) produktive Entscheidungen zu treffen hat, die den Überschuss des Unternehmens beeinflussen.[54] Selbst wenn sich die Akteure ex ante auf einen bindenden

53 σ_{1x} und σ_{2x} haben weder Einfluss auf $Z(s_2)$ noch auf s_2^{RA}.
54 Siehe dazu ausführlich *Budde* (2000), Kapitel 5.

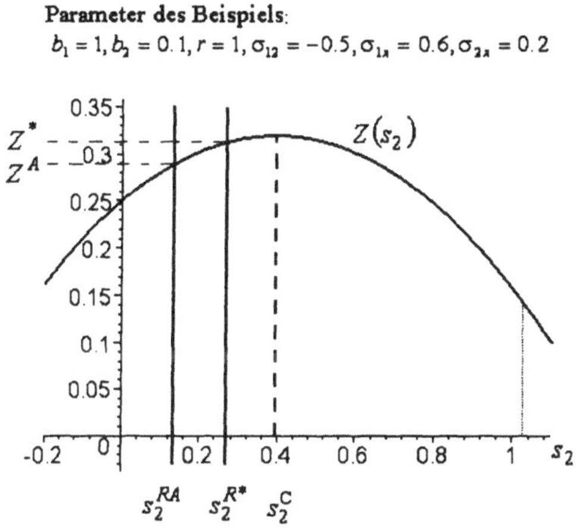

Abbildung 4.2: Positiver Wert des Signals x

Vertrag verpflichten könnten, besteht doch mangelnde Selbstbindung in Bezug auf die produktive Aktion des Prinzipals: Aufgrund der Unbeobachtbarkeit seiner Handlungen kann sich der Prinzipal ex ante nicht beliebig auf bestimmte Aktionen festlegen. Vielmehr wird er nach Vertragsabschluss diejenige Aktion wählen, die seinen erwarteten Nutzen bei gegebenem Entlohnungsvertrag maximiert. Dies wird formal durch eine Anreizkompatibilitätsbedingung für die Aktion des Prinzipals erfasst. In der Literatur ist sowohl der Wert zusätzlicher, kontrahierbarer Signale (*Arya/Glover/Sivaramakrishnan* (1997) und *Chwolka* (2005)) als auch zusätzlicher, nicht verifizierbarer Signale (*Budde* (2000), S. 127 ff.) untersucht worden. Wenn das zusätzliche Signal beobachtet wird, bevor der Prinzipal seine Entscheidung treffen muss, kann er es - unabhängig davon, ob es kontrahierbar ist oder nicht - bei seiner Aktionswahl nicht ignorieren. Analog zu dem obigen Modell mit Nachverhandlung, in dem der Prinzipal im Gleichgewicht die Entlohnung der zweiten Periode sequentiell optimal auf die Beobachtung von x anpassen muss, wird er bei double moral hazard seine Aktion (sequentiell) optimal auf die Beobachtung des Signals ausrichten. Da der Agent die Aktionswahl des Prinzipals antizipiert, hat die zusätzliche Information implizit Rückwirkungen auf seinen Arbeitseinsatz. Das Vorzeichen dieses Anreizeffektes auf die Aktion des Agenten ist nicht eindeutig, so dass der gesamte Informationswert[55] eines zusätzlichen Signals positiv oder negativ sein kann.

55 Zur Bestimmung des vollständigen Informationswerts ist noch der Wert des Signals für die Entscheidungsunterstützung des Prinzipals sowie (bei verifizierbarem Signal) der Wert für die Beeinflussung der Entscheidungen des Agenten zu berücksichtigen.

4.5 Lernen über die Produktivität des Agenten

4.5.1 Vorbemerkungen und Literaturüberblick

Bei der Analyse von Nachverhandlungen im mehrperiodigen LEN-Modell wird Unsicherheit ausschließlich durch additive Störterme ($\boldsymbol{\eta}_1, \boldsymbol{\eta}_2$) innerhalb der Performancemaße ($\mathbf{y}_1, \mathbf{y}_2$) berücksichtigt. Die Produktivität des Agenten hingegen, abgebildet durch die Matrizen $\mathbf{b}_1$, $\mathbf{b}_2$, $\boldsymbol{\beta}$ bzw. $\mathbf{g}_1$, $\mathbf{g}_2$ ist deterministisch, so dass die Anreizbedingungen für den Agenten und das erwartete Bruttoergebnis des Prinzipals stationär sind. Insbesondere bei längerfristigen Beziehungen ist es aber sinnvoll anzunehmen, dass die Produktivität des Agenten für spätere Perioden ex ante noch unsicher ist und sich erst im Laufe der Zeit konkretisiert. Man könnte sich beispielsweise vorstellen, dass die Produktivität des Managers in der zweiten Periode von der Qualität der in der Vorperiode gefertigten Güter abhängt, so dass die tatsächliche Produktivität für Periode 2 erst am Ende der ersten Periode durch Qualitätskontrolle ermittelt werden kann.

Dieser Abschnitt untersucht die Auswirkungen von Nachverhandlungen, wenn die Vertragspartner die tatsächliche Produktivität des Managers erst am Ende der ersten Periode erfahren. Dabei wird im nächsten Unterabschnitt zunächst ein Modell mit zwei voneinander unabhängigen Perioden betrachtet. Diese Modellierung bietet die Möglichkeit, Nachverhandlungen isoliert unter dem Flexibilitätsaspekt, nämlich die Anreize der zweiten Periode an die tatsächliche Produktivität anpassen zu können, zu analysieren. Anschließend wird dieses Modell auf den Fall (über den Arbeitseinsatz) interdependenter Perioden erweitert. Jetzt existiert ein trade-off zwischen der Steuerung der beiden Perioden: Die Nachverhandlungsmöglichkeit ist mit Blickrichtung auf die zweite Periode vorteilhaft, da aufgrund der Kenntnis der tatsächlichen Produktivität für Periode 2 eine präzisere Anreizsteuerung möglich ist. Da der sequentiell optimale Vertrag aber ohne Rücksicht auf die Anreize der ersten Periode gewählt wird, ist die Nachverhandlungsmöglichkeit in Bezug auf Periode 1 ineffizient. Wir analysieren die Determinanten dieses trade-offs.

Agency-Modelle mit ex ante unsicherer Produktivität liegen auch den Untersuchungen von *Baker* (1992), *Kopel* (1998) und *Bushman/Indjejikian/Penno* (2000) zugrunde. Allen Beiträgen ist gemein, dass eine einperiodige Beziehung mit perfekter Selbstbindung betrachtet wird, in der das Bruttoergebnis des Prinzipals nicht kontrahierbar ist. Zudem wird angenommen, dass der Agent nach Vertragsabschluss, aber vor seiner Entscheidung über den Arbeitseinsatz, privat seine tatsächliche Produktivität erfährt (*private pre-decision information*). *Baker* (1992) und *Kopel* (1998) zeigen, dass auch bei eindimensionaler Aktion des Agenten Wohlfahrtseinbußen aufgrund mangelnder Kongruenz zwischen Performancemaß und Bruttoergebnis auftreten können, wenn der Prinzipal ex ante den Arbeitseinsatz nicht optimal über alle möglichen Umweltzustände (der Produktivität) allozieren kann. *Bushman/Indjejikian/Penno* (2000) untersuchen die Vor- und Nachteile der Delegation von Entscheidungsbefugnissen an den Agenten. Sie vergleichen ein zentralisiertes Regime, in dem der Einsatz des Agenten kontrahierbar ist, mit einem dezentralisierten Regime, in dem der Arbeitseinsatz des Agenten unbeobachtbar ist und der Agent nach Vertragsabschluss seine tatsächliche Produktivität erfährt.

In *Feltham/Indjejikian/Nanda* (2003) hat das Rechnungswesen zwei unterschiedliche Aufgaben zu erfüllen: Zum einen soll es Informationen über die künftige Produktivität der Unternehmung bereitstellen, zum anderen sind ex-post Informationen über den Einsatz des Managers gefragt. Die Autoren zeigen, dass es unter bestimmten Bedingungen optimal ist, eine Erfolgsrechnung zu implementieren, die beide Aufgaben simultan erfüllt anstatt zwischen beiden Zwecken zu differenzieren. Die künftige Produktivität der Unternehmung wird dabei formal äquivalent zur nachfolgenden Analyse als Zufallsvariable modelliert, deren Realisation allerdings im Gegensatz zum folgenden Modell im Laufe der Beziehung nicht bekannt wird.

Luhmer (2003) modelliert die Produktivität des Agenten zwar deterministisch, abweichend vom klassischen LEN-Modell ist die Produktivität aber nicht exogen gegeben, sondern eine Entscheidungsvariable der Akteure.

Man könnte versuchen, die ex ante unsichere Produktivität als normalverteilte Zufallsvariable zu modellieren und somit die Analyse auf Basis eines modifizierten LEN-Modells durchführen.[56] Da der ex ante Überschuss des Agenten dann aber nicht mehr linear in den Zufallsvariablen ist, können die Präferenzen des Agenten nicht mehr durch das mit dem klassischen LEN-Modell korrespondierende Sicherheitsäquivalent abgebildet werden mit der Folge, dass geschlossene Lösungen für die Vertragsparameter nicht mehr bestimmt werden können. Aus diesem Grund und weil unter der Normalverteilungsannahme die Produktivität negativ werden kann, beschränken wir uns nachfolgend auf die Analyse eines risikoneutralen Agenten. Dies ist hinreichend, um die grundlegenden trade-offs zu analysieren.

4.5.2 Unabhängige Perioden

Betrachtet wird eine zweiperiodige Beziehung unter der Annahme, dass Prinzipal und Agent risikoneutral sind. Die Performancemaße für Periode $t = 1, 2$ sind wie folgt definiert

$$\begin{aligned} y_1 &= e_1 + \eta_1 \\ y_2 &= \theta e_2 + \eta_2. \end{aligned}$$

56 So z.B. *Bushman/Indjejikian/Penno* (2000).

Die Produktivität θ ist ex ante eine Zufallsvariable, die auf dem abgeschlossenen Intervall $[\underline{b}_2, \overline{b}_2]$ verteilt ist, wobei $\overline{b}_2 > \underline{b}_2 > 0$ gelte. Die additiven Störgrößen η_1 und η_2 sind identisch unabhängig normalverteilt (mit $E(\eta_1) = E(\eta_2) = 0$), so dass aus der Beobachtung von θ und y_2 kein Rückschluss auf den Arbeitseinsatz e_2 des Agenten möglich ist. θ wird als unternehmensinterne Information aufgefasst, deren Realisation von beiden Parteien gemeinsam am Ende der ersten Periode beobachtet wird, die aber nicht extern verifizierbar ist. Als explizite Bemessungsgrundlage stehen ausschließlich y_1 und y_2 zur Verfügung. Die Entlohnungsfunktion in Periode t ist $S_t = s_t y_t + F_t$[57], die persönlichen Kosten $C_t(e_t)$ des Agenten für die Aktion in Periode t betragen $e_t^2/2$ und sein Reservationslohn ist null. Der Arbeitseinsatz des Agenten ist vom Prinzipal nicht beobachtbar.

In der bisherigen Analyse wurde stets unterstellt, dass sich die Erwartungen des Prinzipals bezüglich seines Bruttoergebnisses π im Zeitablauf nicht verändern. Da im Folgenden die tatsächliche Produktivität θ der Aktion e_2 im Performancemaß y_2 erst nach der ersten Periode realisiert wird, ist grundsätzlich davon auszugehen, dass sich mit der Beobachtung von θ auch die Erwartung über π ändert. Wir definieren deshalb das Bruttoergebnis des Prinzipals als

$$\pi = g_1 e_1 + \gamma_2 e_2,$$

mit γ_2 als Zufallsvariable, die auf $\left[\underline{\gamma}_2, \overline{\gamma}_2\right]$ unabhängig von η_1 und η_2 verteilt ist, wobei $E(\gamma_2) = g_2$ und $\overline{\gamma}_2 > \underline{\gamma}_2 > 0$ gelten soll. Damit entsprechen die Erwartungen in $t = 0$

$$E(\pi) = g_1 e_1 + E(\gamma_2 e_2(\theta))$$

und in $t = 1$, nach Beobachtung[58] von y_1 und θ,

$$E(\pi | y_1, \theta) = g_1 e_1 + E(\gamma_2 | \theta) e_2(\theta). \tag{4.48}$$

Betrachtet man die Produktivität θ für den Moment als deterministische ex ante bekannte Größe, befindet man sich direkt in der Welt des Grundmodells bei risikoneutralem Agenten (vgl. Abschnitt 3.5.4). Unter den obigen Annahmen wird dann bei Nachverhandlungen das full commitment-Gleichgewicht erreicht. Dieses folgt unmittelbar aus Proposition 3.3, die beinhaltet, dass im Grundmodell bei Risikoneutralität langfristige Auswirkungen des Einsatzes der ersten Periode sowie eine „multi-task-Problematik" in Periode 1 notwendige Bedingungen für Wohlfahrtseinbußen aufgrund von Nachverhandlungen sind. Da im hier betrachteten Modellrahmen keine dieser Bedingungen vorliegt, können Unterschiede zwischen full commitment- und Nachverhandlungs-Gleichgewicht im Weiteren also nur darauf zurückzuführen sein, dass θ ex ante unbekannt und nicht verifizierbar ist.

57 Lineare Verträge sind eine übliche Annahme in Agency-Problemen mit ähnlicher Problemstellung und risikoneutralen Akteuren, siehe z.B. *Baker* (1992) und *Budde* (2004).

58 Der Prinzipal kann e_1 nicht beobachten. Aufgrund der Unabhängigkeit der Perioden ist die asymmetrische Information über e_1 aber unerheblich, so dass nicht explizit eine Vermutung des Prinzipals spezifiziert wird.

Wir untersuchen zunächst wieder den hypothetischen Fall, dass sich der Prinzipal perfekt verpflichten kann, den Ausgangsvertrag (S_1, S_2) nicht nachzuverhandeln. Zum Zeitpunkt der Aktionswahl für die zweite Periode ist dem Agenten die tatsächliche Ausprägung θ bekannt.[59] Für einen gegebenen Vertrag wählt er die Aktion e_2 so, dass sein erwarteter Überschuss für die zweite Periode maximal wird:

$$\begin{aligned} e_2(\theta) &= \underset{e_2'}{\operatorname{argmax}} E(F_2 + s_2 y_2 | \theta) - C_2(e_2') \\ &= \underset{e_2'}{\operatorname{argmax}} F_2 + s_2 \theta e_2' - (e_2')^2/2 \\ &= s_2 \theta. \end{aligned} \tag{4.49}$$

Der ex ante erwartete Überschuss des Agenten aus dem Vertrag $(F_1 + s_1 y_1; F_2 + s_2 y_2)$ bei optimaler Aktionswahl $e_2(\theta)$ auf der zweiten Stufe ist dann gegeben durch[60]

$$\begin{aligned} CE_0 &= E(F_1 + s_1 y_1 + F_2 + s_2 y_2(e_2(\theta))) - C_1(e_1) - E[C_2(e_2(\theta))] \\ &= F_1 + s_1 e_1 + F_2 + s_2^2 E(\theta^2) - \frac{e_1^2}{2} - \frac{s_2^2 E(\theta^2)}{2}. \end{aligned}$$

Die Anreizkompatibilitätsbedingung für Periode 1 ergibt sich dann als

$$\begin{aligned} e_1 &= \underset{e_1'}{\operatorname{argmax}} CE_0(e_1') \\ &= s_1. \end{aligned}$$

Den optimalen Entlohnungsvertrag bei full commitment erhält man über folgendes Programm:

$$\begin{aligned} &\max_{F_1, s_1, F_2, s_2} E(\pi - s_1 y_1 - F_1 - s_2 y_2 - F_2) \\ &\text{u.d.N.} \\ &e_1 = s_1 \\ &e_2(\theta) = s_2 \theta \\ &CE_0 \geq 0. \end{aligned}$$

Indem man die Nebenbedingungen in die Zielfunktion implementiert, reduziert sich das Programm auf

$$\max_{s_1, s_2} g_1 s_1 + E(\gamma_2 \theta) s_2 - \frac{s_1^2}{2} - \frac{s_2^2 E(\theta^2)}{2}$$

mit der optimalen Lösung

$$\begin{aligned} s_1^C &= g_1 \\ s_2^C &= \frac{E(\gamma_2 \theta)}{E(\theta^2)} = \frac{E(\gamma_2 \theta)}{E(\theta)^2 + Var(\theta)}. \end{aligned} \tag{4.50}$$

59 Zudem kennt der Agent die Realisation des Performancemaßes y_1 sowie seinen Einsatz e_1; aufgrund der Unabhängigkeit der Perioden ist aber sein erwarteter Überschuss für die zweite Periode unabhängig von dieser Information.

60 Die Zielfunktion des Agenten wird weiterhin mit CE bezeichnet.

Der korrespondierende maximale Zielfunktionswert des Prinzipals beträgt

$$Z^C = \frac{1}{2}\left[g_1^2 + \frac{E(\gamma_2\theta)^2}{E(\theta^2)}\right] = \frac{1}{2}\left[g_1^2 + \frac{E(\gamma_2\theta)^2}{E(\theta)^2 + Var(\theta)}\right]. \tag{4.51}$$

Die Interpretation der full commitment-Lösung erfolgt später durch Gegenüberstellung mit dem Gleichgewicht bei Nachverhandlungen.

Im Folgenden wird die full commitment-Annahme aufgehoben und berücksichtigt, dass der Prinzipal den Ausgangsvertrag nach Ablauf der ersten Periode nachverhandeln kann.

Es bezeichne $V = (F_1 + s_1y_1; F_2 + s_2y_2)$ den in $t = 0$ vereinbarten Ausgangsvertrag und $V^R = \left(F_1 + s_1y_1; F_2^R + s_2^Ry_2\right)$ das Vertragsangebot des Prinzipals in $t = 1$. Wenn V^R der endgültige Vertrag für Periode 2 ist, wählt der Agent seine Aktion in der zweiten Periode gemäß (4.49) als

$$e_2^R(\theta) = s_2^R\theta. \tag{4.52}$$

Der Agent akzeptiert den revidierten Vertrag nur dann, wenn dieser ihn mindestens so gut stellt wie der Ausgangsvertrag:

$$F_2^R + s_2^R\theta e_2^R(\theta) - \left[e_2^R(\theta)\right]^2/2 \geq F_2 + s_2\theta e_2(\theta) - \left[e_2(\theta)\right]^2/2, \tag{4.53}$$

wobei $e_2(\theta) = s_2\theta$ die optimale Aktion ist, wenn V der endgültige Vertrag wäre. Bei der Bestimmung des sequentiell optimalen Vertrages für die zweite Periode maximiert der Prinzipal sein erwartetes Bruttoergebnis abzüglich der erwarteten Entlohnungskosten unter Beachtung von (4.52) und (4.53), bedingt auf den Informationsstand im Nachverhandlungszeitpunkt. In $t = 1$ kennt der Prinzipal y_1 und θ, nicht aber die in Periode 1 gewählte Aktion e_1. Da y_1 und y_2 unabhängig voneinander sind, ist das Problem zur Bestimmung des sequentiell optimalen Vertrages unabhängig von (y_1, e_1):

$$\begin{aligned} \max_{s_2^R, F_2^R} E(\gamma_2|\theta)\, e_2^R(\theta) - E\left(s_2^Ry_2 + F_2^R|\theta\right) &= E(\gamma_2|\theta)\, e_2^R(\theta) - s_2^R\theta e_2^R(\theta) - F_2^R \\ &\text{u.d.N. } (4.52), (4.53). \end{aligned}$$

Als Lösung dieses Optimierungsproblems erhält man die folgenden Vertragsparameter

$$\begin{aligned} s_2^{R*} &= \frac{E(\gamma_2|\theta)}{\theta} \\ F_2^{R*} &= F_2 + \frac{s_2^2\theta^2}{2} - \frac{E(\gamma_2|\theta)^2}{2}. \end{aligned}$$

Bei Antizipation von $\left(F_2^{R*}, s_2^{R*}\right)$ und $e_2^{R*}(\theta) = s_2^{R*}\theta$ wählt der Agent dasjenige Einsatzniveau der ersten Periode, welches sein ex ante Sicherheitsäquivalent maximiert

$$\begin{aligned} e_1 &= \underset{e_1'}{\operatorname{argmax}}\, CE_0 = E\left(F_1 + s_1y_1 + F_2^{R*} + s_2^{R*}y_2\right) - \frac{(e_1')^2}{2} - \frac{E\left(\left[e_2^{R*}(\theta)\right]^2\right)}{2} \\ &= s_1. \end{aligned}$$

Im nächsten Schritt hat der Prinzipal die optimalen Vertragsparameter des Ausgangsvertrages zu bestimmen. Dabei kann an dieser Stelle bereits festgehalten werden, dass das renegotiation-proof-Prinzip (grundsätzlich) nicht zur Anwendung kommen kann, weil $\left(F_2^{R*}, s_2^{R*}\right)$ (grundsätzlich) von der ex ante unbekannten, nicht verifizierbaren Größe θ abhängen. Die optimalen Parameter des Ausgangsvertrages erhält man durch Maximierung des ex ante erwarteten Überschusses des Prinzipals unter Beachtung von Teilnahmebedingung und Anreizbedingungen:

$$\begin{aligned}
&\max_{s_1,F_1,s_2,F_2} E(\pi) - E\left(F_1 + s_1 y_1 + F_2^{R*} + s_2^{R*} y_2\right) \\
&\text{u.d.N.} \\
&e_1 = s_1, \; e_2^{R*}(\theta) = s_2^{R*}\theta \\
&CE_0 \geq 0.
\end{aligned}$$

Betrachtet man dieses Optimierungsproblem, wird zunächst deutlich, dass die Erfolgsbeteiligung des Ausgangsvertrages für die zweite Periode, s_2, keinerlei Anreizwirkung hat. Sie geht allein über die sequentiell optimale Fixzahlung F_2^{R*} in das Optimierungsproblem ein und kann, da keine Risikoteilungsproblematik besteht, beliebig gewählt werden, soweit die Fixzahlungen F_1 und F_2 so angepasst werden, dass die Teilnahmebedingung mit Gleichheit erfüllt ist. Die Anreizbeteiligung s_1 steuert ausschließlich den Arbeitseinsatz der ersten Periode und wird im Optimum so gewählt, dass die first-best Arbeitsanreize in Periode 1 induziert werden: $s_1^* = e_1^* = g_1$. Der Gleichgewichtspayoff des Prinzipals bei Nachverhandlungen entspricht bei bindender Teilnahmebedingung dann

$$\begin{aligned}
Z^* &= E\left[\pi\left(e_1^*, e_2^{R*}(\theta)\right)\right] - C_1\left(e_1^*\right) - E\left[C_2\left(e_2^{R*}(\theta)\right)\right] \\
&= g_1 e_1^* + E\left[\gamma_2 e_2^{R*}(\theta)\right] - \frac{e_1^{*2}}{2} - \frac{E\left[\left(e_2^{R*}(\theta)\right)^2\right]}{2} \\
&= \frac{1}{2}\left[g_1^2 + E\left\{E\left(\gamma_2|\theta\right)^2\right\}\right].
\end{aligned}$$

Bestimmt man die Gewinndifferenz $\Delta = Z^* - Z^C$, ergibt sich

$$\begin{aligned}
\Delta &= \frac{1}{2}\left[E\left\{E\left(\gamma_2|\theta\right)^2\right\} - \frac{E\left(\theta\gamma_2\right)^2}{E\left(\theta^2\right)}\right] \qquad (4.54) \\
&= \frac{1}{2}\frac{E\left\{E\left(\gamma_2|\theta\right)^2\right\}E\left(\theta^2\right) - E\left[\theta E\left(\gamma_2|\theta\right)\right]^2}{E\left(\theta^2\right)} \geq 0.
\end{aligned}$$

Offensichtlich[61] ist die Nachverhandlungsmöglichkeit mit Ausnahme[62] des Falles $E\left(\gamma_2|\theta\right) = k\theta$, $k =$ const., strikt vorteilhaft. Dieser Vorteil ist ausschließlich auf Unterschiede bei der

61 $E\left(\theta\gamma_2\right) = \int_{\underline{b}_2}^{\overline{b}_2} \theta\left[\int_{\underline{\gamma}_2}^{\overline{\gamma}_2} \gamma_2 f_{\gamma_2}\left(\gamma_2|\theta\right) d\gamma_2\right] f_\theta(\theta)\, d\theta = E\left(\theta E\left(\gamma_2|\theta\right)\right)$. $\Delta \geq 0$ folgt dann unmittelbar aus Cauchy-Schwarz'-Ungleichung, siehe dazu *Sydsæter/Strøm/Berck* (1999), S. 42.

62 Siehe dazu die Analyse unten.

Steuerung der Aktion e_2 in der zweiten Periode zurückzuführen; der auf die Aktion der ersten Periode entfallende Überschuss ist unter beiden Regimen (full commitment und Nachverhandlung) identisch und beträgt $g_1^2/2$. Der mit der Aktion e_2 verbundene Anteil des ex ante Überschusses entspricht $E(\gamma_2 e_2) - E\left(\frac{e_2^2}{2}\right)$. Für eine gegebene Beteiligungsrate s_2 wählt der Agent seinen Einsatz als $e_2 = s_2\theta$, so dass der entsprechende Überschuss als $E(\gamma_2 s_2 \theta) - E\left(\frac{s_2^2\theta^2}{2}\right)$ geschrieben werden kann. s_2 ist die Entscheidungsvariable des Prinzipals und der Unterschied zwischen beiden Regimen besteht darin, dass der Prinzipal im Rahmen der Nachverhandlungsmöglichkeit s_2 nach Beobachtung von θ optimal wählen kann, während im Fall perfekter Selbstbindung die Entscheidung vor Realisation der Zufallsvariablen θ getroffen werden muss. Die Differenz der Gleichgewichtsüberschüsse

$$\Delta = \left[E\left(\gamma_2 s_2^{R*}\theta\right) - E\left(\frac{\left(s_2^{R*}\right)^2\theta^2}{2}\right)\right] - \left[E\left(\gamma_2 s_2^{C}\theta\right) - E\left(\frac{\left(s_2^{C}\right)^2\theta^2}{2}\right)\right] \tag{4.55}$$

entspricht[63] damit genau dem erwarteten Wert der vollkommenen Information θ (expected value of perfect information (EVPI)[64]) hinsichtlich des Entscheidungsproblems über s_2. Nur wenn die optimale Entscheidung nach Beobachtung von θ, $s_2^{R*} = \frac{E(\gamma_2|\theta)}{\theta}$, nicht von θ abhängt, ist dieser Wert null, ansonsten ist EVPI strikt positiv. Nachverhandlung hat folglich keinen Wert, wenn die auf die Information in $t = 1$ bedingte Produktivität von e_2 in Bruttoergebnis π und Performancemaß y_2 ein Vielfaches voneinander sind, $E(\gamma_2|\theta) = k\theta$. Für $E(\gamma_2|\theta) = \theta$ resultiert z.B. faktisch eine „Verpachtungslösung", $s_2^{R*} = s_2^C = 1 \Rightarrow \Delta = 0$.

Die Vorteilhaftigkeit der Nachverhandlungsmöglichkeit ist auf eine Kombination zweier Ursachen zurückzuführen: Zum einen hat der Prinzipal im Nachverhandlungszeitpunkt präzisere Information über die Produktivität der Aktion e_2 innerhalb des Bruttoergebnisses, zum anderen kennt er den Grenzbeitrag von e_2 in y_2. Beide Ursachen führen isoliert betrachtet bereits zu einer Dominanz der Nachverhandlung über die full commitment-Lösung, was nachfolgend verdeutlicht wird.

Betrachten wir zunächst ausschließlich die Auswirkungen der Nachverhandlungsmöglichkeit auf die über das Performancemaß y_2 implementierbaren Arbeitsanreize. Dazu wird angenommen, dass γ_2 und θ unabhängig voneinander verteilt sind, so dass die Erwartungen über den Grenzbeitrag von e_2 in π unabhängig von θ sind: $E(\gamma_2|\theta) = E(\gamma_2) = g_2$. Im Gleichgewicht des Spiels mit Nachverhandlungsmöglichkeit gilt dann $s_2^{R*} = \frac{g_2}{\theta}$, $e_2^{R*} = g_2$ und $Z^* = \frac{1}{2}\left[g_1^2 + g_2^2\right]$. Da das erwartete Bruttoergebnis unabhängig von θ ist, ist auch die Gleichgewichtsaktion e_2^{R*} unabhängig von θ. Dennoch ist die Nachverhandlungsmöglich-

63 Um zu verifizieren, dass der Ausdruck in (4.55) mit demjenigen in (4.54) übereinstimmt, ist zu beachten, dass $E\{\gamma_2 E(\gamma_2|\theta)\} = \int_{\underline{b}_2}^{\bar{b}_2}\left[E(\gamma_2|\theta)\int_{\underline{\gamma}_2}^{\overline{\gamma}_2}\gamma_2 f_{\gamma_2}(\gamma_2|\theta)\,d\gamma_2\right] f_\theta(\theta)\,d\theta = E\left\{E(\gamma_2|\theta)^2\right\}$ gilt.

64 Siehe dazu ausführlich *Winkler* (1972), Kapitel 6.

keit des Agenten strikt vorteilhaft:

$$\Delta\left(\gamma_2 \text{ und } \theta \text{ unabhängig}\right) = \frac{1}{2}g_2^2\left[1 - \frac{E(\theta)^2}{E(\theta)^2 + Var(\theta)}\right] > 0. \tag{4.56}$$

Die Vorteilhaftigkeit der Nachverhandlungsoption kann wie folgt erklärt werden: Im Nachverhandlungszeitpunkt kennt der Prinzipal den Grenzbeitrag θ und induziert $e_2^{R*} = g_2$ dadurch, dass er die Beteiligungsrate $s_2^{R*} = \frac{g_2}{\theta}$ wählt. Damit sind im Gleichgewicht bei Nachverhandlungen beide Aktionen des Agenten aus der ex ante Perspektive deterministisch und die ex ante Unsicherheit über den Grenzbeitrag θ verursacht keine Kosten.

Unter der full commitment-Annahme hingegen erfolgt die Steuerung der Aktion e_2 auf Basis der a priori Information über θ. Da der Agent seine Aktionswahl gemäß $e_2 = s_2\theta$ trifft, s_2 aber vor Bekanntwerden von θ festgelegt werden muss, ist die Aktionswahl des Agenten für Periode 2 ex ante unsicher. Analog zu *Baker* (1992) ist die Unmöglichkeit des Prinzipals, den Einsatz e_2 über alle möglichen Realisationen von θ optimal zu steuern, wohlfahrtsmindernd. Aufgrund der konvexen Disnutzenfunktion $e_2^2/2$ steigt das erwartete Arbeitsleid

$$\frac{1}{2}E\left(e_2(\theta)^2\right) = \frac{1}{2}s_2^2E\left(\theta^2\right) = \frac{1}{2}s_2^2\left[E(\theta)^2 + Var(\theta)\right]$$

mit wachsender Streuung der Zufallsvariablen θ. Der entsprechende erwartete Bruttoerfolg des Prinzipals $E(\gamma_2 e_2(\theta)) = s_2 g_2 E(\theta)$ ist unabhängig von der Varianz von θ, so dass im full commitment Gleichgewicht die optimale Anreizbeteiligung s_2^C sowie der Gleichgewichtspayoff Z^C (vgl. (4.50) und (4.51)) mit steigender Varianz von θ sinken (und folglich die Vorteile aus der Nachverhandlungsmöglichkeit (4.56) in diesem Fall in $Var(\theta)$ wachsen).

Die zweite Ursache für die Vorteilhaftigkeit von Nachverhandlungen besteht darin, dass der Prinzipal den Arbeitseinsatz e_2 an die a posteriori Erwartung über π anpassen kann. Um diesen Effekt isoliert herauszufiltern, wird angenommen, dass θ und γ_2 nicht unabhängig sind. Da der Einfluss unsicherer Produktivität innerhalb des Performancemaßes ausgeblendet werden soll, wird y_2 wie folgt modelliert:

$$y_2 = e_2 + \eta_2.$$

Das Signal θ wird weiterhin intern von beiden Parteien zum Zeitpunkt $t = 1$ beobachtet.

Für eine gegebene Anreizbeteiligung s_2 wählt der Agent seinen Arbeitseinsatz als $e_2 = s_2$. Da im full commitment-Gleichgewicht der Vertrag vor Beobachtung von θ endgültig festgelegt wird und die Aktionswahl des Agenten nicht von θ abhängt, ist die Beobachtung von θ für die Gleichgewichtslösung irrelevant. Konkret wählt der Prinzipal im Optimum $s_2^C = g_2$ und der resultierende Gleichgewichtsüberschuss beträgt $Z^C = \frac{1}{2}\left(g_1^2 + g_2^2\right)$.[65] Die

65 In der ersten Periode gilt wiederum $s_1^* = s_1^C = g_1$.

Lösung bei Nachverhandlungen ermittelt man wie folgt: Gegeben der Agent wählt $e_2^R = s_2^R$, dann entspricht der Überschuss des Prinzipals für Periode 2 nach Beobachtung von θ

$$s_2^R E(\gamma_2|\theta) - \frac{(s_2^R)^2}{2}.$$

Dieser Überschuss wird durch die Beteiligung $s_2^{R*} = E(\gamma_2|\theta)$ maximiert, so dass die Aktion $e_2^{R*} = E(\gamma_2|\theta)$ induziert wird. Der resultierende Gesamtüberschuss ist

$$Z^* = \frac{1}{2}\left[g_1^2 + E\left\{E(\gamma_2|\theta)^2\right\}\right]$$

und die Überschussdifferenz beträgt

$$\begin{aligned}\Delta &= Z^* - Z^C = \frac{1}{2}\left[E\left\{E(\gamma_2|\theta)^2\right\} - g_2^2\right] \\ &= \frac{1}{2}Var\left[E(\gamma_2|\theta)\right] \geq 0.\end{aligned}$$

Der Prinzipal profitiert also in diesem Fall von der Nachverhandlungsmöglichkeit, sofern $E(\gamma_2|\theta)$ eine Funktion von θ ist, aber die Interpretation des Resultats ist nun genau entgegengesetzt zum vorher untersuchten Fall. Wenn $E(\gamma_2|\theta)$ von θ abhängt, ist e_2 im Gleichgewicht bei Nachverhandlungen aus der ex ante Sicht eine Zufallsvariable. Das erwartete Arbeitsleid

$$\frac{1}{2}E\left(\left(e_2^{R*}\right)^2\right) = \frac{1}{2}E\left(E(\gamma_2|\theta)^2\right) = \frac{1}{2}\left[g_2^2 + Var\left[E(\gamma_2|\theta)\right]\right]$$

wächst linear mit der Steigung 1/2 in der Varianz der bedingten Erwartung $E(\gamma_2|\theta)$. Der ex ante erwartete Bruttoergebnisbeitrag der Aktion e_2

$$\begin{aligned}E\left(\gamma_2 e_2^{R*}\right) &= E\left[\gamma_2 E(\gamma_2|\theta)\right] = E\left(E(\gamma_2|\theta)^2\right) \\ &= g_2^2 + Var\left[E(\gamma_2|\theta)\right]\end{aligned}$$

wächst aber ebenfalls in $Var\left[E(\gamma_2|\theta)\right]$ und zwar linear mit der Steigung Eins, so dass im Ergebnis der Gleichgewichtsüberschuss Z^* mit zunehmender Streuung der bedingten Erwartung über γ_2 steigt. Dieses Ergebnis ist auch unmittelbar einleuchtend, wenn man bedenkt, dass $Var\left[E(\gamma_2|\theta)\right] = E\left[\left(E(\gamma_2|\theta) - E(\gamma_2)\right)^2\right]$ der Erwartung der quadrierten Abweichung des bedingten Erwartungswerts vom a priori Erwartungswert von γ_2 entspricht. Je größer diese erwartete Abweichung, desto größer ist der Vorteil des Prinzipals, die Anreizbeteiligung für die zweite Periode auf Basis der tatsächlichen Realisation von θ festlegen zu können. Da die full commitment-Lösung unabhängig von der Beobachtung θ ist, steigt folglich auch die Überschussdifferenz Δ mit $Var(\cdot)$. Im Gegensatz zum vorher betrachteten Fall ist es hier also optimal, den Arbeitseinsatz in Periode 2 in Abhängigkeit von θ zu induzieren, weil das erwartete Bruttoergebnis in θ variiert.

Kennzeichnend für die in diesem Abschnitt betrachtete zweiperiodige Agency-Beziehung war, dass die beiden Perioden hinsichtlich ihrer Performancemaße unabhängig voneinander waren. Damit hatte die Nachverhandlungsmöglichkeit des Prinzipals keine (negative) Rückwirkung auf die Anreize der ersten Periode. Nachverhandlungen erwiesen sich vielmehr als vorteilhaft, weil der Vertrag an die (nicht verifizierbare) Information θ angepasst werden konnte. Diese Möglichkeit war, wie oben gezeigt wurde, aus zweierlei Hinsicht wertvoll. Zum einen, weil der Einsatz der zweiten Periode auf die a posteriori Erwartung des Bruttoergebnisses ausgerichtet werden konnte, zum anderen, weil e_2 auf die tatsächliche Produktivität im Performancemaß y_2 abgestimmt werden konnte. Es zeigte sich, dass der Wert von Nachverhandlungen dem aus Ein-Personen-Entscheidungsproblemen bekannten *expected value of perfect information* von θ bezüglich der Entscheidung s_2 entspricht. Commitment hatte also in diesem Modell keinen Wert. Dies muss aber nicht mehr zutreffen, wenn man das Modell so erweitert, dass die Entlohnung der zweiten Periode die Anreize der ersten Periode beeinflusst.

4.5.3 Der trade-off zwischen erster und zweiter Periode: Verzerrte Anreize versus flexible Anpassung

Sind beide Vertragsparteien risikoneutral, können Wohlfahrtseinbußen aufgrund von Nachverhandlungen im Grundmodell (vgl. Abschnitt 3.5.4) nur dann auftreten, wenn der Arbeitseinsatz der ersten Periode Auswirkungen auf die Performancemaße der zweiten Periode hat *und* gleichzeitig ein multi-task-Problem in Periode 1 besteht (d.h. in Periode 1 die Anzahl der Aufgaben die Anzahl der verfügbaren Performancemaße übersteigt). Diese bisher ausgeblendeten Anreizprobleme werden im Folgenden in das Modell des vorherigen Abschnitts integriert. Damit besteht folgender trade-off: Nachverhandlungen ermöglichen aufgrund der Kenntnis von θ eine bessere Steuerung der zweiten Periode, verhindern aber gleichzeitig, dass die Entlohnung der zweiten Periode auf die Anreize der ersten Periode abgestimmt werden kann. Könnte der Prinzipal die Entlohnungsfunktion für beide Perioden zu Beginn der Beziehung unwiderruflich festlegen, dreht sich die Argumentation um: Es ist jetzt zwar möglich die Performancemaße der zweiten Periode direkt zur Steuerung des Einsatzes der ersten Periode einzusetzen, gleichzeitig kann aber die Information θ nicht mehr für die Anreizgestaltung der zweiten Periode genutzt werden. Die Determinanten dieses trade-offs zu bestimmen, ist der Zweck der nachfolgenden Untersuchung.

Dazu wird im Weiteren unterstellt, dass der Arbeitseinsatz des Agenten in Periode 1 zweidimensional ist, $\mathbf{e}_1 = (e_{11}, e_{12})^T$, und gleichzeitig langfristige Auswirkungen hat. Für die Performancemaße gelte

$$\begin{aligned} y_1 &= e_{11} + e_{12} + \eta_1 \\ y_2 &= \beta e_{11} + e_2 + \eta_2. \end{aligned}$$

β kennzeichnet wie im Grundmodell den (deterministischen) Grenzbeitrag der Aktion e_{11} innerhalb des Performancemaßes y_2 (um die Analyse einfach zu halten, geht e_{12} ausschließlich in y_1 ein). Das Bruttoergebnis des Prinzipals wird definiert als

$$\pi = e_{11} + e_{12} + \theta e_2 \text{ mit } E(\theta) > 0.$$

Die Produktivität θ der Aktion e_2 im Bruttoergebnis π wird erst am Ende der ersten Periode realisiert. Die hier betrachtete Situation ist ein Spezialfall des am Ende des vorherigen Abschnitts betrachteten Modells: Die Produktivität von e_2 in y_2 ist deterministisch und die Produktivität von e_2 in π ist ex ante eine Zufallsvariable, deren Erwartung von der Beobachtung θ abhängt, wobei aus Gründen der Vereinfachung direkt $\gamma_2 = \theta$ angenommen wurde. Ansonsten gelten die Annahmen des vorherigen Abschnitts.

Fasst man zunächst gedanklich die Produktivität θ als deterministische, allen Akteuren zu Beginn der Beziehung bekannte, Größe auf, befindet man sich direkt im Grundmodell von Abschnitt 3.5.4. Aus Proposition 3.3 ist bekannt, dass Nachverhandlungen nur dann effizient sind, wenn

$$\begin{aligned} \boldsymbol{\beta}\mathbf{T}\left\{\boldsymbol{\beta}^T\left[\mathbf{b}_2\mathbf{b}_2^T\right]^{-1}\mathbf{b}_2\mathbf{g}_2 - \mathbf{g}_1\right\} &= \mathbf{0} \\ \text{mit } \mathbf{T} = \left[\mathbf{b}_1^T\left[\mathbf{b}_1\mathbf{b}_1^T\right]^{-1}\mathbf{b}_1 - \mathbf{E}\right]. \end{aligned}$$

Mit $\mathbf{b}_2 = 1, \mathbf{g}_1 = \mathbf{b}_1^T = (1,1)^T, \mathbf{g}_2 = \theta > 0$ und $\boldsymbol{\beta} = (\beta, 0)$ wird die obige Bedingung zu

$$\begin{aligned} -\frac{1}{2}\beta^2\theta &= 0 \\ &\rightarrow \beta = 0. \end{aligned}$$

Wäre θ bereits ex ante bekannt, führten also Nachverhandlungen ex ante zu Wohlfahrtseinbußen, sofern die Aktion e_{11} Auswirkungen auf das Performancemaß y_2 hat, $\beta > 0$. Andererseits ist aus dem (Ende des) vorherigen Abschnitt bekannt, dass für $\beta = 0$ Nachverhandlungen im gegebenen Modellrahmen ex ante strikt vorteilhaft sind, sofern das erwartete Bruttoergebnis des Prinzipals von der Zufallsvariablen θ abhängt. Für die weitere Untersuchung wird nun angenommen, dass β positiv ist und θ wie im vorherigen Abschnitt erst am Ende der ersten Periode realisiert wird. Ob die Nachverhandlungsmöglichkeit des Prinzipals ex ante vorteilhaft oder nachteilig ist, hängt jetzt davon ab, ob die Flexibilität bei der Steuerung der zweiten Periode die verminderte Steuerungsmöglichkeit des Einsatzes $\mathbf{e}_1$ dominiert oder vice versa.

Betrachten wir zunächst die Lösung des Problems unter der Annahme perfekter Selbstbindungskraft des Prinzipals. Die Anreizbedingung für den Arbeitseinsatz der zweiten Periode entspricht

$$e_2 = s_2 \tag{4.57}$$

Der ex ante erwartete Überschuss des Agenten bei antizipierter Aktionswahl $e_2 = s_2$ lautet

$$\begin{aligned} CE_0 &= F_1 + F_2 + E(s_1 y_1 + s_2 y_2) - \frac{1}{2}\left(e_{11}^2 + e_{12}^2 + e_2^2\right) \\ &= F_1 + F_2 + s_1(e_{11} + e_{12}) + s_2(s_2 + \beta e_{11}) - \frac{1}{2}\left(e_{11}^2 + e_{12}^2 + s_2^2\right). \end{aligned}$$

Ableiten von CE_0 nach (e_{11}, e_{12}) und anschließendes Nullsetzen und Auflösen liefert folgende Anreizbedingungen für die Aufgaben der ersten Periode

$$\begin{aligned} e_{11} &= s_1 + s_2\beta \qquad (4.58) \\ e_{12} &= s_1. \end{aligned}$$

Die Lösung des full commitment-Problems erhält man dann formal über folgendes Programm

$$\begin{aligned} &\max e_{11} + e_{12} + E(\theta)\, e_2 - E(s_1 y_1 + F_1 + s_2 y_2 + F_2) \qquad (4.59) \\ &\text{u.d.N.} \\ &e_{11} = s_1 + s_2\beta, \quad e_{12} = s_1, \quad e_2 = s_2 \\ &CE_0 \geq 0. \end{aligned}$$

Bei der Analyse des Spiels mit Nachverhandlungsmöglichkeit ist im Gegensatz zum vorherigen Abschnitt nun zu berücksichtigen, dass die beiden Perioden nicht mehr unabhängig, sondern über die Aktivität e_{11} miteinander verbunden sind. Da der Prinzipal die Aktion e_{11} im Nachverhandlungszeitpunkt nicht kennt, wird zunächst der sequentiell optimale Vertrag der zweiten Periode für eine gegebene Vermutung $\widehat{e}_{11}$ bestimmt.[66] Wenn $\left(s_2^R, F_2^R\right)$ der endgültige Vertrag für Periode 2 ist, induziert der Prinzipal folgenden Arbeitseinsatz in der zweiten Periode

$$e_2^R = s_2^R.$$

Eine vom Ausgangsvertrag (s_2, F_2) für die zweite Periode abweichende Entlohnung (s_2^R, F_2^R) wird vom Agenten nur akzeptiert, wenn

$$\begin{aligned} E\left(s_2^R y_2\left(e_2^R\right) + F_2^R | \theta, e_{11}\right) - \frac{\left(e_2^R\right)^2}{2} &\geq E\left(s_2 y_2(e_2) + F_2 | \theta, e_{11}\right) - \frac{e_2^2}{2} \\ &\Leftrightarrow \\ \frac{\left(s_2^R\right)^2}{2} + s_2^R \beta e_{11} + F_2^R &\geq \frac{s_2^2}{2} + s_2 \beta e_{11} + F_2. \end{aligned}$$

Gegeben $(\theta, \widehat{e}_{11})$, bestimmt der Prinzipal in $t = 1$ den sequentiell optimalen Entlohnungsvertrag durch Optimierung seines erwarteten Bruttoüberschusses unter Beachtung

66 e_{12} ist zwar ebenfalls unbeobachtbar, da diese Aktion aber in Bezug auf die sequentiell optimale Entlohnungsfunktion irrelevant ist, braucht nicht explizit eine Vermutung spezifiziert zu werden.

der Gleichgewichtsbedingungen für Aktionswahl und Teilnahme. Das relevante Optimierungsprogramm lautet

$$\begin{aligned}
&\max_{s_2^R, F_2^R} e_2^R\theta - E\left(s_2^R y_2\left(e_2^R\right) + F_2^R|\theta, \widehat{e}_{11}\right)\\
&\text{u.d.N.}\\
&e_2^R = s_2^R\\
&\frac{\left(s_2^R\right)^2}{2} + s_2^R\beta\widehat{e}_{11} + F_2^R \geq \frac{s_2^2}{2} + s_2\beta\widehat{e}_{11} + F_2.
\end{aligned}$$

Als optimale Lösung erhält man

$$\begin{aligned}
s_2^{R*} &= \theta\\
F_2^{R*} &= F_2 + \frac{s_2^2}{2} + \beta\widehat{e}_{11}\left(s_2 - s_2^{R*}\right) - \frac{\left(s_2^{R*}\right)^2}{2}.
\end{aligned}$$

Wenn der Agent antizipiert, dass $\left(s_2^{R*}, F_2^{R*}\right)$ der endgültige Vertrag für die zweite Periode ist und $e_2^{R*} = s_2^{R*}$ der entsprechende Arbeitseinsatz, wählt er seinen Einsatz für die erste Periode so, dass sein ex ante Sicherheitsäquivalent

$$\begin{aligned}
CE_0\left(s_1, F_1, s_2^{R*}, F_2^{R*}\right) &= E\left[s_1y_1 + s_2^{R*}y_2 + F_1 + F_2^{R*}\right] - \frac{1}{2}\left(e_{11}^2 + e_{12}^2 + E\left[\left(e_2^{R*}\right)^2\right]\right) \quad (4.60)\\
= s_1\left(e_{11} + e_{12}\right) &+ E\left(s_2^{R*}\right)\beta e_{11} + F_1 + F_2 + \frac{s_2^2}{2} + \beta\widehat{e}_{11}\left(s_2 - E\left(s_2^{R*}\right)\right) - \frac{1}{2}\left(e_{11}^2 + e_{12}^2\right)
\end{aligned}$$

maximal wird:

$$\begin{aligned}
\mathbf{e}_1 &= \operatorname*{argmax}_{\mathbf{e}_1'} CE_0\left(s_1, F_1, s_2^{R*}, F_2^{R*}, \mathbf{e}_1'\right) \quad (4.61)\\
&= \begin{pmatrix} s_1 + \beta E\left(s_2^{R*}\right) \\ s_1 \end{pmatrix} = \begin{pmatrix} s_1 + \beta E(\theta) \\ s_1 \end{pmatrix}.
\end{aligned}$$

Im nächsten Schritt wird das Gleichgewicht des Gesamtspiels ermittelt, indem man den ex ante payoff des Prinzipals über die Parameter (s_1, s_2, F_1, F_2) unter Beachtung von Teilnahme- und Anreizbedingung maximiert:

$$\begin{aligned}
&\max_{s_1, s_2, F_1, F_2} E(\pi) - E\left(s_1y_1 + F_1 + s_2^{R*}y_2\left(e_2^{R*}\right) + F_2^{R*}\right) \quad (4.62)\\
&\text{u.d.N.}\\
&(4.61)\\
&CE_0\left(s_1, F_1, s_2^{R*}, F_2^{R*}, \mathbf{e}_1\right) \geq 0.
\end{aligned}$$

Bei der Formulierung dieses Optimierungsproblems ist ohne weiteres davon ausgegangen worden, dass der Agent seinen Arbeitseinsatz $\mathbf{e}_1$ unter der Annahme wählt, dass $\left(s_2^{R*}, F_2^{R*}\right)$ der endgültige Vertrag für die zweite Periode ist. Dabei ist bis jetzt nicht berücksichtigt worden, dass es sich für den Agenten lohnen könnte, von der Vermutung des Prinzipals abzuweichen, den revidierten Vertrag abzulehnen und $\mathbf{e}_1$ auf Basis des Ausgangsvertrages zu wählen. Dies kann zwar kein Gleichgewichtsverhalten sein, die Abweichungsanreize des Agenten sind aber bei der Formulierung der Anreizbedingung zu berücksichtigen.

Analog zu den Überlegungen in Abschnitt 4.3, Lemma 4.1, gilt: Entspricht die Vermutung des Prinzipals $(e'_{11}, e'_{12}) = \left(s_1 + \beta E\left(s_2^{R*}\right), s_1\right)$, dann bestimmt er die Fixzahlungen im Optimum so, dass die Teilnahmebedingung aus (4.62) für die gegebene Vermutung bindet:

$$F_1 + F_2 = -s_1\left(e'_{11} + e'_{12}\right) + \frac{\left(e'_{11}\right)^2}{2} + \frac{\left(e'_{12}\right)^2}{2} - \frac{s_2^2}{2} - \beta s_2 e'_{11}. \tag{4.63}$$

Wählt der Agent (e'_{11}, e'_{12}), erhält er ex ante genau seinen Reservationslohn von null, denn die Fixzahlungen in (4.63) wurden ja gerade so festgelegt, dass die Teilnahmebedingung des Agenten für die Aktionswahl (e'_{11}, e'_{12}) bindet. Angenommen, der Prinzipal vermutet (e'_{11}, e'_{12}) und der Agent plant den revidierten Vertrag abzulehnen, dann wählt er seine Aktionen auf Basis des Ausgangsvertrages entsprechend (4.57) und (4.58) als $e_{11} = s_1 + \beta s_2$, $e_{12} = s_1$ und $e_2 = s_2$. Der ex ante erwartete Nutzen des Agenten bei dieser Aktionswahl, gegeben der Prinzipal vermutet (e'_{11}, e'_{12}) und legt die Fixzahlungen gemäß (4.63) fest, entspricht

$$\begin{aligned} CE_0\left(s_1, F_1, s_2, F_2\right) &= E\left(s_1 y_1 + s_2 y_2 + F_1 + F_2\right) - \frac{e_{11}^2}{2} - \frac{e_{12}^2}{2} - \frac{e_2^2}{2} \\ &= \frac{1}{2}\beta^2\left(s_2 - E\left(s_2^{R*}\right)\right)^2. \end{aligned}$$

Folglich hat der Agent einen Anreiz, von der Vermutung (e'_{11}, e'_{12}) des Prinzipals abzuweichen, sofern $s_2 \neq E\left(s_2^{R*}\right)$ gilt. In diesem Fall führt nämlich eine Strategie des Agenten „lehne den neuen Vertrag ab und wähle die Aktionen auf Basis des Ausgangsvertrages" zu einem ex ante payoff, der seinen Reservationslohn übertrifft. Damit ist die Vermutung des Prinzipals falsch und $\left(s_2^{R*}, F_2^{R*}\right)$ kein Gleichgewicht. Anreizkompatibilität erfordert folglich, $s_2 = E\left(s_2^{R*}\right)$ zu setzen.

$s_2 = E\left(s_2^{R*}\right)$ wird im Folgenden implizit bei der Lösung des Optimierungsproblems (4.62) unterstellt. Durch Einsetzen der Nebenbedingungen des Programms in die Zielfunktion, vereinfacht sich das Problem nach einigen Umformungen zu

$$\max \frac{1}{2}E\left(\theta^2\right) + \beta E(\theta) + 2s_1 - \frac{1}{2}\left(s_1 + \beta E(\theta)\right)^2 - \frac{1}{2}s_1^2. \tag{4.64}$$

Proposition 4.7 *Sei Z^C (Z^*) der Gleichgewichtsüberschuss des Prinzipals bei perfekter Selbstbindung (bei Nachverhandlungen), dann gilt*

$$\Delta \equiv Z^* - Z^C = \frac{1}{4}\left[2\sigma^2 - \frac{\mu^2\beta^4}{\beta^2 + 2}\right] \tag{4.65}$$

mit $\mu \equiv E(\theta)$ *und* $\sigma^2 \equiv Var(\theta)$. *Komparative Statik:*

$$a)\frac{\partial \Delta}{\partial \sigma^2} > 0$$
$$b)\frac{\partial \Delta}{\partial \mu} < 0$$
$$c)\frac{\partial \Delta}{\partial \beta} < 0.$$

Beweis. Im Anhang. ■

Da das Vorzeichen von Δ nicht eindeutig ist, können Nachverhandlungen ex ante vorteilhaft oder nachteilig sein. Wie oben bereits erwähnt, ermöglicht perfekte Selbstbindung eine bessere Steuerung der ersten Periode, wohingegen durch Nachverhandlungen die Anreize der zweiten Periode aufgrund der Kenntnis von θ präziser gelenkt werden können. Proposition 4.7 gibt Aufschluss über die Determinanten des Gesamteffekts. So werden Nachverhandlungen ceteris paribus mit zunehmendem σ^2 lohnender. Dieses ist darauf zurückzuführen, dass mit zunehmendem σ^2 die Chance, durch Nachverhandlungen die Entlohnung der zweiten Periode an die tatsächliche Realisation von θ anzupassen, anstatt sie auf Basis der Erwartungen über θ festzulegen, wertvoller wird. Im Gegensatz dazu sinkt Δ ceteris paribus mit zunehmendem β (μ), so dass bei Konstanz der anderen Parameter nach Überschreitung eines kritischen Schwellwertes für β (μ) Selbstbindungskraft des Prinzipals wertvoll wird. Der Einfluss von β und μ auf die Gleichgewichtslösungen wird nachfolgend diskutiert.

Für das konkrete Modell sind die beiden Aktionen der ersten Periode im Bruttoergebnis des Prinzipals gleich gewichtet, $e_{11} + e_{12}$. Die first-best Einsatzniveaus sind $e_{11}^{FB} = e_{12}^{FB} = 1$. Unter second-best-Annahmen wählt der Agent $\left(e_{11}^C = s_1^C + \beta s_2^C,\, e_{12}^C = s_1^C\right)$ bzw. $\left(e_{11}^* {=} s_1^* + \beta E\left(s_2^{R*}\right), e_{12}^* {=} s_1^*\right)$. Die first-best Aktionen in Periode 1 sind für $\beta = 0$ durch $s_1^C = s_1^* = 1$ induzierbar. Für $\beta > 0$ erfordert das Implementieren der first-best-Niveaus in Periode 1, in der zweiten Periode keinen Einsatz zu induzieren $\left(s_2^C = 0 \text{ bzw. } s_2^{R*} = 0\right)$, was aber niemals optimal ist. Während die first-best-Lösung verlangt, in der ersten Periode identische Einsatzniveaus zu motivieren, steigt im second-best-Fall ceteris paribus die Diskrepanz zwischen den induzierten Aktivitätsniveaus e_{11} und e_{12} mit zunehmendem β. Könnte sich der Prinzipal verpflichten, den Ausgangsvertrag nicht nachzuverhandeln, ist es ex ante optimal, die Beteiligungsrate der zweiten Periode, s_2, nicht nur für die Anreize der zweiten Periode einzusetzen, sondern auch, um die Aktionen der ersten Periode im Sinne des Bruttoergebnisses zu steuern. Im Gleichgewicht mit Nachverhandlungen hingegen muss der Prinzipal sequentiell optimal entscheiden, d.h. er muss die Anreize in Periode 2 ohne Rücksicht auf die Aktionswahl der ersten Periode setzen. Hinreichend hohe Grenzbeiträge β führen somit zu einem Wert von commitment, weil sie für starke Verzerrungen zwischen den Einsatzniveaus der ersten Periode sorgen, denen durch Selbstbindung besser entgegengewirkt werden kann.

Untersucht man die Auswirkungen eines steigenden Erwartungswerts μ auf die Gewinndifferenz Δ, ist zunächst festzustellen, dass der auf die Aktion e_2 entfallende Gewinnanteil[67]

$$E\left(\theta e_2 - \frac{e_2^2}{2}\right) = \begin{cases} \frac{2\mu^2\left(1+\beta^2\right)}{\left(\beta^2+2\right)^2} \text{ bei perfekter Selbstbindung} \\ \frac{1}{2}\left(\mu^2+\sigma^2\right) \text{ bei Nachverhandlungen} \end{cases} \tag{4.66}$$

unter beiden Regimen mit zunehmendem μ steigt, wobei für große Werte von β die entsprechende Steigung $(\partial E(\cdot)/\partial\mu)$ bei Nachverhandlungen größer ist als bei perfekter Selbstbindungskraft. Diesem steht der Einfluss eines steigenden Erwartungswerts μ auf die Arbeitsanreize der ersten Periode entgegen. Der Agent wählt im Gleichgewicht bei Nachverhandlungen die Aktionen in Periode 1 als $e_{11} = s_1 + \beta\mu$ und $e_{12} = s_1$, so dass für hohe Werte von μ und β die Abweichung zwischen den beiden Aktionen der ersten Periode sehr groß wird. Bei perfekter Selbstbindungskraft hingegen kann über die Beteiligungsrate[68] $s_2^C = \frac{2\mu}{\beta^2+2} < \mu$ direkt Einfluss auf die Aktionen e_{11} und e_{12} genommen werden. Für hohe Werte von β steigt s_2^C nur noch minimal in μ, so dass im Gesamteffekt eine Zunahme von μ zu einer Verminderung der Überschussdifferenz Δ führt.

Der in diesem Abschnitt betrachteten Agency-Beziehung lagen zwei wesentliche Annahmen zugrunde. Die tatsächliche Produktivität der Aktion e_2 im Bruttoergebnis des Prinzipals wurde erst im Laufe der Beziehung realisiert und der Arbeitseinsatz der ersten Periode hatte Auswirkungen auf das Leistungsmaß der zweiten Periode. Da die sequentiell optimale Entlohnung von der nicht verifizierbaren Information θ abhing, kam das renegotiation-proof-Prinzip nicht zur Anwendung. Vielmehr ermöglichten Nachverhandlungen einerseits eine aus ex ante Sicht flexiblere Anreizsteuerung in der zweiten Periode, führten aber andererseits zu einer Vernachlässigung der Anreize in Periode 1. Welcher der beiden Effekte dominiert, hängt vom Erwartungswert und der Varianz der unsicheren Produktivität ab, sowie von den langfristigen Auswirkungen des Einsatzes der ersten Periode.

---

67 Der Agent wählt seinen Einsatz als $e_2^C = s_2^C$ bzw. $e_2^{R*} = s_2^{R*}$. Im Spiel mit Nachverhandlung gilt, wie oben gezeigt, $s_2^{R*} = \theta$. Bei perfekter Selbstbindung ist die Gleichgewichtsbeteiligung durch $s_2^C = \frac{2\mu}{\beta^2+2}$ gegeben (siehe den Beweis zu Proposition 4.7). Setzt man s_2^{R*} und s_2^C jeweils in die linke Seite von (4.66) ein, erhält man die Ausdrücke auf der rechten Seite des Gleichheitszeichens.

68 Siehe Fn. 67.

Kapitel 5

Zusammenfassung

Gegenstand dieser Arbeit war die Analyse von Nachverhandlungen in langfristigen Anreizbeziehungen. Dazu wurde eine zweiperiodige Agency-Beziehung modelliert, in der die Vertragsparteien zunächst einen langfristigen Ausgangsvertrag abschlossen, der Prinzipal aber nicht ausschließen konnte, diesen Vertrag zum Ende der ersten Periode nachzuverhandeln. Zielsetzung war, für unterschiedliche Annahmen über die Verifizierbarkeit von Information zu untersuchen, ob Nachverhandlungen aus der ex ante Perspektive wertvoll sind oder nicht und aufbauend auf diese Erkenntnisse spezielle Fragen des *performance measurements* zu analysieren.

In Kapitel 3 wurden Nachverhandlungen auf Basis vollständiger Verträge untersucht. Dies bedeutet, dass es keinen Unterschied zwischen beobachtbarer und verifizierbarer Information gibt. Bei vollständigen Verträgen können Nachverhandlungen nicht vorteilhaft sein, weil der Ausgangsvertrag schon auf alle möglichen künftigen Ereignisse konditioniert werden kann. Jede antizipierte sequentiell optimale Entlohnungsfunktion kann bereits über den Ausgangsvertrag implementiert werden (renegotiation-proof-Prinzip). Indem das renegotiation-proof-Prinzip fordert, dass der Ausgangsvertrag sequentiell optimal sein muss, beschränkt es die Menge der ex ante induzierbaren Verträge. Nur wenn der sequentiell optimale Vertrag auch ex ante optimal ist, führt diese Beschränkung nicht zu Wohlfahrtseinbußen gegenüber der Lösung bei perfekter Selbstbindungskraft. In dieser Arbeit wurde gezeigt, dass Nachverhandlungen immer ex ante effizient sind, wenn die Performancemaße der zweiten Periode keinen Informationsgehalt über die Arbeitsleistungen der ersten Periode aufweisen. Diese Bedingung lässt sich auf zwei Arten interpretieren: Zum einen stellt sie sicher, dass im Nachverhandlungszeitpunkt symmetrische Information im Hinblick auf die payoff-relevante Zukunft vorliegt, so dass kein *adverse selection* Problem aufgrund des unbeobachtbaren Arbeitseinsatzes des Managers auftritt. Zum anderen impliziert sie, dass die Performancemaße der zweiten Periode nicht zur Steuerung der ersten Periode benötigt werden. Damit ist es ex ante optimal, die Performancemaße der zweiten Periode ausschließlich zur Steuerung der zweiten Periode einzusetzen, so dass

kein Unterschied zwischen der ex post und der ex ante optimalen Entlohnungsfunktion für die zweite Periode besteht.
Für den Spezialfall eines risikoneutralen Agenten müssen zwei Bedingungen erfüllt sein, damit es zu Wohlfahrtseinbußen aufgrund von Nachverhandlungen kommen kann: Zum einen muss ein multi-task-Problem in Periode 1 bestehen und zum anderen muss der Einsatz der ersten Periode langfristige Auswirkungen haben.

Wenn Nachverhandlungen mit Wohlfahrtseinbußen verbunden sind, kann es optimal sein, dem Agenten die Möglichkeit zur Performancemaß-Manipulation zu geben, sofern die sequentiell optimale Entlohnungsfunktion aus der ex ante Perspektive zu hohe Arbeitsanreize setzt. Die Idee ist, dass die Manipulationsmöglichkeit des Agenten wie ein implizites commitment des Prinzipals auf eine geringere Anreizentlohnung wirkt und somit die Kosten der Nachverhandlung abschwächen kann. Im Gegensatz zur *information rationing* Literatur liegt der commitment Effekt der Manipulation allerdings nicht in der Verzerrung der Information des Prinzipals begründet, sondern in der Modellierung der Manipulation als window-dressing: Die Manipulationsmaßnahmen haben keinen Einfluss auf das Bruttoergebnis des Prinzipals, der Agent kann aber durch diese seine Performancemaße erhöhen.

Informationssysteme stellen die Bemessungsgrundlagen für Entlohnungsverträge bereit. In der Arbeit wurde ein Cash-flow Informationssystem mit einem System auf Basis von Periodenerfolgen verglichen. Im Einklang mit der Literatur dominierte die Periodenerfolgsrechnung das Cash-System, wenn die Beurteilungsgrößen für das Management in beiden Systemen mit derselben Präzision gemessen werden. Diese Dominanz ist aber nicht wie z.B. bei *Kwon* (1989) auf Konsumglättungseffekte zurückzuführen, sondern darauf, dass in einem Informationssystem auf Basis von Periodenerfolgen Erfolgspotenziale aufgrund des Realisationsprinzips tendenziell früher ausgewiesen werden als im Cash-System, so dass entsprechend weniger Bemessungsgrundlagen des Entlohnungsvertrages der Nachverhandlung unterworfen sind. Berücksichtigt man, dass die Messung der Erfolgsgrößen im Cash-System präziser ist als in der Periodenerfolgsrechnung, gibt es einen trade-off zwischen Präzision und frühzeitigem Ausweis und die Wahl des optimalen Informationssystems ist nicht mehr eindeutig.

Abweichend von den Annahmen in Kapitel 3 wurde in Kapitel 4 unterstellt, dass Prinzipal und Agent nach Abschluss des Ausgangsvertrages gemeinsam Informationen beobachten können, die von Dritten nicht verifizierbar sind. Das renegotiation-proof Prinzip kommt nun im Allgemeinen nicht mehr in Betracht, weil die Akteure durch Nachverhandlungen die nicht verifizierbare Information (implizit) in den Vertrag aufnehmen können.

Die Arbeit betrachtete zunächst den Spezialfall, dass der Prinzipal den Arbeitseinsatz des Agenten perfekt beobachten kann. Diese Annahme ist gerechtfertigt, wenn Prinzipal und Agent sehr eng zusammenarbeiten. Nachverhandlungen haben in diesem Fall keinen

Einfluss auf die durch den Ausgangsvertrag induzierten Arbeitsanreize der ersten Periode und sind deshalb ex ante niemals nachteilig. Vor diesem Hintergrund drehte sich die Interpretation von Informationsgehalt aus dem Grundmodell um: Über den Arbeitseinsatz der ersten Periode informative Performancemaße der zweiten Periode sind notwendige Bedingung dafür, dass Nachverhandlungen aus der ex ante Perspektive strikt vorteilhaft sind. Die Implikationen dieser Bedingung hinsichtlich Risikoteilung und Anreizintensität hängen von der Spezifität des konkret betrachteten Agency-Problems ab.
Im Gegensatz zum Grundmodell sind bei beobachtbarem Arbeitseinsatz kurzfristige Verträge und langfristige Verträge mit Nachverhandlungsmöglichkeit formal nicht mehr äquivalent, sondern Nachverhandlungen werden aus der ex ante Perspektive aufgrund eines zusätzlichen Freiheitsgrades schwach präferiert.

Da der extreme Fall, dass der Prinzipal alle Tätigkeiten des Agenten perfekt beobachten kann, in der Praxis eher die Ausnahme darstellt, wurde diese Annahme in der Folge abgeschwächt. Zunächst wurde ein multi-task-Modell entwickelt, in dem nur ein Teil der Aktivitäten des Agenten durch den Prinzipal beobachtbar ist. Ob commitment in diesem Fall wertvoll ist, hängt entscheidend vom Informationsgehalt der Performancemaße der zweiten Periode über den beobachtbaren und über den unbeobachtbaren Einsatz der ersten Periode ab.
Im anschließenden Modell konnte der Prinzipal nur noch ein verrauschtes (nicht verifizierbares) Signal über den Arbeitseinsatz der ersten Periode beobachten. Wenn dieses Signal im Nachverhandlungszeitpunkt keinen Informationsgehalt über die künftige Performance hat, ist es für die Gleichgewichtslösung irrelevant. Ist das Signal hingegen informativ, kann es für den Prinzipal aus der ex ante Perspektive unter bestimmten Bedingungen einen negativen Informationswert haben. Der Grund dafür besteht darin, dass der Prinzipal die nicht verifizierbare Information nicht ignorieren kann, sondern bedingt optimal auf ihre Beobachtung entscheiden muss, obwohl dies aus ex ante Sicht ineffizient ist.

In einem anderen Modellansatz wurde die Nachverhandlungsmöglichkeit für den Fall analysiert, dass die tatsächliche Produktivität des Agenten für die zweite Periode erst im Laufe der ersten Periode bekannt wird und nicht separat kontrahierbar ist. Der Arbeitseinsatz des Agenten war unbeobachtbar und die Aktionen der ersten Periode hatten langfristige Auswirkungen. Damit bestand folgender trade-off zwischen der Steuerung der beiden Perioden: Nachverhandlungen sind im Hinblick auf die zweite Periode lohnend, weil die Anreize für die zweite Periode an die tatsächliche Produktivität angepasst werden können. Auf der Gegenseite können aufgrund der Nachverhandlung die Beteiligungen an den Performancemaßen der zweiten Periode nicht optimal auf die Anreize der ersten Periode abgestimmt werden. Dieser trade-off wird maßgeblich von der Wahrscheinlichkeitsverteilung der Produktivität für die zweite Periode und von dem Einfluss des Arbeitseinsatzes der ersten Periode auf die Leistungsmaße der zweiten Periode bestimmt.

Auch wenn Fragen des Rechnungswesens nicht immer direkt im Mittelpunkt des Interesses dieser Arbeit standen, ist die Analyse langfristiger Anreizbeziehungen zumindest indirekt für Entscheidungen über das Design des internen und externen Rechnungswesens von Bedeutung: Das Verständnis der für Anreizzwecke relevanten Interdependenzen zwischen den Perioden liefert Anhaltspunkte für den optimalen Einsatz der Rechnungsweseninstrumente zur Entscheidungsbeeinflussung des Managements und für die Implemetierung effizienter Vertragsentscheidungen im dynamischen Kontext.

Anhang A

Beweise zu Kapitel 3

A.1 Bestimmung des Erwartungsnutzens des Agenten im LEN-Modell

Zu zeigen ist, dass

$$EU_0(X,\mathbf{e}) = -\exp\left(-r\left[E(X;\mathbf{e}) - \frac{r}{2}Var(X)\right]\right),$$

wobei

$$EU_0(X,\mathbf{e}) = \int_{-\infty}^{\infty} -\exp(-rX)\, f_X(X;\mathbf{e})\, dX.$$

Für die Dichtefunktion der Normalverteilung $f_X(X)$ gilt

$$f_X(X;\mathbf{e}) = \frac{1}{\sqrt{2\pi Var(X)}}\exp\left[-\frac{1}{2}\frac{(X - E(X;\mathbf{e}))^2}{Var(X)}\right].$$

Somit lässt sich der ex ante erwartete Nutzen auch schreiben als

$$EU_0 = \frac{1}{\sqrt{2\pi Var(X)}}\int_{-\infty}^{\infty} -\exp\left(\frac{-2rXVar(X) - (X - E(X;\mathbf{e}))^2}{2Var(X)}\right) dX.$$

Erweitert man nun den Integranden mit

$$\exp\left(r\left[\frac{rVar(X)}{2} - E(X;\mathbf{e})\right]\right)\exp\left(-r\left[\frac{rVar(X)}{2} - E(X;\mathbf{e})\right]\right) = 1,$$

erhält man

$$\begin{aligned}
EU_0 &= -\exp\left(-r\left[E(X;\mathbf{e}) - \frac{r}{2}Var(X)\right]\right) * \\
&\quad \underbrace{\int_{-\infty}^{\infty}\frac{1}{\sqrt{2\pi Var(X)}}\exp\left(\frac{(X - E(X;\mathbf{e}) + Var(X)\,r)^2}{2Var(X)}\right) dX}_{=1} \\
&= -\exp\left(-r\left[E(X;\mathbf{e}) - \frac{r}{2}Var(X)\right]\right). \blacksquare
\end{aligned}$$

A.2 Herleitung der sequentiell optimalen Entlohnungsfunktion im LEN-Modell

Zu zeigen ist, dass $\mathbf{s}_2^{R*}$ und F_2^{R*}, wie in (3.29) und (3.30) bzw. (3.31) definiert, für eine gegebene Vermutung $\widehat{\mathbf{e}}_1$ die Parameter der sequentiell optimalen Entlohnungsfunktion sind, d.h. formal die Lösung folgenden Optimierungsproblems sind:

$$\max_{F_2^R, \mathbf{s}_2^R} E(\pi) - \left[F_2^R + \left(\mathbf{s}_2^R\right)^T E\left[\mathbf{y}_2\left(\mathbf{e}_2^R\right)|\widehat{\mathbf{e}}_1, \mathbf{y}_1\right]\right] \tag{A.1}$$

u.d.N.

$$\mathbf{e}_2^R = \mathbf{b}_2^T \mathbf{s}_2^R \tag{A.2}$$

$$CE_1\left(V^R, \mathbf{e}_2^R, \mathbf{y}_1, \widehat{\mathbf{e}}_1\right) \geq CE_1\left(V, \mathbf{e}_2, \mathbf{y}_1, \widehat{\mathbf{e}}_1\right) \tag{A.3}$$

mit $\mathbf{e}_2^R = \mathbf{b}_2^T \mathbf{s}_2^R$ und $\mathbf{e}_2 = \mathbf{b}_2^T \mathbf{s}_2$. Teilnahmebedingung (A.3) bindet im Optimum und kann unter Berücksichtigung der Definition von CE_1 (siehe (3.18) und (3.20)) auch geschrieben werden als

$$\begin{aligned} F_2^R + \left(\mathbf{s}_2^R\right)^T E\left[\mathbf{y}_2\left(\mathbf{e}_2^R\right)|\mathbf{y}_1, \widehat{\mathbf{e}}_1\right] &= \mathbf{s}_2^T E\left[\mathbf{y}_2\left(\mathbf{e}_2\right)|\mathbf{y}_1, \widehat{\mathbf{e}}_1\right] + \frac{1}{2}\left(\mathbf{e}_2^R\right)^T \mathbf{e}_2^R - \frac{1}{2}\mathbf{e}_2^T \mathbf{e}_2 \\ &+ F_2 + \frac{r}{2}\left[Var\left(\left(\mathbf{s}_2^R\right)^T \mathbf{y}_2|\mathbf{y}_1\right) - Var\left(\mathbf{s}_2^T \mathbf{y}_2|\mathbf{y}_1\right)\right]. \end{aligned} \tag{A.4}$$

Ersetzt man den Term in eckigen Klammern innerhalb von (A.1) durch die rechte Seite der Teilnahmebedingung (A.4), wird die Zielfunktion zu

$$\max_{\mathbf{s}_2^R} Z = E\left(\begin{array}{c} \pi - \mathbf{s}_2^T E\left[\mathbf{y}_2\left(\mathbf{e}_2\right)|\mathbf{y}_1, \widehat{\mathbf{e}}_1\right] - \frac{1}{2}\left(\mathbf{e}_2^R\right)^T \mathbf{e}_2^R + \frac{1}{2}\mathbf{e}_2^T \mathbf{e}_2 - F_2 - \\ \frac{r}{2}\left[Var\left(\left(\mathbf{s}_2^R\right)^T \mathbf{y}_2|\mathbf{y}_1\right) - Var\left(\mathbf{s}_2^T \mathbf{y}_2|\mathbf{y}_1\right)\right] \end{array}\right).$$

Setzt man $\mathbf{e}_2^R = \mathbf{b}_2^T \mathbf{s}_2^R$ ein und vernachlässigt man die Optimierung nicht beeinflussende Konstanten, reduziert sich das Problem unter Beachtung von (3.19) auf

$$\max_{\mathbf{s}_2^R} Z = \mathbf{g}_2^T \mathbf{b}_2^T \mathbf{s}_2^R - \frac{1}{2}\left(\mathbf{s}_2^R\right)^T \mathbf{b}_2 \mathbf{b}_2^T \mathbf{s}_2^R - \frac{r}{2}\left(\mathbf{s}_2^R\right)^T \left[\mathbf{\Sigma}_{22} - \mathbf{\Sigma}_{21}\mathbf{\Sigma}_{11}^{-1}\mathbf{\Sigma}_{12}\right]\mathbf{s}_2^R. \tag{A.5}$$

Offensichtlich hängt das ex post Risiko-Anreiz-Problem weder von der Vermutung $\widehat{\mathbf{e}}_1$ noch von $\mathbf{y}_1$ ab, so dass auch der Vektor $\mathbf{s}_2^{R*}$ von ex post effizienten Anreizbeteiligungen nicht von $(\mathbf{y}_1, \widehat{\mathbf{e}}_1)$ abhängt. Löst man die Optimalitätsbedingung $dZ/d\mathbf{s}_2^R = \mathbf{0}$ nach der Entscheidungsvariablen auf, resultiert als ex post optimale Anreizbeteiligung

$$\mathbf{s}_2^{R*} = \left[\mathbf{b}_2 \mathbf{b}_2^T + r\left[\mathbf{\Sigma}_{22} - \mathbf{\Sigma}_{21}\mathbf{\Sigma}_{11}^{-1}\mathbf{\Sigma}_{12}\right]\right]^{-1} \mathbf{b}_2 \mathbf{g}_2.$$

Stellt man (A.4) nach F_2^R um und ersetzt dann $\mathbf{s}_2^R$ durch $\mathbf{s}_2^{R*}$, erhält man die sequentiell optimale Fixzahlung F_2^{R*} aus (3.30) bzw. (3.31).■

A.3 Beweis zu Proposition 3.2

Zu zeigen ist, dass Nachverhandlungen ex ante effizient sind, wenn $\boldsymbol{\beta} = \boldsymbol{\Sigma}_{21}\boldsymbol{\Sigma}_{11}^{-1}\mathbf{b}_1$ gilt. Aus (3.27) ist bekannt, dass

$$\begin{aligned} \mathbf{s}_2^C &= \left[\mathbf{Q} - \mathbf{W}\mathbf{D}^{-1}\mathbf{W}^T\right]^{-1}\left[\mathbf{R} - \mathbf{W}\mathbf{D}^{-1}\mathbf{b}_1\mathbf{g}_1\right], \qquad \text{(A.6)} \\ & \text{wobei} \\ \mathbf{D} &= \mathbf{b}_1\mathbf{b}_1^T + r\boldsymbol{\Sigma}_{11}, \qquad \mathbf{W} = \boldsymbol{\beta}\mathbf{b}_1^T + r\boldsymbol{\Sigma}_{21} \\ \mathbf{Q} &= \boldsymbol{\beta}\boldsymbol{\beta}^T + \mathbf{b}_2\mathbf{b}_2^T + r\boldsymbol{\Sigma}_{22}, \mathbf{R} = \boldsymbol{\beta}\mathbf{g}_1 + \mathbf{b}_2\mathbf{g}_2. \end{aligned}$$

Einsetzen von $\boldsymbol{\beta} = \boldsymbol{\Sigma}_{21}\boldsymbol{\Sigma}_{11}^{-1}\mathbf{b}_1$ in (A.6) führt zu

$$\begin{aligned} \mathbf{s}_2^C &= \left[\mathbf{b}_2\mathbf{b}_2^T + r\left[\boldsymbol{\Sigma}_{22} - \boldsymbol{\Sigma}_{21}\boldsymbol{\Sigma}_{11}^{-1}\boldsymbol{\Sigma}_{12}\right]\right]^{-1}\mathbf{b}_2\mathbf{g}_2 \\ &= \mathbf{s}_2^{R*}. \blacksquare \end{aligned}$$

A.4 Beweis zu Proposition 3.3

Zu zeigen ist, dass bei risikoneutralem Agenten die Nachverhandlungsmöglichkeit des Prinzipals nur dann ex ante effizient ist, wenn

$$\boldsymbol{\beta}\mathbf{T}\left\{\boldsymbol{\beta}^T\left[\mathbf{b}_2\mathbf{b}_2^T\right]^{-1}\mathbf{b}_2\mathbf{g}_2 - \mathbf{g}_1\right\} = 0$$

mit

$$\mathbf{T} = \left[\mathbf{b}_1^T\left[\mathbf{b}_1\mathbf{b}_1^T\right]^{-1}\mathbf{b}_1 - \mathbf{E}\right].$$

Nachverhandlungen sind nur dann ex ante effizient, wenn die ex ante optimale Beteiligung für Periode 2, $\mathbf{s}_2^C$, und die ex post optimale Beteiligung, $\mathbf{s}_2^{R*}$, übereinstimmen. $\mathbf{s}_2^C$ ist gemäß (3.33) implizit durch folgendes Gleichungssystem definiert:

$$\begin{aligned} \mathbf{s}_1^C(\mathbf{s}_2) &= \left[\mathbf{b}_1\mathbf{b}_1^T\right]^{-1}\left[\mathbf{b}_1\left(\mathbf{g}_1 - \boldsymbol{\beta}^T\mathbf{s}_2\right)\right] \qquad \text{(A.7)} \\ \mathbf{s}_2^C(\mathbf{s}_1) &= \left[\boldsymbol{\beta}\boldsymbol{\beta}^T + \mathbf{b}_2\mathbf{b}_2^T\right]^{-1}\left[\boldsymbol{\beta}\left(\mathbf{g}_1 - \mathbf{b}_1^T\mathbf{s}_1\right) + \mathbf{b}_2\mathbf{g}_2\right]. \end{aligned}$$

Die sequentiell optimale Beteiligung ist durch (3.34) gegeben als

$$\mathbf{s}_2^{R*} = \left[\mathbf{b}_2\mathbf{b}_2^T\right]^{-1}\mathbf{b}_2\mathbf{g}_2. \qquad \text{(A.8)}$$

Damit $\mathbf{s}_2^C = \mathbf{s}_2^{R*}$ gilt, muss gemäß (A.7) und (A.8)

$$\mathbf{s}_2^C\left[\mathbf{s}_1^C\left(\mathbf{s}_2^{R*}\right)\right] = \left[\mathbf{b}_2\mathbf{b}_2^T\right]^{-1}\mathbf{b}_2\mathbf{g}_2 \qquad \text{(A.9)}$$

erfüllt sein. Setzt man nun

$$\mathbf{s}_1^C\left(\mathbf{s}_2^{R*}\right) = \left[\mathbf{b}_1\mathbf{b}_1^T\right]^{-1}\left[\mathbf{b}_1\left(\mathbf{g}_1 - \boldsymbol{\beta}^T\left[\mathbf{b}_2\mathbf{b}_2^T\right]^{-1}\mathbf{b}_2\mathbf{g}_2\right)\right]$$

in $\mathbf{s}_2^C(\cdot)$ ein, wird (A.9) zu

$$\begin{aligned}\left[\boldsymbol{\beta}\boldsymbol{\beta}^T+\mathbf{b}_2\mathbf{b}_2^T\right]^{-1}[\boldsymbol{\beta}\mathbf{g}_1+\mathbf{b}_2\mathbf{g}_2-\boldsymbol{\beta}\mathbf{b}_1^T\left[\mathbf{b}_1\mathbf{b}_1^T\right]^{-1}[\mathbf{b}_1\left(\mathbf{g}_1-\boldsymbol{\beta}^T\left[\mathbf{b}_2\mathbf{b}_2^T\right]^{-1}\mathbf{b}_2\mathbf{g}_2\right)]]&=\left[\mathbf{b}_2\mathbf{b}_2^T\right]^{-1}\mathbf{b}_2\mathbf{g}_2\\ \Leftrightarrow\boldsymbol{\beta}\mathbf{g}_1+\left[\boldsymbol{\beta}\mathbf{b}_1^T\left[\mathbf{b}_1\mathbf{b}_1^T\right]^{-1}\mathbf{b}_1\boldsymbol{\beta}^T-\boldsymbol{\beta}\boldsymbol{\beta}^T\right]\left[\mathbf{b}_2\mathbf{b}_2^T\right]^{-1}\mathbf{b}_2\mathbf{g}_2 &= \boldsymbol{\beta}\mathbf{b}_1^T\left[\mathbf{b}_1\mathbf{b}_1^T\right]^{-1}\mathbf{b}_1\mathbf{g}_1\\ \Leftrightarrow\boldsymbol{\beta}\mathbf{T}\{\boldsymbol{\beta}^T\left[\mathbf{b}_2\mathbf{b}_2^T\right]^{-1}\mathbf{b}_2\mathbf{g}_2-\mathbf{g}_1\}&=\mathbf{0}.\blacksquare\end{aligned}$$

A.5 Beweis zu Proposition 3.4

Die Implementierung der Periodenerfolgsrechnung ist schwach vorteilhaft, weil das entsprechende Optimierungsproblem (siehe (3.36)-(3.38)) weniger beschränkt ist. Die Optimierungsprobleme bei PE und CF haben eindeutige Optima. s_2^{CF} und s_2^{PE} sind identisch

$$s_2^{PE} = \frac{b_2^2}{b_2^2 + rVar\left(y_2|y_1, x\right)} = s_2^{CF} \tag{A.10}$$

und die Beteiligungsrate s_1 kann in beiden Systemen ex ante optimal gewählt werden. Die Gleichgewichtslösungen beider Systeme stimmen deshalb nur überein, sofern die unbeschränkte Entscheidungsvariable s_x^{PE} in PE der sequentiell optimalen Beteiligung s_x^{CF} in CF entspricht. Es ist bekannt, dass $s_x^{CF} = \frac{s_2^{CF}(v-\rho g)}{g^2-1}$. s_x^{PE} erhält man, indem das System von Optimalitätsbedingungen (siehe Zielfunktion (3.36) mit Nebenbedingung (3.38))

$$\begin{aligned}\frac{\partial Z}{\partial s_1} &= b_1^2\left(1-s_1\right)+b_1b_x\left(1-s_x\right)-r\left(s_1+s_2^{PE}\rho+s_xg\right)=0\\ \frac{\partial Z}{\partial s_x} &= b_x^2\left(1-s_x\right)+b_1b_x\left(1-s_1\right)-r\left(s_1g+s_2^{PE}v+s_x\right)=0\end{aligned}$$

gelöst wird:

$$s_x^{PE} = \frac{s_2^{PE}\left[v\left(r+b_1^2\right)-\rho\left(rg-b_1b_x\right)\right]+\left(b_1+b_x\right)\left(gb_1-b_x\right)}{2gb_1b_x+r\left(g^2-1\right)-b_x^2-b_1^2}.$$

Die Differenz $s_x^{PE} - s_x^{CF}$ entspricht dann

$$\begin{aligned}\Delta &= s_x^{PE} - s_x^{CF}\\ &= \frac{\left(gb_1-b_x\right)\left[\left(g^2-1\right)\left(b_1+b_x\right)+s_2^{PE}\left(g\left(vb_1+\rho b_x\right)-b_1\rho-b_xv\right)\right]}{\left(2gb_1b_x+r\left(g^2-1\right)-b_x^2-b_1^2\right)\left(g-1\right)\left(g+1\right)}.\end{aligned}$$

x hat keinen Informationsgehalt über e_1 in Anwesenheit von y_1, wenn

$$f_x\left(x, e_1 \mid y_1\right) = f_x\left(x, \bar{e}_1 \mid y_1\right),\ \forall\left(y_1, x\right), \forall\left(e_1, \bar{e}_1\right), e_1 \neq \bar{e}_1. \tag{A.11}$$

Unter der Normalverteilungsannahme ist (A.11) (siehe Definition 3.2 und Anmerkung 3.1) äquivalent dazu, dass $E\left(x; e_1|y_1\right) = b_xe_1 + g\left(y_1 - b_1e_1\right)$ unabhängig von e_1 ist, was genau dann der Fall ist, wenn $b_x = gb_1$ gilt. Für $b_x = gb_1$ ist Δ null. Für $b_x \neq gb_1$ ist Δ nur dann null, wenn

$$s_2^{PE} = \frac{(g^2-1)(b_1+b_x)}{(g(vb_1+\rho b_x) - b_1\rho - b_x v)}.$$

Die linke Seite dieser Bedingung hängt gemäß (A.10) vom Risikoaversionskoeffizienten r des Agenten ab, so dass PE und CF unabhängig von den Präferenzen des Agenten nur für $b_x = gb_1$ identisch sind.

A.6 Beweis zu Proposition 3.5

Zunächst wird allgemein gezeigt, dass es eine Menge von Parametern gibt, so dass der Prinzipal bei Nachverhandlungen von der Manipulation profitiert. Der maximale Zielfunktionswert des Prinzipals bei Manipulation des Agenten ergibt sich aus der Lösung von (3.48) als

$$Z^{M*}(\mathbf{d},b,r,\rho) = \frac{1}{2}\left[\frac{b^4 + s_2^M(\alpha - v s_2^M)}{\gamma}\right]$$

mit

$$\begin{aligned}
\alpha &\equiv 2b^2\left[r(1-\rho) + (b^2+d_1^2)\right], \quad \gamma \equiv b^2 + d_1^2 + r \\
v &\equiv r^2(1-\rho^2) + r\left[2b^2 + d_1^2 + d_2^2\right] + (b^2+d_2^2)(d_1^2+b^2) \\
s_2^M &= \frac{b^2}{b^2 + d_2^2 + r(1-\rho^2)}.
\end{aligned}$$

Der optimale Zielfunktionswert ohne Manipulationsmöglichkeit entspricht dann $Z^{0*} = Z^{M*}(\mathbf{0},b,r,\rho)$. Angenommen, es gelte für alle Parameterkonstellationen $(\mathbf{d},b,r,\rho)$ mit $\mathbf{d}\neq\mathbf{0}$, dass $Z^{M*}(\mathbf{d},b,r,\rho) < Z^{0*}$. Betrachtet man gedanklich $\mathbf{d}$ als (eingeschränkte) Entscheidungsvariable des Prinzipals (der Fall ohne Manipulation ist formal identisch zu $\mathbf{d} = \mathbf{0}$), dann muss aufgrund der Ausgangsannahme gelten, dass

$$\mathbf{0} = \underset{\mathbf{d}}{\operatorname{argmax}}\, Z^{M*}(\mathbf{d},b,r,\rho) \text{ für alle } (b,r,\rho).$$

Es ist leicht nachzuprüfen, dass Z^{M*} an der Stelle $\mathbf{d} = \mathbf{0}$ einen stationären Punkt hat, d.h. $\partial Z^{M*}(\mathbf{0},\cdot)/\partial\mathbf{d} = \mathbf{0}$. Bestimmt man die Determinante der Hesse-Matrix an der Stelle $\mathbf{d} = \mathbf{0}$

$$|H_{Z^{M*}}(\mathbf{0})| = \frac{-b^2\delta^2\left[\vartheta + \iota + \kappa\right]}{(b^2+r)^3\left(r(\rho^2-1) - b^2\right)^5}$$

mit

$$\begin{aligned}
\delta &= b^2\left(r(\rho^2-1) + r\rho - b^2\right), \quad \vartheta = 2b^2\left[r^2(\rho^3-\rho) - b^2 r\rho\right] \\
\iota &= b^4\left[b^2 + 2r\right], \quad \kappa = b^2\left[r^2(1-\rho^2) - 3r\rho^2 b^2\right],
\end{aligned}$$

wird deutlich, dass das Vorzeichen von $|H_{Z^{M*}}(\mathbf{0})|$ nicht eindeutig ist, sondern von den konkreten Parameterausprägungen (b, r, ρ) abhängt. Damit existiert eine nichtleere Menge $P = \{(r, \rho, b) \mid |H_{Z^{M*}}(\mathbf{0})| < 0\}$, so dass $\mathbf{d} = \mathbf{0}$ ein Sattelpunkt für Z^* ist. Damit existiert aber auch eine nichtleere Menge

$$M = \left\{(\mathbf{d}, r, \rho, b) \mid \mathbf{d} \geq \mathbf{0} \wedge (r, \rho, b) \in P \wedge Z^{M*}(\mathbf{d}, r, \rho, b) > Z^{0*}\right\}.$$

Notwendige Bedingungen für die Vorteilhaftigkeit der Manipulation:

a) $\rho > 0$: Manipulation kann nur dann vorteilhaft sein, wenn in der Ausgangssituation ohne Manipulation $s_2^0 > s_2^C$ oder äquivalent $\lambda^0 = -\frac{b^2 r\rho(\rho+1)\left(b^2+r(1-\rho)\right)}{[b^2+r(1-\rho^2)][b^2+r]} < 0$ gilt, was nur für $\rho > 0$ der Fall ist. Für die weitere Beweisführung wird $\rho > 0$ unterstellt.

b) Ausgehend von der Ausgangssituation ohne Manipulation wird *isoliert* der Einfluss der unproduktiven Aktion a_2 auf die renegotiation-proof-Restriktion untersucht, ohne die Kosten der Manipulation zu berücksichtigen. Sofern a_2 nicht zu einer Lockerung der Restriktion führt, kann Manipulation nicht vorteilhaft sein. Betrachte zunächst die Zielfunktion des Prinzipals in der Ausgangssituation ohne Manipulation Z^0 gemäß (3.46) als Funktion von s_2 bei optimaler Wahl von $s_1^* = (b^2 - rs_2\rho)/(b^2 + r)$

$$Z^0\left(s_1^*(s_2), s_2\right) = \frac{1}{2}\left[\frac{b^4 - \left(b^4 + 2b^2 r + r^2\left(1-\rho^2\right)\right)s_2^2 - 2b^2\left(-r\left(1-\rho\right) - b^2\right)s_2}{b^2 + r}\right].$$

Diese streng konkave Funktion ist symmetrisch zum Optimum s_2^C (3.47), d.h. $Z^0\left(s_2^C - s_2\right) = Z^0\left(s_2^C + s_2\right)$. Folglich führt a_2 immer zu einer Lockerung der renegotiation-proof-Bedingung, sofern $s_2^C \leq s_2^M < s_2^0$. Für $s_2^M < s_2^C < s_2^0$ hingegen tritt aufgrund obiger Symmetrie eine Verbesserung nur dann ein, wenn $s_2^M > s_2^C - \left(s_2^0 - s_2^C\right)$, also wenn

$$\frac{b^2}{b^2 + d_2^2 + r\left(1-\rho^2\right)} > \frac{b^2(b^2 + r\left(1-\rho\right) - 2r\rho^2)}{(b^2 + r\left(1-\rho^2\right))(b^2 + r\left(1+\rho\right))}.$$

Für $\varpi \equiv b^2 + r\left(1-\rho\right) - 2r\rho^2 < 0$ ist diese Ungleichung immer erfüllt, d.h. a_2 führt für alle d_2 bei Vernachlässigung der Manipulationskosten zu einer vorteilhaften Linksverschiebung der ursprünglichen Nebenbedingung. Für $\varpi > 0$ verlangt das Erfülltsein der obigen Ungleichung

$$d_2 < \sqrt{\frac{2r\rho\left(\rho+1\right)\left(b^2\left(1-\rho^2\right)\right)}{\varpi}} \equiv \overline{d}_2,$$

wobei $\frac{\partial \overline{d}_2}{\partial b} = -\frac{\sqrt{2}\left(1+\rho^2\right)\rho^2 r^2 b}{\varpi\sqrt{\varpi r\rho(1+\rho)(b^2+r(1-\rho^2))}} < 0$. Dass der Schwellwert $\overline{d}_2$ mit zunehmendem b sinkt, ist darauf zurückzuführen, dass in der Ausgangssituation die Abweichung vom Optimum $\left(s_2^0 - s_2^C\right) = \frac{b^2 r\rho(1+\rho)}{(b^2+r(1-\rho^2))(b^2+r(1+\rho))}$ mit zunehmendem b sinkt,

$$\frac{\partial\left(s_2^0 - s_2^C\right)}{\partial b} = -2\frac{br\rho\left(1+\rho\right)\left(b^4 + r^2\left(\rho^3 + \rho^2 - \rho - 1\right)\right)}{(b^2 + r\left(1-\rho^2\right))^2(b^2 + r\left(1+\rho\right))^2} < 0 f\ddot{u}r \varpi > 0.$$

c) Folgt unmittelbar aus Proposition 3.3.■

Anhang B

Beweise zu Kapitel 4

B.1 Herleitungen zu Abschnitt 4.2.4

Zu zeigen ist, dass

$$Var\left(\mathbf{s}_1^T\mathbf{y}_1 + \left(\mathbf{s}_2^{R*}\right)^T\mathbf{y}_2 + F_1 + F_2^{R*}\right) = Var\left(\mathbf{s}_1^T\mathbf{y}_1 + \mathbf{s}_2^T E\left(\mathbf{y}_2|\mathbf{y}_1\right)\right) + Var\left(\left(\mathbf{s}_2^{R*}\right)^T\mathbf{y}_2|\mathbf{y}_1\right).$$

Setzt man zunächst F_2^{R*} wie in (4.11) definiert ein, resultiert

$$\begin{aligned}
&Var\left(\mathbf{s}_1^T\mathbf{y}_1 + \left(\mathbf{s}_2^{R*}\right)^T\mathbf{y}_2 + F_1 + F_2^{R*}\right)\\
&= Var\left(\mathbf{s}_1^T\mathbf{y}_1 + \left(\mathbf{s}_2^{R*}\right)^T\mathbf{y}_2 + \left[\mathbf{s}_2^T - \left(\mathbf{s}_2^{R*}\right)^T\right]\mathbf{\Sigma}_{21}\mathbf{\Sigma}_{11}^{-1}\mathbf{y}_1\right)\\
&= Var\left(\left\{\mathbf{s}_1^T + \left[\mathbf{s}_2^T - \left(\mathbf{s}_2^{R*}\right)^T\right]\mathbf{\Sigma}_{21}\mathbf{\Sigma}_{11}^{-1}\right\}\mathbf{y}_1 + \left(\mathbf{s}_2^{R*}\right)^T\mathbf{y}_2\right).
\end{aligned}$$

Der letzte Ausdruck kann wegen $Var\left(\mathbf{k}^T\mathbf{y}\right) = \sum_{i=1}^m k_i^2 Var\left(y_i\right) + 2\sum_{i<j} k_i k_j Cov\left(y_i, y_j\right) = \mathbf{k}^T Var\left(\mathbf{y}\right)\mathbf{k}$, $\mathbf{k} = \text{const.}$, geschrieben werden als

$$\begin{aligned}
&\left(\mathbf{s}_1^T + \left(\mathbf{s}_2^T - \left(\mathbf{s}_2^{R*}\right)^T\right)\mathbf{\Sigma}_{21}\mathbf{\Sigma}_{11}^{-1}\right)\mathbf{\Sigma}_{11}\left(\mathbf{s}_1 + \mathbf{\Sigma}_{11}^{-1}\mathbf{\Sigma}_{12}\left(\mathbf{s}_2 - \mathbf{s}_2^{R*}\right)\right) +\\
&2\left(\mathbf{s}_2^{R*}\right)^T\mathbf{\Sigma}_{21}\left(\mathbf{s}_1 + \mathbf{\Sigma}_{11}^{-1}\mathbf{\Sigma}_{12}\left(\mathbf{s}_2 - \mathbf{s}_2^{R*}\right)\right) + \left(\mathbf{s}_2^{R*}\right)^T\mathbf{\Sigma}_{22}\mathbf{s}_2^{R*},
\end{aligned}$$

was nach weiterem Vereinfachen unter Berücksichtigung der Definition von $E\left(\mathbf{y}_2|\mathbf{y}_1\right)$ in (3.19) zu

$$\underbrace{\left(\mathbf{s}_1^T + \mathbf{s}_2^T\mathbf{\Sigma}_{21}\mathbf{\Sigma}_{11}^{-1}\right)\mathbf{\Sigma}_{11}\left(\mathbf{s}_1 + \mathbf{\Sigma}_{11}^{-1}\mathbf{\Sigma}_{12}\mathbf{s}_2\right)}_{=\underbrace{Var\left(\left(\mathbf{s}_1^T + \mathbf{s}_2^T\mathbf{\Sigma}_{21}\mathbf{\Sigma}_{11}^{-1}\right)\mathbf{y}_1\right)}_{=Var\left(\mathbf{s}_1^T\mathbf{y}_1 + \mathbf{s}_2^T E(\mathbf{y}_2|\mathbf{y}_1)\right)}} + \underbrace{\left(\mathbf{s}_2^{R*}\right)^T\left(\mathbf{\Sigma}_{22} - \mathbf{\Sigma}_{21}\mathbf{\Sigma}_{11}^{-1}\mathbf{\Sigma}_{12}\right)\mathbf{s}_2^{R*}}_{=Var\left(\left(\mathbf{s}_2^{R*}\right)^T\mathbf{y}_2|\mathbf{y}_1\right)}$$

wird.■

B.2 Herleitungen zu Abschnitt 4.2.5

Das full commitment-Problem für die Modellierung in Abschnitt 4.2.5 entspricht dem in Abschnitt 4.2.4 formulierten Programm (4.18) mit $\beta = 0$

$$\max_{s_1, s_2} Z = s_1 + s_2 - \frac{s_1^2}{2} - \frac{s_2^2}{2} - \frac{r}{2}\left(s_1^2 + s_2^2 + 2 s_1 s_2 \rho\right).$$

Die Lösung ist durch (4.19) und (4.20) mit $\beta = 0$ gegeben:

$$\begin{aligned} s_1^C &= s_2^C = \frac{1}{1 + r + r\rho} \\ Z^C &= \frac{1}{1 + r + r\rho}. \end{aligned}$$

Da $s_1^C, s_2^C > 0$ steigt die a priori Varianz der Entlohnung $(s_1^2 + s_2^2 + 2 s_1 s_2 \rho)$ mit zunehmendem ρ. Den Gleichgewichtsüberschuss bei kurzfristigen Verträgen erhält man gemäß (4.28) über

$$\begin{aligned} &\max_{s_1} s_1 - \frac{s_1^2}{2} - \frac{r}{2} s_1^2 + \frac{1}{2} s_2^{R*} \\ &\text{mit } s_2^{R*} = 1/\left(1 + r\left(1 - \rho^2\right)\right). \end{aligned}$$

Bildet man die Ableitung nach s_1, setzt diese anschließend null und löst dann nach s_1 auf, ergibt sich $s_1^K = \frac{1}{1+r}$. Setzt man s_1^K in die Zielfunktion ein, resultiert als maximaler Überschuss des Prinzipals

$$Z^K = \frac{1}{2} \frac{-2(1+r) + r\rho^2}{(1+r)(-1 - r(1-\rho^2))}.$$

Die Differenz

$$\begin{aligned} Z^K - Z^C &= \frac{1}{2} r \rho L \\ L &= \frac{r(\rho^2 - \rho - 2) - 2 - \rho}{(1+r)(1 + r + r\rho)(-1 - r(1 - \rho^2))} > 0 \end{aligned}$$

ist positiv (negativ) (null) für $\rho > 0 \, (< 0) \, (= 0)$.■

B.3 Beweis zu Proposition 4.5

Annahme: $m_2 \neq 0$.

a) Zu zeigen ist, dass im Gleichgewicht $s_2 = s_2^{R*}$ gelten muss, wenn das Performancemaß der zweiten Periode informativ über e_1 ist (analog zu der Beweisidee in Lemma 4.1).

Sei $\Gamma = \left\{V = (s_1, F_1, s_2, F_2), V^{R*} = \left(s_1, F_1, s_2^{R*}, F_2^{R*}\right), e_1^* = b_1\left(s_1 + \left(s_2 - s_2^{R*}\right) m_1\right), e_2^* = s_2^{R*} b_2\right\}$

ein Gleichgewicht des Gesamtspiels mit Ausgangsvertrag V, endgültigem Vertrag V^{R*} und den Aktionen e_1^* und e_2^{R*}. Bayesianische Konsistenz der beliefs im Gleichgewicht impliziert $\widehat{e}_1 = e_1^*$. Die ex ante Teilnahmebedingung für den Agenten muss im Gleichgewicht binden, $CE_0\left(V^{R*}\right) = 0$, wobei $CE_0\left(V^{R*}\right)$ explizit in (4.45) gegeben ist. Löst man diese Gleichung nach der Summe der Fixzahlungen, $F_1 + F_2$, auf, resultiert

$$\begin{aligned} F_1 + F_2 &= -s_1 b_1 e_1^* - \frac{s_2^2 b_2^2}{2} - \frac{r}{2}\left(\left(s_2^{R*}\right)^2 - s_2^2\right) Var\left(y_2|y_1,x\right) + \frac{\left(e_1^*\right)^2}{2} \\ &\quad + \frac{r}{2} Var\left(\left[s_1 + \left(s_2 - s_2^{R*}\right) m_1\right] y_1 + s_2^{R*} y_2 + \left(s_2 - s_2^{R*}\right) m_2 x\right). \end{aligned} \tag{B.1}$$

Da Γ ein Gleichgewicht ist, darf es sich für den Agenten nicht lohnen, den Prinzipal zu täuschen, d.h. gegeben der Prinzipal vermutet e_1^*, muss es für den Agenten optimal sein, e_1^* zu wählen. Wenn der Prinzipal e_1^* vermutet und der Agent entgegen dieser Vermutung plant, den revidierten Vertrag abzulehnen und den Arbeitseinsatz auf Basis des Ausgangsvertrages V zu wählen, ist sein ex ante Sicherheitsäquivalent gegeben durch

$$\begin{aligned} CE_0\left(V\right) &= E\left(s_1 y_1 + s_2 y_2 + F_1 + F_2\right) - \frac{e_1^2}{2} - \frac{e_2^2}{2} - \frac{r}{2} Var\left(s_1 y_1 + s_2 y_2 + F_1 + F_2\right) \\ &= s_1 b_1 e_1 + s_2 b_2 e_2 + F_1 + F_2 - \frac{e_1^2}{2} - \frac{e_2^2}{2} - \frac{r}{2} Var\left(s_1 y_1 + s_2 y_2 + F_1 + F_2\right), \end{aligned}$$

wobei für $F_1 + F_2$ (B.1) einzusetzen ist. Die korrespondierenden optimalen Aktionen sind

$$\begin{aligned} \left(e_1', e_2'\right) &= \operatorname*{argmax}_{e_1, e_2} CE_0\left(V, e_1, e_2\right) \\ &= \left(s_1 b_1, s_2 b_2\right). \end{aligned}$$

Setzt man diese optimalen Aktionen in $CE_0\left(V\right)$ ein, erhält man

$$CE_0\left(V, e_1', e_2'\right) = \frac{1}{2}\left(s_2 - s_2^{R*}\right)^2 \left(b_1 m_1\right)^2 \geq 0. \tag{B.2}$$

Für $b_1 m_1 \neq 0$ ist es folglich für den Agenten optimal, von e_1^* abzuweichen und den revidierten Vertrag abzulehnen, sofern $s_2 \neq s_2^{R*}$. In einem Gleichgewicht muss deshalb für $b_1 m_1 \neq 0$ $s_2 = s_2^{R*}$ gelten. $b_1 m_1 \neq 0$ ist genau die Bedingung dafür, dass y_2 Informationsgehalt über e_1 hat, da $E\left(y_2|y_1,x\right) = b_2 e_2 + m_1\left(y_1 - b_1 e_1\right) + m_2 x$ nur für $b_1 m_1 \neq 0$ von e_1 abhängt. Da per Annahme $b_1 > 0$, reduziert sich diese Bedingung auf $m_1 \neq 0$.

b) Zu zeigen ist, dass auf x faktisch direkt kontrahiert werden kann, wenn y_2 nicht informativ über e_1 ist ($m_1 = 0$). Für $m_1 = 0$ hat der Agent gemäß (B.2) unabhängig von s_2 niemals einen Anreiz von der Vermutung e_1^* des Prinzipals abzuweichen, so dass der Prinzipal im Ausgangsvertrag $s_2 \neq s_2^{R*}$ setzen kann. Das Optimierungsproblem zur Bestimmung der Gleichgewichtslösung für $m_1 = 0$ ist durch (4.47) gegeben

$$\max_{s_1, s} s_1 b_1 + s_2^{R*} b_2 - \frac{\left[s_1 b_1\right]^2}{2} - \frac{\left(s_2^{R*} b_2\right)^2}{2} - \frac{r}{2} Var\left(s_1 y_1 + s_2^{R*} y_2 + \delta m_2 x\right) \tag{B.3}$$

Wenn neben (y_1, y_2) auch x als direkte Bemessungsgrundlage zur Verfügung stünde, befände man sich formal in der Welt des Grundmodells, in dem, Lemma 3.2 entsprechend, das renegotiation-proof-Prinzip gilt. Das Programm zur Bestimmung der Gleichgewichtslösung lautete dann mit $\mathbf{y}_1 = (y_1, x)^T$ und $\mathbf{y}_2 = y_2$

$$\max_{s_1, s_x} s_1 b_1 + s_2^{RX*} b_2 - \frac{(s_1 b_1)^2}{2} - \frac{\left(s_2^{RX*} b_2\right)^2}{2} - \frac{r}{2} Var\left(s_1 y_1 + s_2^{RX*} y_2 + s_x x\right), \qquad \text{(B.4)}$$

wobei s_2^{RX*} die sequentiell optimale Beteiligung für Periode 2 ist, wenn x verifizierbar ist und s_x die Beteiligungsrate an x kennzeichnet. Die sequentiell optimale Erfolgsbeteiligung für Periode 2 ist unabhängig davon, ob x verifizierbar ist oder nicht, relevant ist einzig die Beobachtung x in $t = 1$: $s_2^{R*} = s_2^{RX*}$. Benennt man δm_2 in (B.3) in s_x um, wird deutlich, dass die Optimierungsprobleme in (B.4) und (B.3) übereinstimmen, was Teil b) von Proposition 4.5 beweist. ■

B.4 Beweis zu Proposition 4.6, Teil b2)

Annahme: $m_2 \neq 0$.

Zu zeigen ist, dass für $m_1 \neq 0$ in Abhängigkeit von den Parametern $(b_1, b_2, r, \sigma_{12}, \sigma_{1x}, \sigma_{2x})$, $Z^* \lesseqqgtr Z^A$, mit $Z^* \leq Z^C$ und $Z^A \leq Z^C$, wobei ein aufgrund des renegotiation-proof-Prinzips in der Ausgangssituation ohne Beobachtung von x zu hoch induzierter Einsatz e_2 hinreichend für $Z^A > Z^*$ ist.

Für $m_1 \neq 0$ und $m_2 \neq 0$ verlangt Anreizkompatibilität gemäß Proposition 4.5, dass der Ausgangsvertrag nachverhandlungssicher ist, $s_2 = s_2^{R*}$. Somit besteht der Unterschied zwischen der Ausgangssituation ohne Beobachtung von x und dem hier untersuchten Fall mit beobachtbarem, aber nicht verifizierbarem x im Gleichgewicht ausschließlich in der sequentiell optimalen Beteiligung für die zweite Periode. Sequentielle Optimalität stellt in beiden Fällen eine Nebenbedingung zum (y_1, y_2)-full commitment Problem dar, so dass $Z^* \leq Z^C$ und $Z^A \leq Z^C$. Sei s_2^{RA} die Beteiligung in der Ausgangssituation und s_2^{R*} (siehe (4.42)) die Beteiligung bei Beobachtung von x, dann gilt

$$s_2^{RA} = \frac{b_2}{b_2^2 + rVar\left(y_2|y_1\right)}, \; s_2^{R*} = \frac{b_2}{b_2^2 + rVar\left(y_2|y_1, x\right)}$$

mit $Var\left(y_2|y_1, x\right) = 1 - m_1\sigma_{12} - m_2\sigma_{2x} < 1 - \sigma_{12}^2 = Var\left(y_2|y_1\right)$ und damit $s_2^{R*} > s_2^{RA}$ für $m_2 \neq 0$. Der Überschuss des Prinzipals in Abhängigkeit von (s_1, s_2) ist für die betrachtete Problemstellung bei optimaler Aktionswahl des Agenten gegeben durch (siehe auch (3.25))

$$Z = s_1 b_1 + s_2 b_2 - \frac{(s_1 b_1)^2}{2} - \frac{(s_2 b_2)^2}{2} - \frac{r}{2}\underbrace{\left(s_1^2 + s_2^2 + 2 s_1 s_2 \sigma_{12}\right)}_{Var(s_1 y_1 + s_2 y_2)}.$$

Ableiten von Z nach s_1 und Nullsetzen liefert die optimale Anreizbeteiligung in Periode 1 in Abhängigkeit von s_2: $s_1(s_2) = \frac{b_1 - rs_2\sigma_{12}}{b_1^2+r}$. Einsetzen von $s_1(s_2)$ in Z ergibt

$$Z(s_2) = \frac{1}{2}\frac{s_2^2\left[r^2\left(\sigma_{12}^2-1\right) - r\left(b_1^2+b_2^2\right) - b_1^2b_2^2\right] + 2s_2\left[b_2\left(r+b_1^2\right) - rb_1\sigma_{12}\right]}{b_1^2+r}$$

und

$$\begin{aligned} Z'(s_2) &= \frac{s_2\left[r^2\left(\sigma_{12}^2-1\right) - r\left(b_1^2+b_2^2\right) - b_1^2b_2^2\right] + b_2\left(r+b_1^2\right) - rb_1\sigma_{12}}{b_1^2+r} \\ Z''(s_2) &= \frac{r^2\left(\sigma_{12}^2-1\right) - r\left(b_1^2+b_2^2\right) - b_1^2b_2^2}{b_1^2+r} < 0. \end{aligned}$$

$Z(s_2)$ ist strikt konkav in s_2 und hat ein eindeutiges (full commitment) Maximum $s_2^C = \frac{b_1 r\sigma_{12} - b_2\left(r+b_1^2\right)}{r^2\left(\sigma_{12}^2-1\right) - r\left(b_1^2+b_2^2\right) - b_1^2b_2^2}$. Die Gleichgewichtsüberschüsse in den beiden betrachteten Nachverhandlungsszenarios (mit und ohne Beobachtung von x) sind dann durch $Z^* = Z\left(s_2 = s_2^{R*}\right)$ bzw. $Z^A = Z\left(s_2 = s_2^{RA}\right)$ gegeben und das Vorzeichen der Überschussdifferenz

$$\begin{aligned} \Delta &= Z^* - Z^A \\ &= -\frac{1}{2}\frac{\left(s_2^{RA} - s_2^{R*}\right)\left\{\left(s_2^{R*} + s_2^{RA}\right)\left[r^2\left(\sigma_{12}^2-1\right) - r\left(b_1^2+b_2^2\right) - b_1^2b_2^2\right] + 2\left(b_2\left(r+b_1^2\right) - rb_1\sigma_{12}\right)\right\}}{b_1^2+r} \end{aligned}$$

hängt von den Parametern $(b_1, b_2, r, \sigma_{12}, \sigma_{1x}, \sigma_{2x})$ ab. Wenn in der Ausgangssituation ohne Beobachtung von x aufgrund des renegotiation-proof-Prinzips in der zweiten Periode zu hohe Anreize gesetzt werden, $s_2^{RA} > s_2^C$ ($\Rightarrow e_2^{RA} > e_2^C$), dann muss aufgrund der Konkavität von Z $Z^A > Z^*$ gelten, da $s_2^{R*} > s_2^{RA}$.■

B.5 Beweis zu Proposition 4.7

Ausgangspunkt für den Beweis sind die Optimierungsprobleme bei perfekter Selbstbindung (4.59) und bei Nachverhandlungen (4.64). Setzt man in (4.59) Anreiz- und bindende Teilnahmebedingung in die Zielfunktion ein, erhält man folgendes vereinfachte Programm für den full commitment-Fall

$$\max_{s_1, s_2} Z = 2s_1 + s_2\left[\beta + E(\theta)\right] - \frac{1}{2}\left[\left(s_1 + s_2\beta\right)^2 + s_1^2 + s_2^2\right]. \tag{B.5}$$

Die optimalen Beteiligungsparameter erhält man über die Bestimmungsgleichungen

$$\begin{aligned} \frac{\partial Z}{\partial s_1} &= 2 - 2s_1 - s_2\beta = 0 \\ \frac{\partial Z}{\partial s_2} &= \beta + E(\theta) - \left(s_1 + s_2\beta\right)\beta - s_2 = 0 \end{aligned}$$

als

$$s_1^C = \frac{\beta^2 + 2 - E(\theta)\beta}{\beta^2+2}, \quad s_2^C = 2\frac{E(\theta)}{\beta^2+2}.$$

Setzt man die optimalen Beteiligungsraten in die Zielfunktion (B.5) ein, resultiert als Gleichgewichtsüberschuss des Prinzipals bei perfekter Selbstbindung

$$Z^C = \frac{\beta^2 + 2 + E(\theta)^2}{\beta^2 + 2}.$$

Wenn im Spiel mit Nachverhandlung s_2^{R*}, F_2^{R*} die endgültigen Vertragsparameter für Periode 2 sind, entspricht der erwartete Überschuss des Prinzipals in Abhängigkeit von s_1 gemäß (4.64)

$$Z^R = \frac{1}{2}E\left(\theta^2\right) + \beta E(\theta) + 2s_1 - \frac{1}{2}\left(s_1 + \beta E(\theta)\right)^2 - \frac{1}{2}s_1^2.$$

Aus der Bestimmungsgleichung

$$\frac{\partial Z^R}{\partial s_1} = 2 - 2s_1 - E(\theta)\beta = 0$$

folgt als optimale Anreizbeteiligung für die ersten Periode

$$s_1^* = 1 - \frac{1}{2}\beta E(\theta)$$

und als Gleichgewichtsüberschuss des Prinzipals

$$Z^* = Z^R(s_1^*) = 1 + \frac{1}{2}E\left(\theta^2\right) - \frac{1}{4}\beta^2 E(\theta)^2.$$

Bildet man die Überschussdifferenz $Z^* - Z^C$ mit $\mathrm{Var}(\theta) = \sigma^2$ und $\mathrm{E}(\theta) = \mu$ und $E\left(\theta^2\right) = \mu^2 + \sigma^2$ ergibt sich

$$\Delta = \frac{1}{4}\left[2\sigma^2 - \frac{\mu^2\beta^4}{\beta^2 + 2}\right]$$

mit

$$\begin{aligned}
\frac{\partial \Delta}{\partial \sigma^2} &= \frac{1}{2} > 0 \\
\frac{\partial \Delta}{\partial \mu} &= -\frac{\mu\beta^4}{2\left(\beta^2 + 2\right)} < 0 \\
\frac{\partial \Delta}{\partial \beta} &= -\frac{1}{2}\frac{\beta^3\mu^2\left(\beta^2 + 4\right)}{\left(\beta^2 + 2\right)^2} < 0. \blacksquare
\end{aligned}$$

Literaturverzeichnis

Antle, Rick/Demski, Joel S. (1988): The Controllability Principle in Responsibility Accounting, The Accounting Review, 63, S. 700-718.

Arya, Anil/Glover, Jonathan C./Sivaramakrishnan, K. (1997): The Interaction Between Decision and Control Problems and the Value of Information, The Accounting Review, 71, S. 561-574.

Bagwell, Kyle (1995): Commitment and Observability in Games, Games and Economic Behavior, 8, S. 271-280.

Baker, George P. (1992): Incentive Contracts and Performance Measurement, Journal of Political Economy, 100, S. 598-614.

Baker, George P./Gibbons, Robert/Murphy, Kevin J. (1994): Subjective Performance Measures in Optimal Incentive Contracts, Quarterly Journal of Economics, 109, S. 1125-1156.

Baker, George P. (2000): The Use of Performance Measures in Incentive Contracting, American Economic Review, 90, Papers and Proceedings, S. 415-420.

Baker, George P. (2002): Distortion and Risk in Optimal Incentive Contracts, Journal of Human Resources, 37, Special Issue on Designing Incentives to Promote Human Capital, S. 728-751.

Bamberg, Günter/Coenenberg, Adolf G. (2002): Betriebswirtschaftliche Entscheidungslehre, 11. Auflage, Verlag Franz Vahlen, München.

Baron, David P./ Besanko, David (1987): Commitment and Fairness in a Dynamic Regulatory Relationship, The Review of Economic Studies, 54, S. 413-436.

Bolton, Patrick (1990): Renegotiation and the dynamics of contract design, European Economic Review, 34, S. 303 - 310.

Budde, Jörg (2000): Effizienz betrieblicher Informationssysteme, Deutscher Universitäts-Verlag, Wiesbaden.

Budde, Jörg (2004): Performance measure congruity and the balanced scorecard, Working Paper, Universität Bonn.

Bull, Clive (1987): The Existence of Self-Enforcing Implicit Contracts, The Quarterly Journal of Economics, 102, S. 147-160.

Bushman, Robert M./Indjejikian, Raffi J./Penno, Mark C. (2000): Private Predecision Information, Performance Measure Congruity, and the Value of Delegation, Contemporary Accounting Research, 17, S. 561-587.

Chiappori, Pierre-André/Macho, Ines/ Rey, Patrick/ Salanie, Bernard (1994): Repeated moral hazard: The role of memory, commitment, and the access to credit markets, European Economic Review, 38, S. 1527-1553.

Christensen, Peter O./Demski, Joel S./Frimor, Hans (2002): Accounting Policies in Agencies with Moral Hazard and Renegotiation, Journal of Accounting Research, 40, S. 1071-1090.

Christensen, Peter O./ Feltham, Gerald/Şabac, Florin (2003): Dynamic Incentives and Responsibility Accounting: A Comment, Journal of Accounting and Economics, 35, S. 423-436.

Christensen, Peter O./ Feltham, Gerald/Hofmann, Christian/Şabac, Florin (2003): Timeliness, Accuracy, and Relevance in Dynamic Incentive Contracts, Working Paper, University of British Columbia.

Christensen, Peter O./Frimor, Hans/Şabac, Florin (2004): Earnings Management, Revenue Recognition, and Depreciation in Dynamic Agency with Renegotiation, Working Paper, University of Southern Denmark.

Christensen, Peter O./ Feltham, Gerald/Şabac, Florin (2005): A contracting perspective on earnings quality, Journal of Accounting and Economics, forthcoming.

Christensen, John A./Demski, Joel S. (2003): Accounting Theory: An Information Content Perspective, McGraw-Hill, New York.

Chwolka, Anne (2005): Scheduling Informational Activities and the Preference for Early Information in Decision and Control Problems, Schmalenbach Business Review, 57, S. 55-79.

Datar, Srikant/Cohen Kulp, Susan/Lambert, Richard A. (2001): Balancing Performance Measures, Journal of Accounting Research, 39, S. 75-91.

Dawid, Herbert/Kopel, Michael (2001): Zur Organisation zwischenbetrieblicher Beziehungen: Sind kurzfristige oder langfristige Vereinbarungen optimal?, Zeitschrift für Betriebswirtschaft, Ergänzungsheft 4 (2001), S. 51 - 72.

Dawid, Herbert/Kopel, Michael (2003): A Comparison of Exit and Voice Relationships under Common Uncertainty, Journal of Economics and Management Strategy, 12, S. 531-555.

DeGroot, Morris H. (1970): Optimal Statistical Decisions, McGraw-Hill, New York.

Demski, Joel S. (1998): Performance Measure Manipulation, Contemporary Accounting Research, 15, S. 261-285.

Demski, Joel S./Frimor, Hans (1999): Performance Measure Garbling under Renegotiation in Multi-Period Agencies, Journal of Accounting Research, 37 (Supplement), S. 187-214.

Demski, Joel S./Frimor, Hans/Sappington, David E. M. (2004): Efficient Manipulation in a Repeated Setting, Journal of Accounting Research, 42, S. 31-49.

Dewatripont, Mathias/Maskin, Eric (1990): Contract renegotiation in models of asymmetric information, European Economic Review, 34, S. 311 - 321.

Dewit, Gerda/Leahy, Dermot (2004): Rivalry in uncertain export markets: commitment versus flexibility, Journal of International Economics, 64, S. 195-209.

Dutta, Sunil/Gigler, Frank (2002): The Effect of Earnings Forecasts on Earnings Management, Journal of Accounting Research, 40, S. 631-655.

Dutta, Sunil/Reichelstein, Stefan (1999a): Asset Valuation and Performance Measurement in a Dynamic Agency Setting, Review of Accounting Studies, 4, S. 235-258.

Dutta, Sunil/ Reichelstein, Stefan (1999b): Performance Measurement in Multi-Period Agencies, Journal of Institutional and Theoretical Economics, 155, S. 158-175.

Dutta, Sunil/Reichelstein, Stefan (2003): Leading Indicator Variables, Performance Measurement, and Long-Term Versus Short-Term Contracts, Journal of Accounting Research, 41, S. 837-866.

Feltham, Gerald A./Xie, Jim (1994): Performance Measure Congruity and Diversity in Multi-Task Principal/Agent Relations, The Accounting Review, 69, S. 429-453.

Feltham, Gerald/Indjejikian, Raffi/Nanda, Dhananjay (2003): Dual Purpose Measures, Working Paper.

Fershtman, Chaim/Judd Kenneth L. (1987): Equilibrium Incentives in Oligopoly, American Economic Review, 77, S. 927-940.

Fisz, Marek (1976): Wahrscheinlichkeitsrechnung und mathematische Statistik, Deutscher Verlag der Wissenschaften, Berlin.

Freixas, Xavier/Guesnerie, Roger/Tirole, Jean (1985). Planning under Incomplete Information and the Ratchet Effect, Review of Economic Studies, 52, S. 173-191.

Fudenberg, Drew/Tirole, Jean (1990): Moral Hazard and Renegotiation in Agency Contracts, Econometrica, 58, S. 1279-1320.

Fudenberg, Drew/Tirole, Jean (1991): Game Theory, The MIT Press, Cambridge/London.

Fudenberg, Drew/Holmström, Bengt/Milgrom, Paul (1990): Short-Term Contracts and Long-Term Agency Relationships, Journal of Economic Theory, 51, S. 1-31.

Gibbons, Robert/Murphy, Kevin J. (1992): Optimal Incentive Contracts in the Presence of Career Concerns: Theory and Evidence, Journal of Political Economy, 100, S. 468-505.

Gillenkirch, Robert M. (2004): Gewinn- und aktienkursorientierte Managementvergütung, Deutscher Universitäts-Verlag, Wiesbaden.

Grossman, Sanford J./Hart, Oliver D. (1983): An Analysis of the Principal-Agent-Problem, Econometrica, 51, S. 7-45.

Grossman, Sanford J./Hart, Oliver D. (1986): The Costs and Benefits of Ownership: A Theory of Vertical and Lateral Integration, Journal of Political Economy, 94, S. 691-719.

Hart, Oliver D. (1988): Incomplete Contracts and the Theory of the Firm, Journal of Law, Economics, and Organization, 4, S. 119-139.

Hart, Oliver /Holmström, Bengt (1987): The theory of contracts, in: Bewley, Truman F. (ed.): Advances in Economic Theory, Fifth World Congress, Cambridge University Press, Cambridge, S. 71-155.

Hart, Oliver D./Tirole, Jean (1988): Contract Renegotiation and Coasian Dynamics, The Review of Economic Studies, 55, S. 509-540.

Hart, Oliver/Moore, John (1990): Property Rights and the Nature of the Firm, Journal of Political Economy, 98, 1119-1158.

Hart, Oliver/Moore, John (1999): Foundations of Incomplete Contracts, The Review of Economic Studies, 66, S. 115-138.

Hayes, Rachel M./Schaefer, Scott (2004): Bonuses and Non-Public Information in Publicly Traded Firms, Working Paper.

Hermalin, Benjamin E./Katz, Michael L. (1991): Moral Hazard and Verifiability: The Effects of Renegotiation in Agency, Econometrica, 59, S. 1735-1753.

Hillier, Frederick S./Lieberman, Gerald J. (2001): Introduction to operations research, seventh edition, McGraw-Hill, Boston et al.

Hofmann, Christian (2004): Bilanzielle Darstellungsspielräume und langfristige Anreize, Zeitschrift für betriebswirtschaftliche Forschung, Sonderheft 51/04: Shareholder Value-Orientierung bei Unternehmenssteuerung, Anreizgestaltung, Leistungsmessung und Rechnungslegung, herausgegeben von Wolfgang Ballwieser, S. 137-171.

Hofmann, Christian (2006): Gestaltung von Erfolgsrechnungen zur Steuerung langfristiger Projekte, Zeitschrift für betriebswirtschaftliche Forschung, 58. Jahrgang, im Erscheinen.

Holmström, Bengt (1979): Moral hazard and observability, The Bell Journal of Economics, 10, S. 74-91.

Holmström, Bengt (1982): Moral hazard in teams, The Bell Journal of Economics, 13, S. 324-340.

Holmström, Bengt/Milgrom, Paul (1987): Aggregation and Linearity in the Provision of Intertemporal Incentives, Econometrica, 55, S. 303-328.

Holmström, Bengt/Milgrom, Paul (1991): Multitask Principal-Agent Analyses: Incentive Contracts, Asset Ownership, and Job Design, Journal of Law, Economics, and Organization, 7(sp), S. 24-52.

Indjejikian, Raffi/Nanda, Dhananjay (1999): Dynamic Incentives and Responsibility Accounting, Journal of Accounting and Economics, 27, S. 177-201.

Indjejikian, Raffi/Nanda, Dhananjay (2003): Reply to: dynamic incentives and responsibility accounting: a comment, Journal of Accounting and Economics, 35, S. 437-441.

Ittner, Christopher D./ Larcker, David F. (2003): Coming Up Short on Nonfinancial Performance Measurement, Harvard Business Review, 81 (November 2003), S. 88-95.

Johnson, Richard A./Wichern, Dean W. (1992): Applied Multivariate Statistical Analysis, Prentice-Hall, Englewood Cliffs.

Jost, Peter-J. (2001): Die Prinzipal-Agenten-Theorie im Unternehmenskontext, in: Jost, Peter-J. (Hrsg.): Die Prinzipal-Agenten-Theorie in der Betriebswirtschaftslehre, Schäffer-Poeschel, Stuttgart.

Katz, Michael L. (1991): Game-playing agents: unobservable contracts as precommitments, RAND Journal of Economics, 22, S. 307-328.

Kim, Son Ku (1995): Efficiency of an Information System in an Agency Model, Econometrica, 63, S. 89-102.

Kopel, Michael (1998): Zur verzerrten Performancemessung in Agency-Modellen, Zeitschrift für betriebswirtschaftliche Forschung, 50, S. 531-550.

Küpper, Hans-Ulrich (2001): Controlling, 3. Auflage, Schäffer-Poeschel, Stuttgart.

Kwon, Young K. (1989): Accrual Versus Cash-Basis Accounting Methods: An Agency-Theoretic Comparison, Journal of Accounting and Public Policy, 8, S. 267-281.

Laffont, Jean-Jacques/Martimort, David (2002): The Theory of Incentives: The Principal-Agent Model, Princeton University Press, Princeton/Oxford.

Lambert, Richard A. (1983): Long-term contracts and moral hazard, The Bell Journal of Economics, 14, S. 441-452.

Levin, Jonathan (2003): Relational Incentive Contracts, American Economic Review, 93, S. 835-847.

Luhmer, Alfred (2003): Investing in the Agent's Productivity, FEMM Working Paper 15/2003.

Lukas, Christian (2005): Executive Pay: Get More for Less?, Working Paper, January 2005.

Ma, Ching-To Albert (1991): Adverse Selection in Dynamic Moral Hazard, The Quarterly Journal of Economics, 106, S. 255-275.

Ma, Ching-To Albert (1994): Renegotiation and Optimality in Agency Contracts, The Review of Economic Studies, 61, S. 109-129.

Macho-Stadler, Inés/Pérez-Castrillo, J. David (2001): An Introduction to the Economics of Information, second edition, Oxford University Press, Oxford/New York.

MacLeod, W. Bentley (2003): Optimal Contracting with Subjective Evaluation, American Economic Review, 93, S. 216-240.

Malcomson, James M./Spinnewyn, Frans (1988): The Multiperiod Principal-Agent Problem, The Review of Economic Studies, 55, S. 392-408.

Mas-Colell, Andreu/Whinston, Michael D./Green, Jerry R. (1995): Microeconomic Theory, Oxford University Press, New York/Oxford.

Maskin, Eric/Sjöström, Tomas (2002): Implementation Theory, in: Arrow, Kenneth J./ Sen, Amartya K./Suzumura, Kotaro: Handbook of social choice and welfare, North-Holland, Amsterdam, S. 237-288.

Matthews, Steven A. (1995): Renegotiation of Sales Contracts, Econometrica, 63, S. 567-589.

Melumad, Nahum D./Mookherjee, Dilip (1989): Delegation as commitment: the case of income tax audits, RAND Journal of Economics, 20, S. 139-163.

Meyer, Margaret A. (1995): Cooperation and competition in organizations: A dynamic perspective, European Economic Review, 39, S. 709-722.

Meyer, Margaret A./Olsen, Trond E./Torsvik, Gaute (1996): Limited intertemporal commitment and job design, Journal of Economic Behavior and Organization, 31, S. 401-417.

Meyer, Margaret A./Vickers, John (1997): Performance Comparisons and Dynamic Incentives, Journal of Political Economy, 105, S. 547-581.

Moxter, Adolf (1999): Bilanzrechtsprechung, 5. Auflage, Mohr Siebeck, Tübingen.

Neus, Werner/Nippel, Peter (1996): Was ist strategisch an strategischem Verhalten, Zeitschrift für betriebswirtschaftliche Forschung, 48, S. 423- 441.

Pirchegger, Barbara (2002): Costs and Benefits from Repricing Employee Stock Options, Schmalenbach Business Review, 54, S. 80-111.

Rajan, Madhav V./Reichelstein, Stefan (2004): Subjective Performance Measures and the Effectiveness of Bonus Pools, Working Paper, Stanford University.

Rasch, Dieter (1995): Mathematische Statistik, Johann Ambrosius Barth, Heidelberg/ Leipzig.

Rasmusen, Eric (2001): Games and Information, third edition, Blackwell Publishers, Oxford.

Reichelstein, Stefan (1997): Investment Decisions and Managerial Performance Evaluation, Review of Accounting Studies, 2, S. 157-180.

Reichelstein, Stefan (2000): Providing Managerial Incentives: Cash Flows versus Accrual Accounting, Journal of Accounting Research, 38, S. 243-269.

Rey, Patrick/Salanié, Bernard (1990): Long-Term, Short-Term and Renegotiation: On the Value of Commitment in Contracting, Econometrica, 58, S. 597-619.

Richter, Rudolf/Furubotn, Eirik G. (1999): Neue Institutionenökonomik, 2. Auflage, Mohr Siebeck, Tübingen.

Rogerson, William P. (1985): Repeated Moral Hazard, Econometrica, 53, S. 69-76.

Şabac, Florin (2003): Dynamic Moral Hazard with Multiple Correlated Periods and Renegotiation: Managerial Tenure and Incentives, Working Paper, University of Alberta.

Salanié, Bernard (1997): The Economics of Contracts, The MIT Press, Cambridge et al.

Schäfer, Hans-Bernd/Ott, Claus (2000): Lehrbuch der ökonomischen Analyse des Zivilrechts, 3. Auflage, Springer, Berlin et al.

Schelling, Thomas C. (1960): The Strategy of Conflict, 17th printing 1999, Harvard University Press, Cambridge et al.

Schöndube, Jens Robert (2003): Performancemessung und Informationsgehalt in einer Agency-Beziehung mit beschränkter Selbstbindungskraft, FEMM Working Paper Nr. 14/2003.

Schöndube, Jens Robert (2005): Informationsgehalt und Performancemaß-Manipulation in einer Agency-Beziehung mit Nachverhandlungsmöglichkeit, Zeitschrift für Betriebswirtschaft, 75, S. 219-246.

Sliwka, Dirk (2002): On the Use of Nonfinancial Performance Measures in Management Compensation, Journal of Economics and Management Strategy, 11, S. 487-511.

Spremann, Klaus (1987): Agent and Principal, in: Bamberg, Günter/Spremann, Klaus (Hrsg.): Agency-Theory. Information, and Incentives, Springer, Berlin, S. 3-37.

Stöppler, Siegmar (1972): Mathematik für Wirtschaftswissenschaftler: Lineare Algebra und ökonomische Anwendung, Westdeutscher Verlag, Opladen.

Sull, Donald N. (2003): Managing by Commitments, Harvard Business Review, 81 (June 2003), 82-93.

Sydsæter, Knut/Strøm, Arne/Berck, Peter (1999): Economists' Mathematical Manual, third edition, Springer, Berlin et al.

Tirole, Jean (1999): Incomplete Contracts: Where Do We Stand?, Econometrica, 67, S. 741-781.

Tzu, Sun/Giles, Lionel (Transl.) (1910): On the art of war: the oldest military treatise in the world, Luzac & C°., London.

Wagenhofer, Alfred (1996): Anreizsysteme in Agency-Modellen mit mehreren Aktionen, Die Betriebswirtschaft, 56, S. 155-165.

Wagenhofer, Alfred/Riegler, Christian (1999): Gewinnabhängige Managemententlohnung und Investitionsanreize, Betriebswirtschaftliche Forschung und Praxis, 51, S. 70-90.

Wagenhofer, Alfred/Ewert, Ralf (2003): Externe Unternehmensrechnung, Springer, Berlin et al.

Weitzman, Martin L. (1976): The new Soviet incentive model, Bell Journal of Economics, 7, S. 251-257.

Winkler, Robert L. (1972): Introduction to Bayesian Inference and Decision, Holt, Rinehart and Winston, Inc., New York et al.

Yim, Andrew Tzelung (2001): Renegotiation and Relativ Performance Evaluation: Why an Informative Signal May Be Useless, Review of Accounting Studies, 6, S. 77-108.

FSC
www.fsc.org
MIX
Papier | Fördert gute Waldnutzung
FSC® C083411

Kolibri 360 GmbH
Ferdinand-Jühlke-Straße 7
99095 Erfurt, Deutschland
produktsicherheit@kolibri360.de